# 甲辰儒學論集

潘朝陽　著

臺灣學生書局印行

# 自 序

　　最近數年世界氣運詭譎，各大洲多戰爭屠殺，亦多怪疾肆虐，乃是天災人禍頻仍的劇亂世；自然環境的律則明顯失序，而人文世界的道德和宗教也嚴重淪喪，於此當代紛亂之世，身為一介儒者，既無旋乾轉坤之大力，亦無治國平天下的權位，只能潛居私廬，沈思孔孟儒家之道，有心得有感懷，乃筆之為文，逐年累積了一些文章，擇選其中六篇加以增刪、修整，而匯集為儒學之論集，此集於今年面世，今年是甲辰年，因此，謹名之《甲辰儒學論集》。

　　儒家思想，規模宏大，亦且深遠，其結構內容乃一體多元。孔子整理詮釋上古典冊而為《六經》；《六經》就是從三代經「王官之學」傳衍而下，再由孔子「述而不作」的詮釋之進路，在傳統之中而又有新創之情形下發展出來的華夏之基本文本，此即儒家的大典宏圖，垂兩千幾百年，形成為歷代儒家傳承弘揚新創的中華文化道統的大江巨河。傳統史籍，如《左傳》、《國語》、《太史公書》之史敘之內，實亦含具經之大義，是「經即史、史既經」，兩者往往有其合一的功能和性質。至於「諸子」，如老、莊、墨、法、兵等，固然有其異乎儒家的思想，唯彼等亦是從王官派分出來散之民間的各類學術和思想，而其中亦有對照於儒家而興起的觀念，換言之，乃以《六經》為軸心而與

其辯析、對蹠而發展出來的學理。

儒學同時具有形而上的道和形而下的器之道器雙顯且又合一的體用論述，而且也彰著內聖和外王的內證和外成的內外必須同時注重的觀點，從孔孟荀以降，大儒重視本體宇宙論、心性論、生命論、政治論、社會論以及德教論，同時也強謂儒家之道，不僅止乎思維形式或學術理論，而是須於生命、生活之中，加以推拓實踐的，此即《大學》一經中提揭的「八德目」的次第功夫和踐履，就是「格致誠正修齊治平」的由內向外、由己向群的總體完成。

基於上述，吾人知悉儒家是一個結構、內容和脈絡皆甚豐厚、巨大、複雜卻又自成體系的深具特殊性之文明存有體。儒家之內容和外延，表現在大儒的創造、經典、著作，也呈現於禮樂德教之體制和實踐的情形之中，其有大傳統，如大儒的創述；亦散發為小傳統，如社會民間流行普化的倫理、信仰、禮儀。

由於儒家的規模宏大繁富，所以中國儒學史以及儒學研究也就形成為一個類型、內容甚複雜而多元的系統和表顯。茲以當代新儒家為例，熊十力先生的著作主要是哲理和經學取向，融儒釋之道而開展其儒學體用與心性哲學；牟宗三先生則是特富形上論、本體論的儒學研究，在哲學領域中對於孔子之道和宋明儒學，開展了一個當代性的哲理創造；唐君毅先生的儒學特色則是從人文精神的深厚和高度為其切入點而對中國儒家進行了文化哲學性質的詮釋，且由此為中心而旁及於道、佛，展現了宏富的規模；另一位大儒徐復觀先生，則具有強烈明著的思想史詮釋學的取向，他從史學的義理入路和考據入路雙元並進的方法而探究了中國先秦儒學以及兩漢儒家思想體系並且旁及於諸子之思想觀

念，特別具有從傳統而新創的成就。再以一九六十年代就在臺北
設立「天德黌社」（後易名為「奉元書院」）的愛新覺羅毓鋆先
生為例來看，他設書院於民間講學垂六十年，吸引各方而來從學
的青年弟子前後不下萬人之多，他講《四書五經》以及《四
史》、《通鑑》和諸子百家，而統整謂之為「夏學」，門人尊稱
毓老師，他聚集各類型學科之大學和研究所青年弟子在書院聽
講，他只講述但不著書，而其講學性質亦非學者形式之講述，而
是依經史子集之文本寄託經世致用之用心和大義，故又與上述當
代新儒家諸大儒的型態有所不同，但亦是一種儒家的精神體現。

　　上舉多位當代儒學大師為例說明了儒學研究和其意旨的豐富
性、複雜性和多元性。返回傳統時代各歷史階段之大儒而言，也
表現了相同的面向，他們同時關照天理性命和內聖外王，也同時
探究「道統」、「政統」、「學統」和「社統」等層次的儒家之
恆常之理及其實踐，甚至往往自己投身於政治場域或社會組織，
在第一線進行儒家理想的實政、實學的踐履，而甚少單純的一曲
之士形態的儒者。原創性大宗師孔孟荀，就姑且不論，若就漢儒
言，譬如劉向、劉歆父子、賈誼、董仲舒、太史公、班固、何
休……等，他們皆通經史及諸子百家，皆有著述或傳疏，亦皆同
時懷抱並實踐儒家理想的實學、實政之內聖外王理想；再又就宋
儒為例，儒者往往出仕從政以治國，同時有其各類文章和著述，
北宋范仲淹是大政治家，他亦重視文教和提拔啟發後進，其文集
中之文章，或是奏章公文或是散文詩詞，其中多有經國濟民之思
想和關懷；而司馬光更是自覺地編纂了規模巨大的《資治通
鑑》，寓經義於史事之中，表現了古儒的「經即史、史即經」傳
統；張橫渠也發心撰述了《正蒙》，這是一部儒家宇宙本體論、

心性論以及政治論、教化論的巨作；而二程雖無專門之書，唯其文章和語錄皆多有儒家形上形下和內聖外王的睿智，程伊川更於被貶於四川時用心注釋了《易經》而為《易程傳》，是《易》之詮釋學中的典範。南宋諸大儒亦同乎北宋諸大儒，就以朱子和張栻為例來說，兩人皆從政、著述、講學，書院的會講更是他們共同互動之重要形式和內涵，特別是朱子，他從政，不怕得罪皇帝、巨室、奸臣；他治學，博學格物，必窮盡書本、事物之理；他修身，正心誠意時時敬慎恐懼，唯恐稍有瑕駁；他傳道教學，則處處留心建書院、修學校，唯恐一日停頓了德教之敷播。直至明之王陽明，於政事和世務中，處處致良知，亦處處集眾而講孔孟本心德性之教，其文章、奏摺、論言，皆是儒學最高明之智慧的呈現，而《傳習錄》亦是無可或缺的中國儒家最精彩、高明、光輝、潔淨的心性結晶。

　　儒家人文精神和實現不僅僅只在廟堂和菁英之高層次，不是純粹抽象哲理和學術之思維、論辯，它是中國人之生活世界的水、土、空氣、陽光，所以存乎黎民百姓的心靈，亦發乎於他們的日常生活之中的倫常禮規。我祖父是佃農，父母是工人，他們皆非讀書人，乃社會最基層的庶民，可是卻是自然生活在儒家為基本的道德倫理之人文大海之中，於他們而言，父慈子孝兄友弟恭、執事敬、與人忠，平時即敬天地、敬祖先、敬聖賢，而待人接物依據的是信義和廉節，這些皆是不待學校、書院之教授，在家風傳承之中就自自然然存有於生命和生活之中。我在儒家為主再加上傳統民間三教之文化小傳統裏面，薰泳以敦厚慈仁的德風，於此氣場，又幸遇具有儒學根本素養的國文老師之教誨，因此，承家門風教和師儒德誨，儒學之於我，乃大湖巨洋之涵育其

中之魚也。儒家豐富沛然的智慧和學術之研究和撰述，就成為我的生命心靈之本分，其領域範圍類型多元，但皆屬儒家崇高敦篤豐沛的文化和道統的大用中之一個表現，此即理一分殊、一本萬殊，在分殊萬殊中，仍然是在顯發弘揚孔子之道的仁心德慧。

今年甲辰，是青龍年，於「五行五方論」之中，青龍屬東方、象春天、主一元之始而萬物生生不已之仁德。儒家主張並且弘揚天地生生大德，孔子贊頌「天何言哉？四時行焉，百物生焉，天何言哉！」在天地萬物的大生命之健行生生的自然律動中，顯出仁體、仁道，由此而能體悟，人文和倫理亦具備生生健動敦行之道德律。此種思想和信念，在儒家先秦典籍裏是共同的核心價值，《中庸》之文甚清楚表達，曰：「天地之道，可一言而盡也。其為物不貳，則其生物不測。天地之道，博也，厚也，高也，明也，悠也，久也。今夫天，斯昭昭之多，及其無窮，日月星辰繫焉，萬物覆焉；今夫地，一撮土之多，及其廣厚，載華嶽而不重，振河海而不洩，萬物載焉；今夫山，一卷石之多，及其廣大，草木生之，禽獸居之，寶藏興焉；今夫水，一勺之多，及其不測，黿鼉、鮫龍、魚鼈生焉，貨財殖焉。」此文之後，《中庸》特別徵引《詩‧周頌》所云：「維天之命，於穆不已。」來加以贊頌，其根本精神就是稱美肯定天地生生之大德，天地宇宙生機是健行暢順沛然不已的。此是就自然生態律的性質而言，而人文須法天地之德，也應有剛健創生而不息的道德倫理律，所以《中庸》繼續引《詩‧周頌》之言：「於乎不顯，文王之德之純」來加以彰明；此《詩》之上句是形容「天之所以為天」，下句則是形容「文王之所以為文純亦不已。」在儒家看來，人文精神須與天地原理相配合符應，此也就是《中庸》在另

外章句所強調的「天下至誠之聖人」必「參贊天地之化育,而可以與天地參。」在另一章句所言「中也者,天下之大本也;和也者,天下之達道也。致中和,天地位焉,萬物育焉。」皆顯示了同一性質的天人合一的觀點。類似《中庸》的「生生之德」的思想,亦是《易》的核心主旨,在《乾坤》兩卦及其他《六十二卦》以及《十翼》之傳文裏,在在都具足了「天地之大德曰生」的思想之敘述和弘揚,而《孟子》和《荀子》也具備了此種豐富性。譬如《孟子·離婁》記載孟子弟子徐辟請教孟子:「仲尼亟稱於水曰:『水哉!水哉!』何取於水也?」孟子回答徐辟說道:「原泉混混,不舍晝夜,盈科而後進,放乎四海,有本者如是,是之取爾。苟為無本,七八月之間雨集,溝澮皆盈,其涸也,可立而待也。」此句話語是孟子呼應了孔子在川上觀水而嘆頌之語:「逝者如斯乎!不舍晝夜。」主旨是在水的源泉滾滾暢流不已,呈現了生機勃然盎然沛然而不竭之動力,而朱子亦有一著名詩句:「半畝方塘一鑑開,天光雲影共徘徊,問渠那得清如許,為有源頭活水來。」孔孟和朱子皆共同稱許水源混混而不竭的生態律和自然生生之機能,而其實乃是寄託並效法自然生機而來弘揚人文道德的仁心仁政之亦應生生剛健而施行實踐不已。

　　本書收集了近年我創述的論文共六篇,其有應邀在儒學研討會中發表的文章,也有整理了在一些儒學大會上的主題演講而撰述的文章,而亦有自己在書齋中倚案而敘作之文章。此六篇是:

　　一、玄哲與科學雙元理路的陰陽氣論

　　二、春秋戰國·古典·荀子「知性型」的環境生態觀和人地倫理學

　　三、朱子的蒙學小學廟學書院教育觀及其孝弟敬長之德教的

推拓

四、朱子闡明實踐儒家孝弟之道

五、固始‧漳州‧臺灣之脈絡一系的儒者、儒教與儒政

六、當代大儒馬一浮先生的書院教育觀

儒學內涵和精神，無論先秦原始儒家、兩漢經學、宋明理學心學、晚明經世致用之儒以及清之今文經學以至當代新儒學，皆肯定天人合一的大生廣生的生機論，肯定現世的實存義，本書收入這六篇文章，有兩篇關係古代的儒家思想和學理；另兩篇是關於朱子的德教觀念和規範之論述；另有一篇主要論述遠從河南光州固始至漳州，而近則從漳州到臺灣的儒者、儒教、儒政之一脈傳承和敷播；再有一篇則是詮釋當代大儒馬一浮先生的書院教育觀念及其實施。六文有其異有其同，其相同處則是儒家的最重要核心價值，此即立基於仁道的生生之義而創造、弘揚並且延續的經世致用之學，在高層的大傳統和底層的小傳統，形成中國之所以是中國的常道慧命。

序於臺北‧天何言齋　2024 甲辰季春

# 甲辰儒學論集

# 目　次

# 壹
# 玄哲與科學雙元理路的陰陽氣論

## 一　陰陽的源始之義

當代新儒家大儒徐復觀先生指出：

> 以「陰陽」為宇宙間兩種相反而復相成的基本元素（在中
> 國則稱為「氣」）或動力，因而以此來說明宇宙間各種現
> 象成壞變化的法則或根源的，是經過相當時期的發展演變
> 而來。[1]

此句指出中國人以「陰陽」為兩種相反相成的基本元素，合稱為
「氣」。這是中國人自遠古以來的「本體宇宙論」或「天地宇宙
的創生發展論」，它是中國人思維、論說、看待天地、生命、事
物的雙元對立又統一的結構與變化之基本形式，在這條源流脈絡
中，「陰陽之氣」或「氣之陰陽」的思維詮釋方式，演衍為中國
人的「玄哲理路」，亦同時是「科學理路」。

---

[1]　徐復觀：〈陰陽五行及其有關文獻的研究〉，收入氏著：《中國人性論
　　 史‧先秦篇》（臺北：臺灣商務印書館，1969），頁 509-587。

　　溯源「陰陽論」之起始和發展，具有甚久的歷史演化。先由文字學來看，依據《說文》，「陰陽」具有兩組原始的意義，其一是說明或形容日光的照映情形，日光朗照是「陽」；日光被擋是「陰」。而另一組「陰陽」之義，則是其本義，那就是以日光是否照得到的地點或狀態而「分陰分陽」：「陰」是指日光不容易照射到的區位，譬如水之南、山之北，在此地方較為陰暗潮濕；「陽」是指日光容易照射的區位，譬如水之北、山之南，在此地方則較為光亮乾爽。[2]總括地來說，「陰陽」是與太陽或日光有密切的關係，日照量會影響到一個地區的天氣和氣候，現代氣候學和氣象學，已經指明「太陽輻射」（Solar Radiation）現象對於大地的天氣狀況乃至於大地各地區的生態情形是一個最重要的決定或影響之因素。中國古人逐漸又將日光照射之強弱和有無所引起的天氣現象，予以抽象化哲理化，因而產生了「天地之氣」的此種「氣觀」，以「陰陽」為天地宇宙自然的基本元素。何以使用「氣」？乃是因為「陰陽」兩種狀態或其自身，是人之「五根」（眼耳鼻舌身），或曰「感覺器官」較難直接捉摸察覺到的，因為「陰陽」不是器物，它用「氣」來表達，亦是一種勉強的形容之說詞，畢竟空氣具有味道，可以嗅覺；具有冷熱，可以感覺；具有流動，可以聽覺，「陰陽二氣」的「氣」，實則只是用來表明「陰陽」的「超然性」和「抽象性」以及其「觀念性」。它的思想觀念系統有其發展和演進。當代新儒家重要學者戴璉璋先生說到：

---

[2]　戴璉璋：《易傳之形成及其思想》（臺北：文津出版社，1988），頁55-56。

《詩》、《書》、《易》三部經典中，「陰陽」兩字的用
法，大體與《說文》的解釋吻合，多數取「陰陽」兩字的
本義，〔……〕到東周初期，「陰陽」的主要涵義是指日
光的有無或日光能否照射的地區，由此引申，常用以指陰
寒與溫暖的氣候。[3]

此處說出源始而素樸的「陰陽」之本義，在《詩》《書》《易》
三經的上古時代，直至東周之初，仍是主要涵義。此處所言之
《易》是指《易經》為主而非後起的《易傳》，而《詩》中的
「陰陽」，亦只是傳統素樸之日光有無的意思，戴先生既如此指
出，而徐復觀先生也確論了：「《詩經》上所有的『陰陽』字，
都沒有後來作形成萬物原素的『陰陽二氣』的意義。」[4]

　　戴璉璋先生接著說明古人是立基於「陰陽」的源始義，以日
光為基礎而逐漸發展了「以『陰陽』為『天的六氣之首』或『天
地之氣』。天有『六氣』的說法，流行於春秋時代。」[5]此判
準，徐復觀先生亦已論及，徐先生曰：

　　春秋時代「陰陽」觀念最大的發展，乃在以「陰陽」為天
　　所生的「六氣」中之「二氣」，它與原義不同之點，原義

---

[3]　戴璉璋：《易傳之形成及其思想》（臺北：文津出版社，1988），頁
　　58-59。
[4]　徐復觀：〈陰陽五行及其有關文獻的研究〉，收入氏著：《中國人性論
　　史‧先秦篇》（臺北：臺灣商務印書館，1969），頁513。
[5]　戴璉璋：《易傳之形成及其思想》（臺北：文津出版社，1988），頁
　　59。

只是以有無日光作基準所形成的現象，其本身並非獨立性之實物，它和《詩經》時代不同之點，《詩經》時代，雖已進一步以氣候言「陰陽」，但「陰陽」僅表示氣候變化中的一種現象，或氣候所給予於人的感覺，如寒暖之類，其本身依然不是一種獨立的實物之存在。春秋時代，則演變而為天所發生的六種氣體中的兩種氣體，則其本身已成為實物性的存在。[6]

徐先生在此處指明了「陰陽論」到了春秋時代，就與《詩經》的時代不一樣，已經發展為「天之六氣」中的「二氣」，換言之，「陰陽」已不止是日光的向背狀態而已，而已經是「天之生氣」中的兩種「氣」，這裏就已顯出古人逐漸將「陰陽論」加以提升，使其從較具體且較狹窄而轉化為較抽象且較擴大；此處所說的「抽象」和「擴大」，是說更「無限性」和「不可視性」的意思。徐先生此處認為「天之六氣」是哪些「六氣」？他引了《左傳‧昭公元年》一段話中的一句曰：「天有六氣，曰陰陽風雨晦明」。而他認為此「六氣」是「實物的氣」，也就是視「六氣」的「陰陽風雨晦明」是「實物」，唯此說恐有不妥，因為「天之六氣」，或只有其中的「雨」才明白具有「實物性」，因為它是水，水對人而言，可以通過眼、耳、鼻、舌、身而得其五官的視、聽、聞、味、觸的直接感覺，可是縱許是水，它乃是液態，較固態之物，如岩石、植物、動物而言，則又不那麼「實體」，

---

6　徐復觀，同注 4，頁 514。

其他的「陰陽風晦明」之五氣則其無法完全地透過五官而加以掌握則更是抽象而非具體實物。換言之，在《左傳》中表達出來的「六氣」之「陰陽論」，畢竟是明顯地往「抽象化」和「概念化」的境界而趨近，抽象和概念的趨向，是人之思維的雙元取徑，一是「玄哲」而一是「科學」。這個時代是西周之末和東周之初的交際之時。

## 二　「陰陽氣論」是中國從古至今的重要之玄哲、科學底思維形式

如上所述，「陰陽二氣」的「氣」，實則只是用來表明「陰陽」的「超然性」和「抽象性」以及其「觀念性」，而在其中，也漸次產生了中國古代的基本科學觀，中國科學文明史專家杜石然這樣說：

> 西周末，還產生了物質為「氣」的說法，用「陰氣」和「陽氣」的相對性來解釋自然現象，「天氣」屬「陽氣」，性質是上升的，「地氣」屬「陰氣」，性質是沈滯的。「陰陽二氣」上下對流而生成萬物，是天地的秩序。反之，「陰陽氣」不和，自然界就要發生災異。周幽王時的大夫伯陽甫用這一原理去解釋當時在涇、渭、洛「三川」（今陝西中部）地區發生的地震現象，說地震是「陽失其所而鎮陰也。」因陰陽失序，而使三川皆震，導致川源必塞，以致水土失序，發生水旱災害，又以致「民乏財

　　用」而國亡。[7]

　　「陰陽二氣觀」，被視為天和地的兩種力量和勢能，杜氏舉出西周幽王時代的大夫伯陽甫（即伯陽父）用此兩種力量和勢能來解釋何以關中地區的三川發生地震，亦即伯陽甫認為「陰陽二氣」或「天地二氣」的相生相剋的互動，是發生地震的主因。地震是地盤的錯動而使然，有「斷層」或「褶曲」等現象，是地質、地形的上下左右等錯動、分裂現象，它存在著一種雙元之勢力的對抗和扯動，古代中國人於是歸納這兩個勢力，一個就稱為「陽」，一個就稱為「陰」，因它們不可以目視，所以不是「物」，而只能用「氣」來形容。此種思考和詮釋，它既是「玄哲之理路」，也是「科學之理路」。

　　　傳統中國哲學學者和哲學思想史學者，多將「陰陽二氣論」理解為「玄哲體系」，或依「玄哲之理路」來詮釋「陰陽論」。然而，如果更細緻地去審視相關的古代經史文獻，「陰陽之氣論」或「氣之陰陽論」，往往是古人在具體思維和認知天地自然環境萬物生態以及人文在其中參與的作用時，會表達了彼時他們對於世界之「知識系統」，由此建立了他們的「知性科學」，但是他們亦由於還面對著諸多現象和物質，卻還缺乏實驗計量的技術，因而不克明白其中的「存有性」或論說之而為「理」，如顯然存在作用於現象背後或其中的運作之力和勢，它是「存有的」，亦是「理」，但無法以數量和公式掌握，他們就用了「陰陽論」來詮釋之，此是「玄哲」的詮釋理路，但卻又與「科學」

---

[7]　杜石然：《中國科學文明史》（臺北：木鐸出版社，1988），頁84。

思維和說明相關。茲引科學史家來看看他們對於「陰陽」的觀點，何炳郁、何冠彪曰：

> 「氣」這種宇宙動力，可以在兩種不同的狀態中存在著。它能夠運動或靜止、伸展或收縮，從而產生「陰陽」兩種對立勢力。「陰陽」原指日光的向背，向日為「陽」，背日為「陰」。「陰」後來引申為冰冷、雲、雨、雌性、黯暗的內面、山谷的隱蔽部分等；「陽」恰好相反，它代表溫暖、晴天、陽光、雄性、光亮的外面、山谷向陽的部分等。[8]

「陰陽二氣」，是從人之直接對於日光之照射在大地上的狀況，以及由於日照差異而引起的氣象、氣候、天氣的認識而產生的歸納性關鍵用語和思維，在此就有了對於自然和生命中的「差異對立之雙元」以及「聯合統一之一元」的認知，除了天候之外，也用以說雌雄性別，因此而建立了「陰陽」的詮釋用語，這是透過感官經驗來觀察這個實際客觀的世界而得出來的「知性概念系統」，科學的面向和其擴展，就是從直接的感官觀察而得到的。何氏引《易》而加以發揮，他們說：

> 《易經》說：「一陰一陽之謂道。」這句話是說：推動大自然運動變化的宇宙動力，是由「陰陽」兩種勢力組成

---

8　何炳郁、何冠彪：《中國科技史概論》（臺北：木鐸出版社，1983），頁 13。

的。它們好像波浪般互相推移，相繼起伏。「太極圖」分
為「陰陽兩邊」，如果按著圖的中心把圖轉動，便可清
楚看到「陰陽兩邊」像波浪一樣此起彼落和相互消長的
情形，因此，「陰陽」雖是矛盾對立，但也是互相依存
的。[9]

此句話語是說出以實驗程序，就是實際把「太極圖」轉動，即可
清楚看到圖的「陰陽兩邊」像波浪一樣此起彼落和相互消長的情
形，這就是物理科學實驗。何氏兩人是用這種驗證的方式而說出
「陰陽」的矛盾對立和互相依存的「雙元」既對峙又統一為「一
元」的辯證性質，就他們的理解言，「陰陽」兩種勢力，是「宇
宙力」，是一種物理學思維的「理」。

何氏兩人又說：

《易・繫辭上》說：「易有太極，是生兩儀。」「太極」
是派生萬物的本原，「兩儀」即指「陰陽」。極和北極有
密切的關係，在中國天文學和占星術中，北極有特殊的地
位，中國人對群星環繞固定的北極運行的觀念，比其他民
族更為濃厚。〔……〕周敦頤（公元 1017 年－公元 1073
年）「無極而太極」這句話，〔……〕不是說「太極」並
非一個「極」，而是衍生天地萬物的本原，正如北極星支
配所有天體運行的情況一樣嗎？
周敦頤說：「『太極』，動而生『陽』，動極而靜，靜而

---

9　同上注，頁 13-14。

生『陰』，靜極復動，一動一靜，互為其根。分『陰』分
『陽』，『兩儀』立焉。『陽』變『陰』合而生水、火、
木、金、土。五氣順布，四時行焉。」水、火、木、金、
土合稱「五行」，它們不是現代化學家稱為元素的不動的
基本物質，而是五種週而復始，輪流移動，給人活動感覺
的強大力量。[10]

上述一段關於「太極」、「陰陽」、「動靜」、「五行」的論
述，何氏兩人運用的不是傳統中國義理思想家的「玄哲理路」的
觀念和話語，而是使用了現代科學，特別是天文物理學之思想觀
念的表達，在此看到「太極」及其發用狀態的「陰陽」及至「五
行」，是天地宇宙萬物生命的活動和感應的強大力量，換言之，
它就是天地萬物及至心靈的「動力」。

　　何炳郁和何冠彪在其論述中，會通了西方科學來詮釋「陰陽
二氣論」。他們提到：

　　中國人在陰陽學說中表露的對立觀念並不是獨樹一幟的，
　　世界各地都有相同的觀念，即使在現代科學方面，我們也
　　提到正負電荷及南北磁極。十七世紀時，傳祿德（Robert
　　Fludd）在他的《公教醫藥》（*Medicina Catholica*）一書
　　中，形容萬物的主宰（God）是一個化學家，把世界當作
　　他的實驗室，用熱能、動力、光與寒冷、慣量、黑暗等兩

---

10　同上注，頁 14-15。

類相反極性的東西作為元素，進行各種實驗。[11]

依此，可以從「陰陽」而思考到西方科學以及現代科學的思維系統中，亦存在著「雙元」兩極性質的對峙而又統一為「一元」的兩種辯證力量或元素，它們如同「化學家型」的上帝，因此而通過各種實驗的歷程，於其中創生世界和生命乃至心靈。

何氏兩人在此使用了對照法指出「陰陽二氣論」的思維形式，不是中國人的單獨特性，它乃是世界各洲各地各種族群的思維、詮釋、了解世界生命的「共法」。而何氏他們的論述不依「玄哲之理路」而是依據「科學之理路」。他們再進一步說道：

古希臘哲學有「四元」之說，公元前六世紀時，米利都（Miletus）學派的創始人泰勒斯（Thales，約公元前 624 年—公元前 565 年）注意到動植物的食料是潮濕的，以後，認為水或潮氣是萬物的要素。後來，該派的阿那克西米尼（Anaximenes，約公元 570 年—公元前 526 年）則認為「氣」是萬物的本原，並稱它為「元氣」（preuma，原意是呼吸）。他說當空氣稀薄就變成火，凝聚就變成水，而當凝固就變成土。因此，在米利都學派的學說中，已孕育了「四元」的概念。阿那克西米尼的「元氣」說，其後得到第歐根尼（Diogenes of Apollonia，公元前 440 年著稱）詳加發揮，〔……〕認為生命本身含有溫暖的「元

---

11　同上注，頁 14。

氣」。[12]

古希臘的學者或思想家，也一樣會透過對於自然環境生態的各種有機和無機物的結構及其變化，而抽象歸納出來一種「元素」或「本原」，他們也將它視為「元氣」，且「元氣」會由於狀態的演變而有「四元」，即「空氣、水、火、土」，這就有點像中國古代思想家之將「陰陽」與「五行」相結合的發展。在這樣的思想觀念系統之演進中，它既具有「玄哲之理」，也同時具有「科學之理」，換言之，玄學和科學在那種古老的時代往往是互相滲透、互相融合的，中國的「陰陽二氣論」，實在也無例外。

　　此種「陰陽論」是中國諸家的「共法」，無論儒道陰陽家皆是，在秦漢時代，「陰陽五行」的思想觀念體系已經成熟，如《呂氏春秋》、《春秋繁露》皆是「陰陽五行論」的重要大典。[13]此後一直是中國思想和學術的重大潮流，甚至是庶民百姓在其生活世界的基本指南，如「風水」、「勘輿」之術，就是以「陰陽五行」的理念和認知為其核心。宋明時代，大儒多有，他們為對治佛老而有理學的創生，重要儒家的思想中，「陰陽論」和「五行論」是不可缺少的體系，「陰陽氣論」十分重要，本文僅舉朱子的「陰陽二氣論」來進一步認識。為求凝聚其「陰陽之氣論」或「氣之陰陽論」的主旨，本文徵引韓籍學者金永植的著作予以詮釋。金氏說：

---

12　同上注，頁15。

13　關於秦漢之際及其以後的漢初之「陰陽五行論」的經典詮釋，徐復觀先生的《兩漢思想史》論之甚是深刻周詳。本文不在此展開論述，筆者願有機會將於他日加以「接著說」。

「氣」的概念範圍極廣，因而幾乎無法下定義，〔……〕
除了在醫藥、風水、卜卦等專業性很強的學科之外，
「氣」甚至算不上是一個專門概念。朱熹與他的對話者使
用這個術語時，完全是理所當然的樣子，我沒有發現他們
在使用過程中感到有問題或者對其含義有所分歧，他們想
必認為他們對之完全理解，彼此看法也完全一致。
〔……〕朱熹與別的新儒家經常隨意地用「氣」這個概
念，來討論其他成問題的概念，如理、心、性等。[14]

金永植此段文章指出在朱子及其同一時代（宋）的學者們對於
「氣」，已經不必特別思考辨明，而已經具有一致性、共通性的
認識或觀點，此反映了「氣」已經是中國人心靈、思維的必然形
式、方法和內容。事實上，不止是知識菁英如此，一般平民也是
這樣，民間的宗教信仰、卜卦風水以及中醫問診，若無「氣」之
概念為其重要觀念系統，那則是不可思議的。儒家很自然會以
「氣」視為「作用層概念」來討論、理解重要的觀念如「理」、
「性」、「心」，乃至於「天」，在民間社會興築房屋、墳墓或
建宗祠、廟宇，皆必重視地點位置的「氣場」，因為場所的
「氣」關係到人之吉凶。金氏說朱子及其對話者似乎對於「氣」
的認知體證都一致而無歧義，此種論斷有點太過，我們只能說傳
統的中國人依據「氣論」來看待、思維、判準天地、自然、社
會、人心等事物，具有普及性，但並非對於「氣」的作用之操作

---

[14]　〔韓〕金永植著，〔中〕潘文國譯：《朱熹的自然哲學》（上海：華東
師大出版社，2003），頁38。

細目皆有相同的想法，所以才會有學界學派之別、有思想門戶之分。

　　朱子認為「氣」是全面的、浸滲的、普遍的「存在性」，金永植說到朱子的「氣無所不在」以及「氣無所不造」的本質論，有曰：

> 「氣」組成一切事物，是一切事物的基礎，不僅僅是物理的或物質的實體，與生命有關的生理現象也是由「氣」造成。
>
> 「氣」是生命之源，朱熹〔……〕認為生命是「氣」凝聚而成的，而死亡則是「氣」散了的結果。所謂的「氣化」產生了最初的生命形式，正是在這過程中誕生了人類和其他物種。〔……〕「氣」的一個重要性質就是不斷運動和轉化，從而形成人和萬物。由於萬物包括了有生命的和無生命的，因此「氣」既是世上萬物的物質基礎，又是非物質或非物理的事物例如生命的根本源泉。因此不管是人是物，要存在首先得有「氣」。[15]

依上所述就甚為清楚，就朱子而言，他是一位天地自然萬物生命的「泛氣論」者，而事實上，「氣」的通泛而無限性的發用顯現一切存有者之思想，乃是從先秦起始到宋明儒而直至當代新儒家大師熊十力先生都是一樣的。[16]對於這些大儒而言，他們強調

---

15　同上注，頁 41。

16　熊十力先生在其主要著作中，喜以「大海水與眾漚」的「體用一如論」來說「即體即氣、即氣即體」或「即理即氣、即氣即理」的中國之本體

「天理」、「天體」、「天道」、「天命」，可是這些「本體論」中的「理」、「體」、「道」、「命」，不是抽離透空的「但理」、「空體」，亦非「玄虛之道」或「超脫之命」，而必須是依據具體的事態來予以彰顯和證成的，就是「依事明理，依氣顯理」。「氣」在事中，因而其事之「理」才能呈現。而在此「氣運」之中，就是「分陰分陽」或「一陰一陽」的既對立矛盾而又融合統一的互動和變遷。在這個層次上，「陰陽二氣」就是朱子的思維形式，對此金永植亦有所闡明，金氏指出朱子將他能夠想到的物體、事件、只要是雙元對立性地存在的，都被他納入「陰陽二氣」的架構中，金氏引出朱子之言曰：「天地之間別有甚事？只是『陰』與『陽』兩個字，看是什麼物事都離不得，只就身上體看，才開眼，不是『陰』便是『陽』。」金氏說明了朱子的「陰陽相對觀」，他說：

> 「陰陽」是相對而言的，某物對一種物是「陽」，而對另一種物可能是「陰」。〔……〕陸地動物對空中的鳥類而言是「陰」，而對水中的動物而言，又是「陽」。義和禮也是如此，「仁」和「禮」相對於「義」和「智」而言，是「陽」，後者是「陰」；但「義」和「利」相對時，就成了「陽」，而「禮」和「樂」相對時，就成了「陰」。
>
> 多數的「陰陽」的關聯，都只是事物的屬性而不是事物本

---

宇宙論，是一種「整全生機觀」的「泛氣論」。固然用語有其特色，但其基本的對於「氣」之觀點信念與古哲仍然是相同形式。

身，甚至說到君子和小人、動物和植物、太陽和月亮等的「陰陽」，也不是人、物或發光體本身是「陰」是「陽」，而是指他們的品質。特別是談到「陰氣」和「陽氣」的時候，不是說有兩種「氣」，而是指同「一氣」的「陰陽」兩種不同性質。朱熹說：「『二氣』之分實『一氣』之運」。他在另一處說得更透徹：「『陰陽』雖是兩個字，然卻只是『一氣』之消息，一進一退，一消一長。進處便是『陽』，退處便是『陰』，長處便是『陽』，消處便是『陰』。」[17]

此處說明得很清楚明白，「陰陽」是「氣」，它們不是事物的本身，而只是它們的性質，同時，事物的相對性，就會賦予它們在此相對狀態之中的「陰」或「陽」的屬性，再者，「陰陽」並不是兩個獨立而不相干的「氣」，它們是「一氣」的「雙元表現」，然而由於它總是會有此「雙元性」的表現，所以才會分別有「陰」有「陽」，此正如「元」會表現出「乾元」和「坤元」，其實只是「一元」，唯其發用呈顯為事物時，就會有雙元對立又融合的狀態和變化，此即「乾元」和「坤元」。因此，在此種地方就有一項弔詭的情況出現，就是如同「一元」而又有「乾坤雙元」之互動性之發用，「一氣」其實也會有「陰陽二氣」的辯證性之展顯，所以，中國儒道陰陽家從古至今，他們看待「陰陽」，既是「一氣」，同時也是「二氣」；「一陰一陽」又「分陰分陽」；「太陰太陽和少陰少陽」以及「陰中之陽」和

---

17 金永植，頁 58-59。

「陽中之陰」，總之，「氣」是深刻奧妙而不可思議的。

## 三　周之史籍的「陰陽論」 具有玄哲和科學的雙元性

上一章提及杜石然徵引的原典出自《國語》，此處謹引出原文如下：

> 幽王二年，西周三川皆震。伯陽父曰：「周將亡矣！夫『天地之氣』，不失其序；若過其序，民亂之也。『陽』伏而不能出，『陰』迫而不能蒸，於是有地震。今三川實震，是『陽』失其所而鎮『陰』也。『陽』失而在『陰』，川源必塞；源塞，國必亡。夫水土演而民用也。水土無所演，民乏財用，不亡何待。昔伊、洛竭而夏亡，河竭而商亡。今周德若二代之季矣，其川源又塞，塞必竭。夫國必依山川，山崩川竭，亡之徵也。川竭，山必崩。若國亡不過十年，數之紀也。夫天之所棄，不通其紀。」是歲也，三川竭，岐山崩。十一年，幽王乃滅，周乃東遷。[18]

伯陽父（伯陽甫，甫與父通用）這一大段話語是論西周幽王末年，關中地區三川流域發生的大地震災異。其實，伯陽父的論述

---

[18]　〔春秋〕左丘明：《國語·周語上·伯陽父論周將亡》，據易中天：《新譯國語讀本》（臺北：三民書局，2004），頁19。

可區分為兩大部分：

　　其前半部是上半段：「周將亡矣！夫天地之氣，不失其序；若過其序，民亂之也。『陽』伏而不能出，『陰』迫而不能蒸，於是有地震。今三川實震，是『陽』失其所而鎮『陰』也。『陽』失而在『陰』，川源必塞；源塞，國必亡。」在這一句敘述中，伯陽父是以「天地的陰陽二氣」的「氣論」來詮釋何以三川會發生大地震而致災異。為何會有地震？他的詮釋的理路就是「陰陽二氣論」，因為「陽伏而不能出，陰迫而不能蒸」，於是在三川流域的關中河谷地區就產生了地震，因為關中大地激烈震動了，所以發生災異，而由於災異大作，因而周亡。什麼是「陽伏而不能出，陰迫而不能蒸」以及「陽失其所而鎮陰」呢？將兩句譯為白話，就是如此：「陽氣在下，陰氣迫之，陽氣不能升騰」，因此就會發生地震；現在三川都真的地震了，「這是陽氣失其所而被鎮於陰」之結果。[19]由此而知伯陽父對於地震的原理的認知，不是實證的自然科學之「地質學」、「地形學」、「地理學」、「地震學」的對於自然規律、自然法則之經驗和歸納出來的因果體系的「科學之理路」。他所言的「陰陽二氣論」是一種「玄哲之理路」，雖然不是實證科學之境界，但「玄哲之理」也一樣嘗試從現象界抽象而形成某一種詮釋之理，由此看出至少在西周末年，已經將「陰陽」從具體狀態，如日光和地形關係之「陰陽」而提升為「抽象化」的概念，用「氣」來說明之，以此解釋天地自然環境生態的種種結構和變化。

---

19　此處白話譯注，見易中天：《新譯國語讀本》（臺北：三民書局，2004），頁 19-20。

　　後半部的論述則是：「夫水土演而民用也。水土無所演，民乏財用，不亡何待。昔伊、洛竭而夏亡，河竭而商亡。今周德若二代之季矣，其川源又塞，塞必竭。夫國必依山川，山崩川竭，亡之徵也。川竭，山必崩。若國亡不過十年，數之紀也。夫天之所棄，不通其紀。」此句的敘述則是典型的「知性科學式」的「環境論」之解釋以及判斷。依據此段敘述，伯陽父顯然表達了西周末年的知識菁英層的科學思想或科學認知，他指出一個地理區的水土環境如果具有豐富充足的水資源，則農耕必順利，人民就可以豐裕，相反地，如果當地水土乾旱缺水，則必導至無法耕種而無農收，人民必然窮困艱辛，一旦庶民百姓連基本的糧食都出問題，轉死溝壑，變成餓殍，淪為餓死鬼，則國若不亡，尚待何時？伯陽父特別指明「昔伊、洛竭而夏亡，河竭而商亡。」夏、商兩朝都是因為伊水、洛水以及黃河的枯竭而亡其國祚。此處伯陽父突出了他的深刻之「自然環境決定論」，將人文的良否和國家的興亡，歸因於天地自然環境生態之條件、狀況以及其變異。須知，夏桀殷紂之所以敗亡，其主因是在政治的殘暴不仁和腐敗墮落，由於毫無治國的作為，故大自然的災異一旦興起，政府和社會根本無法對治防患排除，於是整個文明體系隨之而崩潰、毀壞。但他隨後則又提出警告，那就是他提醒的一句關鍵語，即「今周德若二代之季矣」，換言之，伯陽父直接點出當幽王為天子之時，其政治的敗壞沉淪比較夏桀殷紂之季，那又更加嚴重。在此人文否壞的時代，再又遇見由於地震引起的土石流、山崩等地形劇變因而堵塞了重要河川的水源，水資源忽然被阻截了，可是政府卻無力或無心去加以排除缺水之難，當時是農耕文明社會，無水，必無生產，無農產，國則無穀糧，君臣民必無

食，國必亡。在此處，伯陽父提出的是人文和自然互動的「環境論」，有其「知性科學」的正確的理性論斷，而在這一大段的詮釋系統中，並無「陰陽二氣」的「玄哲之理路」。

再引《國語》一段史事增強詮釋性。東周初年的靈王二十二年，穀水和洛水發大水而相互爭流，洪峰可能沖毀王宮，靈王憂心，就想派人將穀水的河道堵塞起來。太子晉聞悉，即勸諫周王不可這樣作，他說：

> 不可。晉聞古之長民者，不墮山，不崇藪，不防川，不竇澤。夫山，土之聚也；藪，物之歸也；川，「氣」之導也；澤，水之鐘也。夫天地成而聚於高，歸物於下；疏為山谷，以導其「氣」；陂塘汙庳，以鐘其美。是故聚不阤崩，而物有所歸；「氣」不沈滯，而亦不散越。是以民生有財用，而死有所葬。然則無夭、昏、札、瘥之憂，而無飢、寒、乏、匱之患，故上下能相固，以待不虞，故之聖王唯此之慎。[20]

穀、洛兩河在大水流溢泛濫時，發生了洪峰互相爭奪河道的情形，此時大水就可能決堤而沖擊河道外的住屋、農田，因而發生洪澇災禍。靈王只擔心大水會不會沖毀宮殿，因此只思考到將穀水的河道加以堵塞，讓大水都走洛水。周王的思維完全不考量堯時的鯀以堵塞來治水的那種失敗的經驗知識，若盲目將穀水堵

---

[20] 〔春秋〕左丘明：《國語・周語下・太子晉諫靈王壅穀水》（臺北：三民書局，2004），頁73。

塞，大洪水必溢漫而湧入洛陽平原，必造成不可想像的大水災而為害了黎民和國家，他宜實踐大禹分導洪潦的水利工程的知識和技術。《國語·周語》這一章所記的史事，反映了春秋時代史家的基本「水文地理學」的知識，是古代中國人的「知性理性」在「水文科學」的成就之表顯。

太子晉勸諫的這一大段論述，是清楚且正確的生態保護觀之人文與自然和諧的「環境學」。所謂「不墮山，不崇藪，不防川，不竇澤」就是不濫墾山坡，不填塞池澤，不堵截河川，不亂決湖泊。在今日來看，乃是完全明確精準的環保觀念和主張。太子晉接著的敘述，就帶有當時之人的感官經驗的對於山谷河澤陂池的表面描寫型之形式，不是量化形態的實測說明，缺乏實證科學對於「自然律」之獲取和掌握，而在其中，太子晉使用了「氣論」來說明山谷之空間的功用是用以「疏通天地之氣」，而也就是「疏通天地的陰陽之氣」。

由此段敘述可知東周前期亦即春秋前期，周人菁英階層對於天地自然的形成、演變及其內在動力，是以「氣」來掌握或表達的，為政之方，是須做到「聚不阤崩，而物有所歸；氣不沈滯，而亦不散越」，莫使環境中的「氣」有所「沈滯」，亦不可令其「散越」；在這裏，「氣」以現代概念語表示，就是「生態律」和「生態力」。以此「氣」之觀念導引，太子晉強調了水土環境的和諧和維護是仁政或暴政之分野；地理生態的永續，有賴人文之功和政治之德，太子晉透過史實來加以論證，他說：

> 昔共工棄此道也，虞於湛樂，淫失其身，欲壅防百川，墮高堙庳，以害天下。皇天弗福，庶民弗助，禍亂並興，共

工用滅。其在有虞，有崇伯鯀，播其淫心，稱遂共工之
過，堯用殛之于羽山。[21]

此一小段描述，太子晉舉了兩位上古傳說的人物，一是共工，一
是鯀，他們都是用壅堵方式來治理水土，實際經驗的檢證，他們
是失敗的範例。他們最大的失策是在於違逆了水文環境的生態律
則，採用了「壅防百川，墮高堙庳」的錯誤工程法，因而導致更
加嚴重的洪潦之災，這是什麼錯誤？就是居然「堵塞天下所有的
河川，並且濫墾摧毀了高山，又將其土石倒填在大小湖泊池澤之
中」。此種行為，以現代語言來說，就是濫肆開發自然環境，大
舉破壞了水文、地形和森林，而使自然生態嚴重失衡。

　　東周時期，中國人早已明悟了「水文地理」的均衡、永續、
養護的正確態度和方法，是十分重要的且具關鍵性。太子晉這一
段話語是基於「知性理性」而得出的環境科學論述。接著他說出
合乎水文生態和諧性的人地關係之實踐，那就是闡釋了大禹治水
的史事，他說：

伯禹念前之非度，釐改制量，象物天地，比類百則，儀之
于民，而度之于群生，共之從孫四嶽佐之。[22]

這句短語表達了四項重要的上古史事：一是治理水土，必須符應
配合大自然環境的生態系統而不可違反，必以「人地和合原理」

---

21　同上注，頁 73。
22　同上注。

而不是據「人地對峙態度」來從事水土大地的工程建設，須依據生物、無生物的各類型的秩序、條件、特性和規律來和諧順應而治理之；二是水土環境的治理之目的，並非為了少數統治階級的權位之維持，而是為了黎民百姓和天地間的所有生物之永續生存；三是人之回應大自然的挑戰，是累積了許多失敗的經驗之後而得出了正確的方法，其中的精神和原則是和順而非違逆於自然生態律；四是人們的治理大地水土，不能只任由一個氏族部落可以單獨壟斷而行之的，中國山河地理的整治，是如此巨大且浩繁的文明、政治的大事業，必得許多氏族部落大家集思廣議、分工合作、各盡其能，如此整合協調出一套水土工程，否則不會成功。然則，大禹的水土治理觀及其行事如何？太子晉曰：

> 高高下下，疏川導滯，鍾水豐物，封崇九山，決汩九川，陂鄣九澤，豐殖九藪，汩越九原，宅居九隩，合通四海。[23]

大禹領導團隊進行水土環境的整治，他是「使地形依等高線來安排，依順其高低的秩序來治理，而且用疏濬的方法使河川暢通，並且將河道中的淤塞的泥沙予以清除，同時，也在適合的地方集聚水資源以為農耕和民生之用，再者進行山坡的土石維護工程，因為能導水並聚水，且又養護了地形和土壤，所以農民得以依時而耕種因此得以豐收。」此處以「九」而言及「九山」、「九川」、「九澤」、「九藪」、「九原」和「九隩」，這個

---

[23]　同上注。

「九」，或是源自《尚書·禹貢》中所說的「九州」之義，意思
是在中國天下九州的重要的「山川澤藪原隰」，而所謂「山川澤
藪原隰」，即是大地上面的水體和地形；又，此「九」或者不是
「九州」之「九」，或許是《大易》的「用九」之「九」，用來
形容現象或狀態的充極，亦即中國大地之上的「山川澤藪原隰」
的充盡其數。因此，太子晉闡述了大禹根據和諧順應環境生態律
則的方法來整治水土，就顯現了一種人地互動之態勢，那就是中
國全天下的山地加以封閉維持其崇高而不可隨意進入濫墾；中國
全天下的河川加以疏通浚深而使其得以暢流無阻；再者亦把中國
全天下的大小湖泊的四圍予以整理而不會潰決；復次，則把沒有
洪澇之患的大小平原畫分為豐腴的田地而使農耕得以豐收；此番
水土環境的合乎生態律則的整治工程，最終極的關懷和實踐，是
聖王之仁政要讓中國全天下的黎民百姓皆有安全敦篤穩固的區位
和地點得以安居生活，於是中國全天下的自然環境和文明境界都
獲得一統之和諧。

　　由太子晉說出的這一番水土建設和規劃的理想，是中國上古
的一套共同理念和思想之體系，它在許多古代經史典籍中都存
在，它是中國古人經由實踐學習之後而創作出來的「人地論」和
「生態論」的原型，著重的核心思想是「人文與環境之和諧
觀」。

　　然而，古人並無現代科學的實證歸納之後的論述性語言，也
就是古代無現代自然科學的專門術語來說自然環境和生態運作的
法則、原理，譬如「地形學」和「水文地理學」都有一些重要的
關鍵詞來說明水土地形的演化，像是「河川侵蝕作用」、「地形
潛移作用」、「地層斷層褶曲作用」、「重力崩移作用」、「土

壤液化作用」等。中國古人是用「陰陽二氣論」來解釋的，此種
解釋不是「實證科學之形式」而是「玄哲之學的形式」。上述西
周的伯陽父是如此，而東周的太子晉亦無例外，所以，若能效法
大禹治水之方，則人地得到和諧，此時的狀態是如何呢？他就
說：

> 故天無伏陰，地無散陽，水無沈滯，火無災燀，神無閒
> 行，民無淫心，時無逆數，物無害生。[24]

此句包括了天地宇宙萬物生命的整體，有時間、空間、自然要素
的民生不可或缺的水火和所有生物，也還有人和鬼神的幽明兩
界。而其實其最大的關鍵因子，就是「陰陽」，只要「陰陽之
氣」順暢和恰，那就是天下太平，神人安和，自然順遂。顯然，
太子晉既然是東周之初的諸侯階層的菁英分子，所以他的「陰陽
二氣論」，也與西周大夫伯陽父一樣，是具有時代思想觀念的代
表性的，其時，「陰陽之氣論」的「氣」或「氣之陰陽論」的
「陰陽」，乃是從實體物抽象出來的玄哲式的重要觀念系統。

　　以上舉出伯陽父和太子晉的「陰陽二氣論」的詮釋，是貼切
著天地自然環境生態之結構和變動之情形而有的一種概念型掌
握，他們在敘說水土環境的變異現象時，已能呈現古人對於自然
環境生態的「知性理性」之認識，其中具有客觀的「知識系統」
甚至是「科學體系」，但畢竟不能從感官經驗之「白描式認知形
式」而更深入到依數理推論來形成實驗、實證而通過歸納演繹法

---

24　同上注，頁 73-74。

得出的「計量性之模式型科學」。然而，古人又必得在這芸芸繁
賾的現象中歸納出似乎有一種藏乎其中的「律則」或「動力」，
遂以「氣底陰陽」來加以概括說明，在這一點上而言，它不是
「科學之理路」而是「玄哲之理路」。

　　同樣在《國語》，亦有其他史事的敘述，存在著「陰陽二氣
論」，而它不是用來詮釋天地自然環境生態的，它是運用在軍事
亦即兵學上的。此可引越王勾踐的重臣范蠡對越王分析用兵征伐
和養民治國之道的話語來加以了解，其文稍長，待分段而釋之。
《國語・越語下・范蠡進諫句踐持盈定傾節事》一文中提及范蠡
進諫越王暫緩伐吳，在其對話中，范蠡提出了國家大事有三，即
「持盈、定傾和節事」，在其中他發揮了對於自然環境生態保育
之功所以保民養國之重要性的「人地和諧倫理」之思想，而在其
中有曰：

> 四封之內，百姓之事，時節三樂，不亂民功，不逆天時，
> 五穀睦熟，民乃蕃滋，君臣上下交得其志，蠡不如種也。
> 四封之外，敵國之制，立斷之事，因陰陽之恆，順天地之
> 常，柔而不屈，彊而不剛，德虐之行，因以為常；死生因
> 天地之刑，天因人，聖人因天；人自生之，天地形之，聖
> 人因而成之，是故戰勝而不報，取地而不反，兵勝於外，
> 福生於內，〔……〕[25]

---

[25]　〔春秋〕左丘明：《國語・越語下・范蠡進諫句踐持盈定傾節事》，易
　　　中天注譯、侯迺慧校閱：《新譯國語讀本》（臺北：三民書局，
　　　1995），頁519。

范蠡對句踐陳述了治國的內政要務是黎民百姓必須依照時節來敬其業、樂其事，尤其是不可違逆了自然環境四季循環的規律，要配合之來進行農耕，如此才能五穀繁盛成熟豐收，如此國民生活才能豐泰而人口才能繁殖。這是以農立國的春秋時代為政者的最重要的內政，范蠡強調了人文必須符應和諧順從大自然的生態律則，他所說的「時節三樂，不亂民功，不逆天時，五穀睦熟」，是基於中國古代以來的農耕文明實踐經驗而得出來的認識，這是「知性理性」，是「科學之理路」。越國其時雖非中原之大國，地處東南邊陲，但也已經具備了相當明確的環境生態保育永續經營的「知識系統」。

接著范蠡提出外交戰伐的方策，他也是主張需配合尊重「天地之道」來行事，在此他說了「因陰陽之恆，順天地之常」這樣的句子，此所謂「陰陽」，是指自然和人文的互動變化的規律法則，換言之，外交和戰伐的國家大事，也是要依據「陰陽之氣」的律動來實施的。在這裏反映了春秋時代越國人也運用「陰陽論」的「玄哲理路」來詮釋國家在國際事務處理的基本規律。

在另外一文中，范蠡和句踐的對話中，也表現了一樣的「陰陽論」觀念。茲引范蠡的話語如下，他說：

> 臣聞古之善用兵者，贏縮以為常，四時以為紀，無過天極，究數而止。天道皇皇，日月以為常，明者以為法，微者則是行。陽至而陰，陰至而陽；日困而還，月盈而匡。古之善用兵者，因天地之常，與之俱行；後則用陰，先則用陽；近則用柔，遠則用剛。後無陰蔽，先無陽察，用人無藝，往從其所。

剛強以禦，陽節不盡，不死其所。彼來我從，固守勿
與。若將與之，必因天地之災，又觀其民之饑飽勞逸以
參之。盡其陽節，盈吾陰節而奪之。宜為人客，剛彊而
力疾，陽節不盡，輕而不可取；宜為人主，安徐而重固，
陰節不盡，柔而不可迫。〔……〕必順天道，周旋無窮。
〔……〕 26

這一大段文句是范蠡對越王陳說的兵法，在話語中大量使用「陰
陽論」來論述用兵作戰的進退攻守之道。其原則不外乎是順從
「天地之氣」也就是配合天地自然條件和狀態，來靈活地行軍作
戰，他使用了「天道」、「天極」、「天地」、「四時」、「日
月」等名詞，不外乎是強調了征伐作戰的兵法，必須以自然環境
生態律則之恆常和變化為最主要的依據，不可以違反，若是違反
自然規律來興兵作戰，就會失敗。此處，范蠡的兵學思想明顯地
也是一種「人地和諧」的「知性理性」之表達，是一套「知識系
統」，是「科學之理路」。但是，他依然使用了「陰陽二氣」的
矛盾統一的辯證互動的關係來詮釋上述的自然環環生態條件和律
則之變動，從這個「陰陽論」來點明用兵之法，而在這個地方，
范蠡表現的是春秋時期的菁英善於使用的「玄哲理路」之中的
「陰陽二氣論」。

　　吾人再取戰國時期成書的重要兵書《六韜》觀之，其亦有
「陰陽論」的運用。在《六韜‧守國第八》一文中假姜太公告知

---

26　〔春秋〕左丘明：《國語‧越語下‧越興師伐吳而弗與戰》，版本同上
　　注，頁526。

文王如何治國之言論中有曰：

> 聖人之在天地間也，其寶固大矣。因其常而視之，則民
> 安。夫民動而為機，機動而得失爭矣。故發之以其
> 「陰」，會之以其「陽」。為之先倡，而天下和之。極反
> 其常，莫進而爭，莫退而遜。[27]

明人夏振翼的〈注〉就說，這所謂「寶」，是指黎民百姓，而
「常」是指五倫常道。「視」即勞之來之且匡直之。此所言的
「陰」，是以兵刑而言；「陽」就是以德澤來說。兵刑慘烈，是
「陰之象」，君王若要振奮民心，就應用兵刑；德澤舒緩，則是
「陽之象」，君王如欲合聚民心，就宜施德澤。[28]此處可見後儒
以「陰陽論」來說明古聖王的發政施仁視黎民百姓為國之大寶，
而以五倫常道來教化提升之，若民無德，則是「陰」，教化提升
之以五倫常道，使其等的生命和生活皆有光明，則是「陽」。此
為政功夫是「發其陰」，而其得到的境界就是「會其陽」。夏氏
又再詮釋之曰：

> 夫聖人之在天地間也，其惟民是寶，固大矣。因天地倫常
> 之道，而撫視之，斯民乃安而不亂。然民心甚渙，最易動
> 也。民心一動，機括遂形，而國家之或得或失，於此係
> 之，爭端即於此而起矣。聖人又豈忍漠然於其間哉！故振

---

27　夏振翼、湯綱纂輯，胡秉中參訂，貫秉坤整理：《增訂武經註解‧六
　　韜》（臺北：奉元出版公司，2020），頁66。
28　同上注，頁67。

發以「陰」，為兵刑以一之，會合以「陽」，為德澤以綏
之。仁聖為之先倡於上，而天下萬民和之於下；示之以
極，民乃反覆於常道之中，自然有得而無失，莫進而與之
爭其太過，亦莫退而與之遜其不及，務得其中和之道，而
民有不安者乎？[29]

夏振翼闡釋姜太公告訴文王所以治國之道，是「陰陽二氣」的辯
證性之認識和運用。實則其論述具有表裏內外兩層，或說形式和
實質兩層，他是用「陰陽二氣論」為形式，但其文章的實質內容
和用意，卻是論述若是仁聖之君，必以黎民百姓的五倫之體證實
踐以及民生富足安樂的達至為「陽」，如果沒有作到，則其負面
的狀態，就是「陰」，何以有「陰」？那是因為民心易於受蠱惑
而波動散亂，一旦民心不安分，那就會使國家隨之昏亂，國與民
皆壞，此即是「陰」，仁聖之君必須盡力行仁政而教民以常道倫
理並使其生活富足，這個治理，即是抉開人心、社會的「陰」之
遮蔽所形成的黑暗而恢復其「陽」的光明。

稍後時代的儒者張泰嶽則說得更明白直截，他說：

世道昏濁，斯民陷溺。聖人振作激勵，聲大義於天下。振
刷蒙晦，而反之清明，是謂「發陰」；世既清明，則又仁
陶義淑，宣布德澤，使百姓和樂，是謂「會陽」。[30]

---

29　同上注，頁 67-68。
30　同上注。

「陰陽」是論述政道之雙元辯證狀況的形式型用語，清明的政治
必須起陷溺於水火的黎民而令其蒙晦消除，為政者必須以仁義之
道來振作激勵天下人心，令百姓回返清明世界，身心皆得安樂，
此即「發陰而會陽」。所以，《六韜》以及後儒的運用「陰陽
論」，只是「形式原則」，即依「陰陽之氣」或「氣之陰陽」的
雙元矛盾統一的辯證概念語言來突顯為政的仁與不仁的差別以及
仁義之道統和政統的儒家主張。在此處可以看到「陰陽二氣論」
的內在性仍然具有最源頭的以「陽」為光明而以「陰」為黑暗的
日光照及和不能照及的視覺經驗，此處含具了「知性理性」開導
發展的客觀知識。

## 四　《左傳》的「陰陽論」

上一章主要取《國語》之史事說出由晚期西周至東周之初春
秋時代的古代中國人的「陰陽氣論」。同樣的史實，亦在左丘明
另一部大史著《左傳》中記載、發揮。《左傳》、《國語》的編
纂、創述，是與孔子同一時代及稍後時期的中國上古史經典，它
們呈現的「陰陽論」，可以代表或象徵其時的中國人的原創性的
「氣」之中共具的「玄哲之理」和「科學之理」。茲先引其文之
一段而論之，《左傳‧昭公元年》記載秦伯派其太醫醫和（名為
和的太醫）專程為晉平公診疾，醫和看完晉侯的病之後，有話如
此：

> 天有「六氣」，降生「五味」，發為「五色」，徵為「五
> 聲」，淫生「六疾」。「六氣」曰：「陰、陽、風、雨、

晦、明」也，分為「四時」，序為「五節」，過則為菑：
「陰淫寒疾、陽淫熱疾、風淫末疾、雨淫腹疾、晦淫惑
疾、明淫心疾。」[31]

此句話語是說，「天地之氣」有六種，其作用會派生出來五種
「味」，就是「辛、酸、甜、苦、甘」，又會呈現出五種
「色」，就是「青、赤、黃、白、黑」，亦會應驗為五種
「聲」，就是「宮、商、角、徵、羽」。這些味、色、聲的綜
合，在生活上而言，其實就是在說窮極物質慾念的放縱，由於日
常生活之中太過度沉淫浸透於「聲色犬馬」，身體必易滋生出六
種疾病。醫和指出時序有四季，每一季有五節氣，另一說法則是
一年分四季、有二十四節氣、共七十二候，其等的「六氣」的狀
態和性質是不同的，人在生活中，須知依「氣」而有安排和節
制，如果都生活太淫蕩太過度，那就會生疾罹病而造下禍殃，進
而喪命，這「六疾」是寒、熱、末、腹、惑、心等疾，醫和說：
「陰氣太過得寒病，陽氣太過得熱病，風氣太過得四肢關節病，
水分太過得腹脹病，夜生活太過得迷亂病，白晝放縱太過得心臟
病。」人若生病，而沒有醫療調節，一旦超過就會死亡。

　　上述醫和對於人的疾病的判定，屬於「醫療診斷學」的「科
學知識體系」，是從醫療臨床經驗而得到的，天地的「六氣」，
即自然界的「陰陽風雨晦明」，綜合起來也就是生活的自然環境
的季節天候濕氣溫度日照等因素和成分，它們會對生活其中的

---

[31]　〔春秋〕左丘明：《左傳・昭公元年》，郁賢皓、周福昌、姚曼波注
　　　譯：《新譯左傳讀本》（下）（臺北：三民書局，2002），頁 1251-
　　　1252。

人，產生身心健康與否的影響。在這裏看得出來，春秋時代，知識菁英是將「陰陽之氣」視為自然生態和身體生理的共通的一種性質，而且已經認為「陰陽」失調會引起疾病，這個「陰」，就是人的生活環境以及體內的生理的「陰氣」太強，同理，這個「陽」，就是人的生活環境以及體內的生理的「陽氣」太強。在此，可以知道，「六氣」是一種狀態，就是它們乃是通透天地和人體而為一個整全性的機能，在外是「環境之氣」，在內則是「人體之氣」。

再舉另外史事之例來了解春秋時代的「陰陽氣論」，《左傳・昭公四年》有一段敘述如下：

> 大雨雹，季武子問於申豐曰：「雹可禦乎？」對曰：「聖人在上，無雹。雖有，不為災。古者日在北陸而藏冰，西陸朝覿而出之。其藏冰也，深山窮谷，固陰沍寒，於是乎取之。其出之也，朝之祿位，賓、食、喪、祭，於是乎用之。」[32]

此句是什麼意義？魯昭公四年的春正月，魯境降下大冰雹，季武子詢問魯國史官申豐，老天這樣地降下大冰雹，這會成災吧？有何辦法可以使老天不會下雹？如果下了，如何可以避免災害？申豐回答季武子說：「如果是聖王在位，就不會下冰雹，縱許降了冰雹，也不會成災。古代，在太陽轉到虛宿和危宿的位置時，就要開始把冰貯藏起來，到了金牛星座的昴宿和畢宿諸星在早晨出

---

[32]　〔春秋〕左丘明：《左傳・昭公四年》，版本同上注，頁1283。

現的時候，就可以取冰使用。[33]深山窮谷裏面，在嚴寒時節，陰氣堅固地凝結，此處就形成冰層，就可以到此冰層貯藏的深山窮谷中將冰鑿開來使用。把冰取出來之後，朝廷裏凡享有官祿之位的，請客、用膳、喪葬、祭祀，都從這冰貯藏處取來使用。」在這一段話語中，申豐說明了兩件事情，一是天文星象的精確觀測，基於太陽和金牛星座在星圖中的位置而定下嚴冬時大地冰凍而有冰層以及暖春將至而冰塊始溶就可以取冰。這裏呈現了上古中國天文之官的天文科學的成就，是「科學之理路」的表達。在這一段話語中，申豐所提到的「陰」字，乃是指天氣、環境的極為寒冷的狀態而言，並無特別的玄哲的韻味。再者，申豐在此句的後面提到了取冰和藏冰皆必須有宗教祭典，他說到：「其藏之也，黑牡、秬黍，以享司寒；其出之也，桃弧棘矢，以除其災。〔……〕祭寒而藏之，獻羔而啟之。」[34]這句話語是何意？轉為白話，就是「當藏冰時，使用純黑毛的公羊和純黑色的黍子來祭祀『司寒神』，到了要取出冰塊時，門上就要掛起桃木弓和荊棘箭，用來消災除煞。藏冰時，祭祀『司寒神』，到要用冰時，就要以羔羊奉祭祖先之後才可以開啟冰庫」。在此處，《左傳》其實是忠實記錄並反映了春秋時代的宗教祭儀，這是文化文明史的寫實載記，表顯的是中國史官的客觀性的「知性理性」。[35]

　　《左傳》此條接著又曰：

33　此段談到的天文星象之現代用語和概念，是依據郁賢皓等人注譯本，同上注，頁 1286-1287。

34　同注 32。

35　白話譯注依據郁賢皓、周福昌、姚曼波注譯的《新譯左傳讀本》（下冊）（臺北：三民書局，2002），頁 1290。

> 公始用之，火出而畢賦，自命夫命婦至於老疾，無不受
> 冰。山人取之，縣人傳之，輿人納之，隸人藏之。夫冰以
> 風壯，而以風出。其藏之也周，其用之也遍，則冬無愆
> 陽，夏無伏陰，春無淒風，秋無苦雨，雷出不震，無菑霜
> 雹，癘疾不降，民不夭札。今藏川池之冰而不用，風不越
> 而殺，雷不發而震，雹之為菑，誰能禦之？[36]

用冰是先由國君開始的，也由他來分配各貴族的用冰，一直到大
火星出現於天上的夏三月才告結束。此句說到的「山人」、「縣
人」、「輿人」、「隸人」，皆是擔負冰塊的取運配送和收藏的
專業人員。此處表達的乃是春秋時代貴族階級的冬日窖藏和夏日
取用冰塊，是一件十分重大的活動，具有宗教、禮儀以及政治文
明的含義。在這個敘述裏，看到的是史家對於國政大事的細緻敘
述，是「知性理性」的一套「知識系統」。再則，申豐此段言論
的後半句所說的：「夫冰以風壯，而以風出。其藏之也周，其用
之也遍，則冬無愆陽，夏無伏陰，春無淒風，秋無苦雨，雷出不
震，無菑霜雹，癘疾不降，民不夭札」，表達了什麼觀念呢？他
認為自然環境之所以形造出堅實的冰層，是因為冬寒之風吹拂使
然；且又因為自然環境吹拂了暖和的春風而使冰層融溶，所以人
們可以取用。就這一點而言，顯示了春秋時代的專業菁英具備透
過觀察驗證的經驗而得知冰層的凍結凝固以及它的解凍融化，是
與空氣因溫度差異而發生的冷風或暖風的氣流之吹拂具有直接的
因果關係。然而，申豐接著提出來的說法就不是正確的認知，而

---

[36]　同注 32，頁 1283-1284。

有一種玄哲形式的想像摻入其中，他認為冬天時的冰層如果凝藏得非常周密厚實，而使用冰塊的情況又非常地普遍，如此，就可以達到一種諧和適宜的環境生態性質，那就是冬天時不會發生暖熱的反常之冬，而夏天時也不會遭遇陰寒的反常之夏；春天時不會吹襲淒風，秋天時也不會降下苦雨；天打雷不震害人畜，也不會落下霜雹造出災害，如此風調雨順，生態諧和，各種瘟疫疾癘也就不會發生，黎民百姓也就能夠健康而不致於短命夭折。在這一大段的判斷敘述中，「陰陽」一詞的使用，只是單純的指天氣的溫熱（陽）或寒冷（陰），而不是「玄哲的氣之理」，但是申豐以為貴族對於冰塊的貯藏和運用，居然可以影響到四季生態規律之和順以及氣候狀態之正常，而又因之而可使庶民的身心得到健全、平安，因而國家就可生存發展。這樣的推論則是荒謬的，它缺乏「科學之理路」的嚴謹之實徵過程來加以有效的驗證，所以其說法無法具備「知性理性」的客觀結論。

由以上的詮釋，看到了春秋時代的「陰陽論」的運用，一則與自然環境的狀態條件直接有關，其「陰陽」只是說明環境日照和氣溫。但是依附著「陰陽」狀況的敘述，卻帶出了當時的「玄哲、科學之理路」的水準，同時，也可明白當時依然活躍流行的宗教觀和鬼神觀。

## 五 《易傳》的完成及其「陰陽論」

《左傳》和《國語》之後的時代，主要進入戰國，「陰陽論」就進入並影響了較後形成的經典，譬如《易傳》。徐復觀先生認為孔子之後，後儒承繼孔子的學說，但有著重之不同，因此

發展為三派，徐先生說：

> 從曾子、子思到孟子是一派，這一派是順著天命由上向下
> 落，由外向內收，下落到自己的心上，內收到自己的心
> 上，由心所證驗的善端以言性善。更由盡心，即由擴充心
> 的善端而向上升，向外發。在向上升的極限處而重新肯定
> 天命；在向外發的過程中而肯定天下國家。〔……〕這一
> 派言道德，都是內發性的，並且仁是居於統攝的地位，這
> 一派為孔門的正統派。〔……〕到了孟子達到高峰，
> 〔……〕直到宋代程明道，才慢慢地復活。〔……〕
> 另一派則是以《易傳》為中心的一派，這一派〔……〕以
> 「陰陽」言天命，因「陰陽觀念」的擴展，對爾後的人性
> 論，發生了很大的影響。〔……〕
> 第三派，是以禮的傳承為中心的一派，禮的作用，就個人
> 的修養上說，總是「制之於外，以安其內」的，〔……〕
> 此派思想，以荀子為頂點，此派後起的人，〔……〕所談
> 的道德，始終是外在性的道德。雖然也不斷說到仁，但並
> 未真正居於統攝的地位。〔……〕[37]

孔子之後，就等於是春秋末期到戰國時代，正是先秦儒學從創生
而到風雲興起的時期，所謂「子夏傳經、曾子傳道」，或「儒分
為八」，都是在這個時期發展弘傳的。孟荀是為兩大脈絡，一主

---

[37] 徐復觀：〈陰陽觀念的介入——易傳中的性命思想〉，收入氏著：《中
國人性論史・先秦篇》（臺北：臺灣商務印書館，1969），頁 199-
200。

「心性主體」，一主「禮義統類」。但徐先生還特別指出尚有另一個系統，那就是以《易傳》為中心思想的這個特重「陰陽氣論」的儒家學派的興盛。徐先生又說到：

> 此三派當然會互相影響，但兩漢的思想，實以《易》及《易傳》為主，以形成一代思想的特性。故《易》列入《六藝》為最晚，而漢人反謂《易》為《六藝》之原。宋代理學興起，遠承子思孟子之緒，但仍援《易傳》以與子思、孟子合流，亦不知二者的思想性格，原來並不相同。可以說《易傳》這一派思想，是形成於戰國中葉，因其影響於道家而其勢始大，因漢人重「陰陽」「五行」而其勢更張。[38]

徐先生指出兩漢儒家特重戰國中葉形成的《易傳》中的「陰陽氣論」。此與先秦原始儒家的「思孟學派」和「荀子學派」顯然不同。這個影響，傳到宋儒，就已將《孟子》的「性善論」和《易傳》的「陰陽說」合而申論發揚。現代儒家的基本思想，大概已是先秦三派的匯流了，論說闡釋思孟「性善心善之天命說」，也弘揚了荀子的「禮義統類」的重後王現實性客觀架構顯著之政治理念，同時也非常顯著地以「陰陽二氣說」來看待天地自然萬物生態。

徐先生又指出《周易》本是卜筮之書，其《卦爻辭》，並非出自一人的創作，而是整理了許多筮者累代遺留下來的「占辭」

---

[38]　同上注，頁201。

組成的。若僅視《周易》本身，亦即「卦」、「爻」的辭來說，只是筮者之徒將他們的人生經驗、教訓，由《卦爻》的「象」，觸發引生，或有意識地或臨時隨機地，組入《卦爻》的象徵中，只是反映其時的流行觀念和社會事物，本來沒有多少玄哲、思想的價值。賦予《周易》以哲學的意味，乃是來自後面的《易傳》（或稱《十翼》）。[39]

徐復觀先生說：

> 對《周易》作進一步解釋的是《易傳》，關於《易傳》（《十翼》）是否為孔子所作，打了一千多年的冤枉官司。《易傳》中引有「子曰」的，分明是編定的人認為這是孔子的話（按徐先生加注曰：「《易傳》各篇的作者，既非一人、一時，而一篇之中，雖以類相從，但也如《禮記》各篇一樣，亦多由編纂而成。」）；沒有「子曰」的，便是傳承孔子易學者的話，〔……〕我們可以推斷，《易傳》中所引的「子曰」，可信其是出於孔子。從《易傳》中引用的「子曰」的內容看，孔子對《易》的貢獻，是從由實物相互關係的想像所形成吉凶觀念中解放出來，落實在人間道德的主動性上，並把作為理想標準的「中」，應用到《易》的解釋上去。[40]

徐先生此句話語指明《易傳》是不止一個後學者而且也不在同

---

39　同上注，頁 202。

40　徐復觀：〈陰陽五行及其有關文獻的研究〉，收入氏著：《中國人性論史・先秦篇》，頁 558-559。

時，而是多人多時接續編撰而成，其中的「子曰」，是編撰者們
擇取了孔子之言來引申或加強他們詮釋《周易》思想睿智的深
度，且由這些「子曰」，亦可看見孔子的仁學之中並無「陰陽氣
論」。

《易傳》既是晚出，可能是孔子之後的門人，更可能是門人
弟子的作品，其中已有「陰陽觀」。就此點而言，徐復觀先生
說：

> 「陰陽」觀念，是在長期中，作不知不覺地發展，但進入
> 《周易》裏面以後，則似乎是作了有意識的建立，以迄於
> 完成。據《史記·儒林列傳》：「自魯商瞿受《易》孔
> 子，孔子卒，商瞿傳《易》六世，至齊人田何，字子
> 莊。」〔……〕《易》的傳承地乃在齊魯。但與曾子思孟
> 這一派似乎並無關係，與荀子的關係亦甚少。至荀子時，
> 在《易傳》中的「陰陽」思想，當已發展完成；而荀子引
> 《易》有三條，他可能已經受了《易傳》「陰陽變化」思
> 想的影響，但《易傳》主張天人合一，而荀子則主張「惟
> 聖人不求知天」（《天論》），二者思想的性格迥然不
> 同，〔……〕荀子在〈儒效篇〉「《禮》之敬文也，
> 《樂》之中和也，《詩書》之博也，《春秋》之微也，在
> 天地之間者畢矣」，此乃總述各經，而未嘗及《易》，則
> 荀子之未嘗重視《易》為甚明。《易傳》系統，在儒家中
> 恐係獨成一派的。[41]

---

41 同上注，頁 563。

依此，可證《易傳》是《六經》裏面最晚出者，大概與《荀子》同一時期，但似乎這個撰述傳揚《易傳》的儒家團體是一支獨立的學派，亦即魯人商瞿傳了六世，後傳齊人田何，雖同在山東地區，但顯然沒有影響到「傳心性之道」之顏曾思孟系統，而又雖然些微影響到荀子，可是在根本的思想主體中，荀子傳承子夏而發展下來的「傳經派別」也可以說是全然不在意《易傳》的。換言之，孔子雖然晚年已有傳《易》，但「陰陽二氣論」在孔子思想以迄孟荀學說中，並不存在。「陰陽說」是《易傳》的後學逐漸將「陰陽」加入於《易傳》中而形成這個儒學派別中的一個重要的詮釋系統。

　　或說這個論斷或只是徐復觀先生的孤論而已，其實不然，我們看看高懷民先生對整個《易傳》的演進之判定：

> 《卦爻辭》與《十翼》同為藉卦象以發明「易道」〔……〕，但《卦爻辭》之言「易道」乃以「分散為用」，不求有一整個思想上的體系，實不必要如此，六十四卦《卦爻辭》的整體性，只可從「八卦」哲學的根本義上講。但那只是「易哲學」的一個大間架，是概括性的，是大包大攬的，不夠精細，也不完全。《十翼》則不然，《十翼》意在演說哲理，「卦象」雖有六十四，但必要說出其一貫的理路，如此便不得不建立起一個思想體系，這是思想上的自然要求。又因為這一個思想體系是實際人生社會的指導，所以精思入微，不止是理論的揭發，尤其注重其實用精神，於是這一思想體系便發展成為理事融通、天人一貫的枝繁葉茂的大整體。讀《卦爻辭》，我們所感

到的是「易道」的「分散之用」；讀《十翼》則所感到的
是「易道」的「整體性」。這主要是由於一言「事」，一
說「理」之故；「言事」是「神道」思想下的筮術的任
務，言理是「人道」思想下「理智」的發皇。[42]

此一大段論述在於闡明《易經・卦爻辭》和《易傳・十翼》的差
別，在《易傳》而言，它是以《易經》為基礎而向前發展的，它
是孔門「易學」的後繼者對於《易經》的思想結構之增益以及以
「玄哲之理」改換「神道之思」。《易經》本身是依「六十四
卦」而「分散為用」的，但人之心靈思維卻有一自然的要求和趨
向，那就是需要就事事物物和前人之言而有所進一步和深一層的
玄哲演義，而其實也需要有一種從神道想像之氛圍中衝決超升出
來的「知性理性」之主導下而得到的「客觀架構性」的「知識系
統」乃至於「科學體系」。高氏此中言及的「說理的理智」，即
具有「玄哲和科學」兩種互相配合的思想、文明、學術之雙軌。

在此背景和脈絡之下，「陰陽氣論」自然會逐漸地進入《易
傳》的詮釋系列中而形成其中重要的內容。在《十翼》中，「陰
陽氣論」主要組入在《繫辭傳》和《說卦傳》。高懷民先生指出
北宋歐陽修曾列舉《繫辭傳》中一些話語，認為是「繁衍叢脞而
乖戾」（筆者按：《繫辭傳》豈是如歐陽修的譏評？）而後儒的
研究之結論是《繫辭傳》並非出於孔子本人，應是孔子門下弟子
所撰編，當然其中思想亦是從孔子之道延伸發揮而來，既是孔子

---

[42] 高懷民：《先秦易學史》（臺北：臺灣商務印書館，1975），頁 233-
234。

門人及門人之弟子連續編纂創述,可以說《繫辭傳》或應是形成於戰國時期。高先生再又論及《說卦傳》,他指出《說卦傳》對後來的漢宋「易學」都有著極大的影響,且認為史公在《孔子世家》中提到《說卦》之名,且與《彖》、《象》、《繫辭》、《文言》同列,由此當能證明《說卦傳》亦是成篇於先秦。[43]依此所言,則「陰陽氣論」存在作用於《易傳》之內,是先秦或至到戰國末期就已正式完成。

戴璉璋先生也認為《易傳》不是孔子作的,但是確然無疑是出自儒者之手筆,而孔子詮釋經義、引用經文的態度,對於《易傳》的形成所產生的影響,則不可抹煞。據《論語》可以知道,孔子引《周易》或論《詩》,都是要藉以對行為有所指導且對思想有所啟發,後儒承繼了這一宗風,在《周易》的探索上,都「居則觀其象而玩其辭,動則觀其變而玩其占。」(《繫辭上傳·第二章》),由於不停地「觀」、「玩」,於是就漸次發生了多方面的領悟和興會,積累成篇,彙編為集,這就創造了《易傳》。[44]

然則,《易傳》當然不是一人之作,且其寫成的時期亦有先後,戴先生說:

> 一般認為《彖》、《象》兩傳最早,《文言》、《繫辭》其次,而《說卦》、《序卦》、《雜卦》則較晚。這是對的。因為《文言》解釋《乾》、《坤》兩卦的〈卦辭〉、

---

43　同上注,頁 252-260。

44　戴璉璋:《易傳之形成及其思想》(臺北:文津出版社,1988),頁10。

〈爻辭〉，有紹述《象》、《象》兩傳的跡象；《繫辭》與《文言》可能是同一時代的作品，兩傳都有詮釋《爻辭》的文字，風格相近，部分雷同。而《繫辭》與《說卦》在所謂「兼三才而兩之」的說法上又相同，這可以證明《文言》、《繫辭》晚於《象》、《象》兩傳。《說卦傳》談卦象較《象》、《象》、《繫辭》等繁複，而其談卦位，又受到陰陽家四時方位說的影響，據此可以推斷它的寫成時代又當晚於《文言》、《繫辭》。《序卦》、《雜卦》，未見於《史記》著錄，《雜卦》又未見於《漢書》的著錄，因此，《序卦》、《雜卦》兩傳，又可能晚於《說卦》。[45]

以上一大段敘述是戴先生將《十翼》的成文先後次序作了一番判準，大致上是如此排列，即：《象》→《象》→《文言》→《繫辭》→《說卦》→《序卦》→《雜卦》，共十傳，稱為《十翼》，這就是《易傳》。他提到《說卦傳》受到了「陰陽論」的影響，而其實，在《繫辭傳》中也已有此種「陰陽論」的詮釋跡象。凡是具有「陰陽氣論」的說法的經典，其時代不會太過於前面。而戴璉璋先生又再提到：

《象》、《象》兩傳的押韻現象、《文言傳》的對偶句子，都與《荀子》書相類似，戴君仁先生即據此推斷《易傳》作者與《荀子》書作者時、地均相近，前者的時代或

---

45 同上注，頁 10-11。

稍早，是蘇、皖、魯、豫邊區一帶的南方儒者。高亨也有
類似的看法。〔……〕

長沙馬王堆〔……〕出土的「帛書」《周易》，在經文之
後，附有《繫辭》，〔……〕據于豪亮考證，「帛書」
《周易》寫於漢文帝初年，《繫辭》當是戰國晚期作品。
〔……〕

我們可以推斷《彖》、《象》、《文言》、《繫辭》四傳
在西漢以前已經完成，〔……〕至於《說卦傳》，它的前
三章已出現在「帛書」《繫辭》中，至少這一部分與《繫
辭》是同時作品，其餘部分，主要特徵是「八卦方位
說」，秦漢之際所流行的「陰陽家」方位配四時的說法已
可以作為它的根據。這就是說《說卦傳》後八章有可能寫
於秦漢之際。[46]

依戴先生的考察，《易傳》（《十翼》）的成書是相當後面的，
起碼是在荀子生存活躍的戰國時代晚期以及更後面的秦漢之際。
特別是具有「陰陽論」的《繫辭傳》和《說卦傳》，都是戰國末
年到秦漢之際或西漢初年才出現的著作。

　　本文謹以《繫辭傳》一章以明其中的「陰陽氣論」的思想。
《繫辭上傳・第五章》曰：

　　　　一陰一陽之謂道，繼之者善也，成之者性也。仁者見之謂
　　　　之仁，知者見之謂之知，百姓日用而不知，故君子之道鮮

---

46　同上注，頁 11-13。

矣。

吳怡先生的詮釋如下，他說：

> 「陰陽」兩字，不見於六十四卦本經，只見於《文言》、
> 《象傳》、《繫辭傳》及《說卦》。梁任公先生以為《儀
> 禮》中無「陰陽」兩字，《詩》、《書》、《易經・卦爻辭》
> 中的「陰」字，都當作「覆蔽」；「陽」字都當作「向
> 日」解。因此認為「陰陽」兩字是七十子後學所作。[47]

吳先生舉出任公的說法，「陰陽」在上古經典中，只是向陽或背
陽的有無日光的本初之義。將「陰陽」合為一個概念關鍵詞，是
孔子弟子之後學發展出來的。此意思多位學者都已有同一看法，
應屬定論。吳先生接著說道：

> 《繫辭》等傳中，把六十四卦中剛柔兩爻的性能，用「陰
> 陽」兩字代表，以「陰陽」去談宇宙變化，〔……〕是一
> 大進步。本句在《易經》哲學上也是一個關鍵語，對於本
> 句，有兩點值得注意：
> （甲）所謂「一陰一陽」，並不是指「一個陰」、「一個
> 陽」。因為「陰陽」不是物質，不能以數字來區分。此處
> 所謂「一」，兼有兩層意思，一是指「陰陽」的對立，如
> 「分陰分陽」（《說卦・第二章》），即「一面陰」，

---

[47] 吳怡：《易經繫辭傳解義》（臺北：三民書局，1993），頁57。

「一面陽」；二是指「陰陽」的交感，如「陰陽合德」
（《繫辭下傳·第六章》），即「一次陰」，「一次
陽」。

（乙）陰陽兩字，後代《易》學家都把它們當作氣來看，
但氣是形而下的，又何以能作為形而上的道呢？伊川曾
謂：「離了陰陽，便無道，所以陰陽者，是道也。陰陽，
氣也，氣是形而下者，道是形而上者。」《朱子語類》也
謂：「理則一而已，其形者，謂之器，其不形者，則謂之
道。然而道非器不形，器非道不立，蓋陰陽亦器也，而所
以陰陽者，道也。是以一陰一陽，往來不息，而聖人指是
以明道之全體也。」〔……〕[48]

「陰陽」的存有，是「雙元對峙」的關係，這就是「分陰分
陽」；而又是「交感互動」的關係，這就是「陰陽合德」。換言
之，「陰陽」就其各自本身而言，它們是對分之「雙元性」，可
是若就它們兩者之間的關係而言，又是融合而為一體的「一元
性」。究底說，「陰陽」是「一而二、二而一」的雖是獨立卻又
同時交互影響、感通、變化的矛盾和統一的關係。

吳怡先生又說：

「陰陽」的作用，只是「自然」的變化，而在其背後，使
其「所以如此」的乃是「道」，也就是說，使「陰陽」產
生作用的，乃是「道」。〔……〕「陰陽」產生作用，即

---

[48] 同上注。

是交感的作用。而「陰陽交感」，即是「陰陽調和」；
「陰陽調和」，便是萬物的生機。所以「繼之者」，乃是
承「陰陽調和」而生，「善」乃是形容生之為善。「易
理」是以生為德為善的，如「天地之大德曰生」（《繫辭
下傳・第一章》）、「元者，善之長也」（《乾・文
言》）。〔……〕所謂「繼之者善」乃承繼天道的流行，
生機自善的意思。[49]

在此處，吳先生點明了「陰陽」就是自然變化，何為「自然變
化」？那就是「氣」。其本體就是「道」。但《繫辭》所論的重
點不是特講那個「本體」的「道」，而是在於特別彰顯「氣之陰
陽」是活動的、作用的；「二氣」的交感而合為「一氣」，因而
形成調和之狀態，於是萬物生生。就這個生生不已的生態，《大
易》遂頌之曰「天地大德」、是繼之長之而生化流行不已的
「元」。

　　《繫辭上傳・第五章》最後面有一句文句如此：

　　　極數知來之謂占，通變之謂事，陰陽不測之謂神。

黃慶萱先生對此有一番詮釋。他先詮釋「數」，說：

　　　極，窮究。數，本指《易》筮中著策之數，實際上模擬著
　　　宇宙萬物演進變化之數，《繫辭傳》「大衍之數」章略言

---

其原理。〔……〕數，引申有「律數」義，即在組合或演變中有規律可循之數。〔……〕天地萬物等空間存在，既是數的組合，四時年月日等時間運行，也是數的演變。〔……〕我把《易》視為「數本論」的哲學。[50]

黃先生認為《易經傳》中存在著「數本論」，其理是探明或演算天地宇宙的「律數」，他說空間是數的組合，而時間是數的演變，論及了「律」和「數」，這種思維和語言，就是「科學之理路」。《繫辭傳》通過「大衍之數」呈現了戰國時代的古儒的以數量及其所表達的律則來看待天地自然和萬物生命之意義，這當然不止是「玄哲之理路」，而且同時也是通過「知性理性」去掌握世界之存有的一套「知識系統」和「科學體系」。換言之，在《易傳》裏面存在「數學科學」。

黃先生提到「陰陽不測之謂神」，他引張橫渠和王船山之詮釋，曰：「張載《正蒙・參兩篇》：『一物兩體，氣也。一故神，（自注：兩在故不測。）兩故化，（自注：推行於一。）此天之所以參也。』王夫之《注》：『神者，不可測也，不滯則虛，善變則靈，太和之氣，於陰而在，於陽而在。其於人也，含於虛而行於耳目口體膚髮之中，皆觸之而靈，不能測其所在。』〔……〕《正蒙》及《注》以『神』或在陽，或在陰，不能測其所在。」[51]依此，「陰陽」就是「太和之氣」，它之虛靈善化，貫通人和物以至天地宇宙一切存有，這就是不可測度的「神」。

---

[50]　黃慶萱：《新譯乾坤經傳通釋》（臺北：三民書局，2007），頁55。
[51]　同上注，頁56。

這樣的論述，是傳統的中國儒家對於《易傳》之「陰陽論」的「玄哲之理」的說法。然而，它卻是又含有「科學之理」的內涵的，黃先生於此有一番敘論，他徵引李政道的說法而曰：

> 牛頓力學已被量子力學來代替，在量子力學中有條很基本很重要的定律叫做「測不準定律」。這條定律說，我們永遠不能測準一切。任何物件假如我們能完全測定它在任何一時間的位置，那在同一時間，它的動量就無法能固定。對普通一般物件而論，動量不固定，就是速度不固定，既然速度不能固定，那也就無法完全預定這物件將來的路線。〔……〕近代物理學有些看法，和中國太極和陰陽二元的學說有相似的地方。〔……〕李政道把量子力學中「測不準定律」和「太極和陰陽二元的學說」相提並論，使「陰陽不測之謂神」有了更具體的新解。[52]

黃先生引了物理學科學家李政道的說法，並不是附會而以為《易傳》的「陰陽氣論」裏面含藏著物理學的「測不準定律」。其實中國《易經傳》的文本和思想的結構脈絡跟現代物理學的重大定律法則，純粹是不同典範的學術、知識。因此，不能隨便比附，而幻想中國先祖的《大易》之學理中的「陰陽論」可以導引現代物理學的學理和技術，這種想法和說法是荒謬、錯置的。但黃先生在這一段徵引李政道之論述，其主旨是說明了《易傳》發揮的「陰陽交感遷移」之那一種神變不測，雖然是從「玄哲之理路」

---

52　同上注，頁 56-57。

中思維而得出，然而此種神變不測的性質，其實在現代物理學的量子力學中，也同樣能夠發現量子之神變不測。在《易傳》中以「氣」來說，在物理學則以「量子」來說。再者，量子力學的發現「測不準現象」，乃是通過物理學的實驗而得到，而《易傳》中所說的「陰陽不測」的此種神變不居，何嘗不是古人在經驗到實存具體的天地自然環境中的一切萬物的變動不已、流行不住的大化現象中有其體悟而累積的智慧。在其中，有其「玄哲之理」，同樣亦有其「科學之理」。此處的心靈思維的「雙元性」，不可忽視。

# 六　結論

中國的「陰陽氣論」是一個非常悠久的傳統，是中國儒、道、陰陽、兵學等家的基本思維，由古至今，傳統知識分子的心靈思想中，恆有「氣之陰陽論」或「陰陽之氣論」左右或導引他們看待自然與人文世界之方式和取徑；在庶民社會，人群多以「陰陽觀」或「陰陽五行觀」來思考、決策他們生活和生命中的大小事務，包括了婚喪大禮、居屋、墳墓之建築以及宗教祭儀乃至於每日出行的方位和時間，可以說，「陰陽氣論」幾乎是中國菁英和普羅兩層的人民的人文海洋河湖，中國人是這個人文海洋河湖中的游魚。

在較久之前的西周或三代，「陰陽」是先民從日常生活之因為地形、地點而產生的日照和氣溫之明顯對立而得出來的直接的、素樸的經驗詞彙，它只是指謂了太陽輻射引起的人地關係。包括如《詩》、《易》、《書》等典籍中的「陰陽」字詞，皆是

這一層的意義，唯縱然如此簡易，卻也反映出在很早的上古時代中國人已經立基於「知性理性」來得到玄哲和科學之思維的開端。

　　《左傳》和《國語》的記載、陳述、詮釋之內容，大體上是春秋時期，其中存在清楚且積極的「陰陽氣論」，依此而論人地生態的和諧關係，並論說身心醫療之術乃至於國家的治理和兵法，在其中，既是「玄哲之理路」，也是「科學之理路」，表現了中國人心靈思維的雙元並建及其合一性，唯孔子卻無這方面的思想和話語，連帶著戰國時期的孟子荀子皆不受「陰陽氣論」的影響。先秦時代真正以「陰陽氣論」為主要思維結構和取向的，是較晚才陸續累積整合而完成的《易傳》。

　　「陰陽氣論」的「玄哲之理」和「科學之理」，興起於先秦或西漢，其後，此雙元同行卻又互動而合一的「陰陽氣論」就影響並支配了中國兩千年的知識分子和菁英階層，在大傳統中，往往決定國政、文明的總體走向和內容，就儒家而言，宋明儒者幾乎都有「陰陽」乃至「陰陽五行」的思維形式，到了近現代，更多有以「陰陽氣論」來比附或會通西方哲學和科學。

# 貳
# 春秋戰國・古典・荀子「知性型」的環境生態觀和人地倫理學

## 一　前言

　　儒家從孔子始。孔子之前的經籍，從《論語》的徵引文句來看，大體可知是《詩》、《書》、《禮》。孔子之後，這幾部上古典籍之章句亦多有後世之更動、加入者，譬如《尚書》之篇章多有春秋、戰國時代方才寫定。孔子亦必讀過《易》，但那應該只是「卦」、「爻」之〈經〉，而非「十翼」之〈傳〉；「十翼」雖有孔子的思想，但顯然是孔子後學之手筆，且不出於一人，亦非同一時間的著作。

　　與孔子最密切及身的儒家大典是《論語》和他晚年依《魯史》而修著的《春秋》，這是始源性之儒家經典。孔子之後「儒分為八」，有謂「子夏傳經、曾子傳道」，然皆無明確的完整之著作文本，而其後學的在世之時大概是從春秋末期延衍至戰國前期，皆無確然可證的著述典籍，到戰國中末葉，孟荀以及以《傳》之形式出世的儒家文本創作後，儒家學術、思想的脈絡才告穩定而顯達於世。因此，我們研究探索儒家的學術、思想之內

容和體系，《論語》後，則應該且必須於戰國中末葉的經典入手。

　　自古以來，世人對於「天」乃至於「天地」，皆有其好奇之思維、想像以及各類型和路線的探索，中國古人亦無例外。大體上有宗教的、道德的、自然的、哲學的「天觀」或「天地觀」。儒家也是。其他各主要思想觀念系統，如道、墨、陰陽五行等家，亦皆如此。環境思想和生態倫理，已是世紀危機下的重要學術和行動，是對治今之地球的環境生態困境的主要關懷路徑。研究詮釋中國古代的環境生態觀和人地倫理學，是甚重要且有意義的主題。

　　本文擬先較簡要敘述先秦相關經史典籍中的環境生態觀和人地倫理學，以此為文化歷史的大背景和大結構，由此展開對於荀子在這個範疇和領域的思想觀念之詮釋。

# 二　《孟子》與《易繫辭》的環境生態觀及其人地倫理學

　　探究荀子的相關思想，不妨先拿取其他儒家經籍加以縱比或橫觀來予以對照之、襯托之。先取《孟子》和《易繫辭》論說。

　　《孟子》、《易繫辭》和《荀子》是在戰國中末期具現的。僅簡略述之。先說《孟子》，當代新儒家徐復觀先生說：「《史記・孟子荀卿列傳》：『孟軻，騶（一作鄒）人也。受業子思之門人。道既通，游事齊宣王，宣王不能用。適梁（《通鑑》以為始遊梁，繼事齊），梁惠王不果所言，則見以為迂遠而闊於事情，〔……〕退而與萬章之徒，序《詩》、《書》，述仲尼之

意，作《孟子》七篇。』至其生卒年月，不可詳考。他自稱『由
孔子而來百有餘歲』（《盡心下》）。此語當出於其晚年，以此
推之，大約生於周安王在位之後半期，赧王初年，依然存在；即
約為西紀前三八二到二八九之間。』[1]依此，則孟子是戰國中末
期的儒家，因此，孟子對於自然環境生態的觀念，可以視為中國
古儒在戰國中晚期的一種思想。

　　再說《易‧繫辭》，當代新儒家戴璉璋先生的看法如此：
「《易傳》並非一人所作，寫成的時代也有先後。一般認為
《彖》、《象》兩傳最早，《文言》、《繫辭》其次，而《說
卦》、《序卦》、《雜卦》則較晚。這是對的，因為《文言》解
釋《乾》、《坤》兩卦的〈卦辭〉、〈爻辭〉，有紹述《彖》、
《象》兩傳的跡象；《繫辭》與《文言》可能是同一時代的作
品，兩傳都有詮釋〈爻辭〉的文字，風格相近，部分雷同；而
《繫辭》與《說卦》在所謂『兼三才而兩之』的說法上又相同，
這可以證明《文言》、《繫辭》晚於《彖》、《象》兩傳。《說
卦傳》談『卦象』較《彖》、《象》、《繫辭》等繁複，而其談
『卦位』，又受到陰陽家四時方位說的影響，據此可以推斷它的
寫成時代又當晚於《文言》、《繫辭》。《序卦》、《雜卦》，
未見於《史記》著錄；《雜卦》，又未見於《漢書》的著錄，因
此《序卦》、《雜卦》兩傳，又可能晚於《說卦》。」[2]由上所
述，戴先生將《易傳》的「十翼」之著成的順序說明清楚了，

---

1　徐復觀：〈從性到心──孟子以心善言性善〉，《中國人性論史‧先秦
　　篇》（臺北：臺灣商務印書館，1994），頁161。
2　戴璉璋：《易傳之形成及其思想》（臺北：文津出版社，1989），頁
　　10-11。

《繫辭》的成書排列大概是在中間，約與《文言》同時期，其前是《彖傳》和《象傳》，其後是《說卦》、《序卦》、《雜卦》等三傳。

戴璉璋先生復又提到，西漢早期的作品，如陸賈《新語・辨惑》：「《易》曰：『二人同心，其義斷金。』」是引自《繫辭上傳》第八章，今本「義」作「利」。又《新語・明誡》：「《易》曰：『天垂象，見吉凶，聖人則之。』」此引自《繫辭上傳》第十一章，今本「則」作「象」。又如韓嬰的《韓詩外傳》卷三曰：「《傳》曰：『易簡而天下之理得矣。』」其引見於《繫辭上傳》第一章。而司馬談《論六家要指》曰：「《易大傳》：『天下一致而百慮，同歸而殊途。』」其所引見《繫辭下傳》第五章，今本作「天下同歸而殊途，一致而百慮。」[3]由此敘述可知，《繫辭傳》在西漢初已經具有文本而為其時儒者引用，而長沙馬王堆第三號漢墓出土的《帛書》，亦有《周易》，在其《經》後附有《繫辭》，其文與今本《繫辭》雷同。《帛書周易》寫於漢文帝初年，由此可以推證《繫辭傳》當是戰國末期的作品。[4]據上述，則可知道《繫辭》的章句中陳述和表達的中國古人的環境生態觀和人地倫理學，亦是戰國中晚期的思想、觀念。與《孟子》有其相同的類型。

如本文前言中提到，「天觀」或「天論」是中國古代心靈和思想的重大觀念體系，「天」有多重意義，一是「宗教底超越性天」；一是「道德底內在性天」；一是「自然底物理性天」。宗

---

教意義的天，是遠古中國人的傳統，由原始時期的巫覡薩滿文明中傳承而來，其內容仍然或多或少、或主或從地保存在儒道墨及陰陽家的典籍和論述中；孔子依然具有明顯、濃厚的「宗教義之天」之默證和信仰，在《論語》裏，有不少提及「天」的章句，而其中就有相當比重是孔子對上帝性質的天之呼喚。宗教信仰形態的天，一直傳承下來，並且下貫流佈在庶民社會中形成中國廣土眾民之信仰天神地祇的「自然崇祀」。「自然物理天」的思想和認知，亦存在於各大家之中，但同中有異，「道家天觀」，就是「自然之自己如此」，是「道的自然自在」；在儒家，如孔子，則有「自然之道健行不已的」觀照，此如孔子在川上觀水之流動不已而嘆：「逝者如斯夫，不舍晝夜」，[5]或如「天何言哉？四時行焉、百物生焉，天何言哉？」[6]的對於天地健動的體悟；而若就《孟子》或《易傳》來看，則具有大自然生生不已、循還往復的生態律的體察，而具有人文配合自然生態律的古典環境倫理學的知識。

　　先敘說《孟子》。孟子見梁惠王和齊宣王，在其對話的記述中，表達出來的思想，就有清楚明確的「自然－人文生態學」的觀念，孟子曰：

　　　不違農時，穀不可勝食也；數罟不入洿池，魚鱉不可勝食

---

5　語出《論語‧子罕》：「子在川上曰：『逝者如斯夫，不舍晝夜。』」
　　此語重點不在時間的流逝，而是指天地自然和生命的未嘗止息的動態。
6　語出《論語‧陽貨》：「子曰：『予欲無言。』子貢曰：『子如不言，
　　則小子何述焉？』子曰：『天何言哉？四時行焉，百物生焉，天何言
　　哉？』」此章孔子明白表達了他對大自然生態律恆動不已的體悟。

也；斧斤以時入山林，材木不可勝用也。穀與魚鱉不可勝
食，材木不可勝用，是使民養生喪死無憾也；養生喪死無
憾，王道之始也。五畝之宅，樹之以桑，五十者可以衣帛
矣；雞豚狗彘之畜，無失其時，七十者可以食肉矣；百畝
之田，勿奪其時，數口之家可以無饑矣；謹庠序之教，申
之以孝悌之義，頒白者不負戴於道路矣。七十者衣帛食
肉，黎民不饑不寒，然而不王者，未之有也。[7]

這段論述完整顯示孟子的「天觀」，即自然環境生態律在四時之
中以健動和往復的形式和內容呈現運行，因此，自然界可予人類
養生的資源即在此規律中生生不息地產出，如穀物、魚鱉、材木
的源源不竭，因有這些生生不息的自然資源，人得以生存；再者
就是孟子的「人地倫理學」，他認為人文活動的經濟生產，必須
配合這個「自然律」來運作實踐，孟子用「以時」之詞而表述
之，所以農家要依時種桑養蠶，要根據雞豚狗彘等家禽家畜的生
命周期之時序而畜養之，要遵循節令之時序來從事農耕，如此遵
循，基本的民生才有可能發展持續，而人民之養生存活無虞，才
是施行王政之開端。然後以此生態和經濟為基礎，推展文化道德
之教化，王政才能展開和完成。

在《孟子》一書中，其實相同於上述的思想十分普遍明著，
人文活動「時」、「重時」、「乘時」來配合天地自然環境之規
律而建立國家之政，這是為政的基本，有了這種人文配合自然的
行政治理，才是合理合情亦是合道的政治，孟子稱之為「仁政王

---

7　見：《孟子·梁惠王》。

道」，否則不能稱為政治，而在這個生態規律和人地倫理為基礎之上，才能推展德性與知性之教，若無此基礎，就不可能推展教育，此即孔子所言「先富後教」的思想之發展。

接著來看《易傳》。《易傳》的思想類同孟子的環境生態觀，亦具有人文與自然符應配合的觀點。在許多〈彖辭〉和〈象辭〉之中，可以找到不少人文與天地相配合而求諧和之道的章句。特別是在〈大象〉，幾乎都是一種邏輯，即表現了「因子的因果」和「因子的相關」的陳述，即是首句先提出天地自然的內容或原則，次句再說到人文的配合和效法；茲以《乾坤》兩卦的〈大象〉為例明之，〈乾象〉曰：「天行健，君子以自強不息。」〈坤象〉曰：「地勢坤，君子以厚德載物」。學者釋曰：

> 孔穎達：「行者，運動之稱；健者，強壯之名。」乾卦象徵天，古人直觀自然，認為天圍繞著地轉，所以說天的性質剛健強壯，永遠運行不止。「君子」觀此象則應發憤自強奮鬥不息，以此去效法乾天之象。
> 王引之：「『地勢坤』，坤即順也。」古人認為天是動的，其運行不止，性質剛健；地是靜的，故能承載萬物於其上，性質柔順，所以《說卦傳》說：「坤，順也。」「君子」觀坤地之象，則應深厚自己的品德以行柔順，承載重任以育萬物。[8]

依此，《乾坤》兩卦的〈大象〉，乃是古人對天和地的規律和性

---

[8]　徐志銳：《周易大傳新注》（濟南：齊魯書社，1988），頁3、頁24。

質的直觀或認知，而認為天是剛健強壯、運行不止；地則是安靜柔順、承載無息。承「乾天」與「坤地」的和合，萬物和生命則生生旺盛，而一切存有乃能延展永續。古儒認為人在天地之中，應效法天地創生廣生之德，亦須深厚品德來培物育民，這在政治上就是「仁政」，就是「王道」。

再從《易繫辭》來較細緻地明其思想，譬如其言曰：

> 天尊地卑，乾坤定矣；卑高以陳，貴賤位矣；動靜有常，剛柔斷矣；方以類聚，物以群分，吉凶生矣；在天成象，在地成形，變化見矣；鼓之以雷霆，潤之以風雨，日月運行，一寒一暑；乾道成男，坤道成女；乾知大始，坤作成物；乾以易知，坤以簡能；易知則有親，易從則有功；有親則可久，有功則可大；可久則賢人之德，可大則賢人之業。〔……〕[9]

這是古代儒家的天地雙元對立又共在的辯證互動的關係倫理觀，用乾坤、動靜、剛柔、男女、吉凶等雙元性因素來點明自然生態的結構和機能。其實就是古人從大自然的「大雙元結構－天地」而看出了自然生態體系中的各「小雙元性」的運作，譬如天象、地形、雷霆、風雨、日月、寒暑、雌雄等，而此雙元要素又是進行著辯證互動的變化關係的。

所以，人文的施為表現在政治和經濟，就必須配合自然環境生態的此種特性而來開展，才能在和諧中有所順遂和繁榮。相同

---

9　見：《易・繫辭上》，第一章。

或類似的章句，在《繫辭傳》裏不少，如「夫乾，其靜也專，其動也直，是以大生焉；夫坤，其靜也翕，其動也辟，是以廣生焉。廣大配天地，變通配四時，陰陽之義配日月，易簡之善配至德。」[10]此指出天地乾坤之功能就是大生廣生，而自然生態的內容就表現為天地、四時和日月，即宇宙的空間、時間和日月星宿，人文需配合之而建立至善的德業和仁政。又如：

> 易有太極，是生兩儀，兩儀生四象，四象生八卦，八卦定吉凶，吉凶生大業。是故法象莫大乎天地，變通莫大乎四時，懸象著明莫大乎日月。[11]

此句最前面所言「太極」，是中國儒道陰陽家的共同「本體宇宙圖式」，是透過在天地自然中的具體的長期生活、生存而對此「大存有者」予以抽象化之命題；「太極生兩儀」是何義？《爾雅》：「儀，匹也。」陰陽相匹，故稱「兩儀」。「太極」實即生化萬物的「道」，它生化萬物是會呈現兩大勢用的，亦即一是「陽」，另一是「陰」。易學家朱維煥先生解釋曰：

> 「兩儀生四象」，即陰陽之發展、交感，而引生「四象」，〔……〕李鼎祚《周易集解》引虞翻曰：「四象，四時也。」故「四象」乃「太極」引生陰陽兩儀，陰陽兩儀復或分別發展、或互相交感，引生為四種象徵，「四

---

10　《易‧繫辭上》，第六章。
11　《易‧繫辭上》，第十一章。

時」則為其所象徵之一具體現象。[12]

依此詮釋,「太極」的陰陽發用,會產生四種狀況或象徵,若就具體的顯象言,在大自然,則呈現了「四時」;「四時」就是春夏秋冬的四個時節。

「兩儀生四象」之後,《易繫辭傳》接著又說:「四象生八卦」。朱維煥先生釋之曰:

> 「四象生八卦」,即太陽之上生陽,為「乾」;太陽之上生陰,為「兌」;少陰之上生陽,為「離」;少陰之上生陰,為「震」;少陽之上生陽,為「巽」;少陽之上生陰,為「坎」;太陰之上生陽,為「艮」;太陰之上生陰,為「坤」。「八卦」亦象,所以象徵自然界、人事界之一切事物。[13]

中國古哲認為由陰陽兩大創生力展現出來,是「四象」的「太陰」、「少陰」和「太陽」、「少陽」,而它們的變化,就是「八卦」。何為「八卦」?其實是中國古哲對於大自然現象和結構之元素的認知和界定,「乾坤」就是天地,「震」是雷電;「艮」是山岳;「坎」是河川;「兌」是湖澤;「巽」是風動氣流;「離」是火和陽光。這是中國古人對於天地自然生態的要素式的把握,將大自然歸類為八個組成,其中有一個最大的空間構

---

[12] 朱維煥:《周易經傳象義闡釋》(臺北:臺灣學生書局,1993),頁485。

[13] 同上注。

造，就是天地，而有六項元素或要素即雷、山、風、水、火、澤於其中變動遷化，它們的相生相剋之互動和組成就形成世界。由於人亦是其中一個構成，所以在其中既有純粹自然，亦有人文和自然的互動關係。

　　基於如上的認知，古代哲人在《繫辭傳》中又進一步說明或敘述了人在自然生態中的人文參與之下的發展：

> 古者包犧氏之王天下也，仰則觀象於天，俯則觀法於地，觀鳥獸之文，與地之宜，近取諸身，遠取諸物；於是始作「八卦」，以通神明之德，以類萬物之情。作結繩而為罔罟，以佃以漁，蓋取諸「離」；包犧氏沒，神農氏作，斲木為耜，揉木為耒，耒耨之利，以教天下，蓋取諸「益」；日中為市，致天下之民，聚天下之貨，交易而退，各得其所，蓋取諸「噬嗑」；神農氏沒，黃帝、堯舜氏作，〔……〕垂衣裳而天下治，蓋取諸「乾坤」；刳木為舟，剡木為楫，舟楫之利以濟不通，致遠以利天下，蓋取諸「渙」；〔……〕上古穴居而野處，後世聖人易之以宮室，上棟下宇，以待風雨，蓋取諸「大壯」，〔……〕上古結繩而治，後世聖人易之以書契，百官以治，萬民以察，蓋取諸「夬」。[14]

在這一大段論述中，首先點出中國先民在天地之中生存、開拓、發展文明的起始，是從仰觀天文俯察地理以及觀察大自然環境中

---

14　《易‧繫辭下》，第二章。

的各類動植物及其生態，並且就自己周遭及身以及擴延出去的各類各型事物現象而加以認識、了解之後，才有所出發，並且加以創建展延。因此，文明的成立和存在，是從「天地自然」起，後面則是跟著人之認識自然界且改變自然界並予以運用而來。此段敘述，古哲提到的是中國古人的漁獵、農耕、貿易、水陸交通運輸、住屋聚落建設以及發明文字、組織政府等文明國家的建立，其敘述雖簡單，但是說明了文明以「自然環境生態」為基礎而加以開發利用之演化。這裏表現了中國古哲的人地關係倫理的互動演化觀。

以上論述是徵引了《孟子》和《易傳》，特別是《繫辭傳》來說明了古代儒家的人地倫理學，表顯了他們的基本之環境生態觀。相類似的思想，其實可同樣見之於《書》、《詩》、《禮》，甚至於《管子》、《老莊》、《太公六韜》、《左傳》、《國語》……等古代經史子典籍。

## 三　荀子重視「知性理性」之「認知心」

荀子是生活於戰國且是先秦最晚期之大儒，最早提及荀子的人是太史公司馬遷：

> 荀卿，趙人。年五十始來游學於齊，騶衍、田駢之屬皆已死，齊襄王時，而荀卿最為老師。齊尚修列大夫之缺，而荀卿三為祭酒焉。齊人或讒荀卿，荀卿乃適楚，而春申君以為蘭陵令。春申君死，而荀卿廢，因家蘭陵。李斯曾為弟子，已而相秦。荀卿嫉濁世之政，亡國亂君相屬，不遂

> 大道，而營於巫祝，信機祥，鄙儒小拘如莊周等，又滑稽
> 亂俗，於是推儒墨道德之行事，興壞序列，著數萬言而
> 卒。因葬蘭陵。[15]

依此，則荀子在齊襄王和楚春申君時代，最為活躍，無論在齊、
楚，皆為重要人物。其弟子李斯後來還入秦為相。學者王忠林根
據歷來考據而認為荀子的出生，當在西元前三一五年左右，而其
卒年，王氏說：「如以荀子生年為西元前三一五年來推求，至春
申君被殺時西元前二三八年，荀子已七十七歲，再假以十年，則
荀子為八十七歲，其卒年當在西元前二二八年左右。」[16]若此考
證基本無差錯，則荀子乃是密切銜接孟子的先秦大儒，他的晚年
到逝世，正是秦滅六國（秦王政的大將王賁滅齊，全國一統，是
在西元前二二一年。）一統天下而結束了戰國時代而新建了中央
郡縣制的中國皇朝開始之初期。

　　由上可知荀子大概是孟子之後約三十年亦即一代人之後的先
秦最後大儒。孟子和荀子的人生時曆雖有重疊，但孟子顯然不認
識荀子，而荀子卻在〈非十二子〉中批評過孟子。然而不管如
何，兩位先秦大儒的時代可以說是同一階段的前後。

　　這個時代，中國諸子學術、思想、觀念蓬勃蜂起，儒、道、
墨、法、兵以及陰陽、五行等帶有傳統又新創的思潮都是在這個
時期豐沛興盛，其中包括了眾家的哲學體系以及政治理念，而在
其中，具有自然生態觀和人地倫理學。荀子既是大儒，他對於天

---

15　見《史記・孟子荀卿列傳》。
16　王忠林：《新譯荀子讀本》（臺北：三民書局，2015），頁 10。

地自然生態的觀念和思想,亦屬儒家體系。在《孟子》或《易傳》中多少都能得其類似處,但亦有荀子自身的見解。以下先嘗試析論詮釋荀子的「心論」。

　　人所以活著,是心主導,所以心是主體,心之關注投向的外在物,則是客體。心之認知能力,就是「知性理性」。荀子掌握、突顯的心,是這方面的理性之心,它是「知性心」、「認知心」。先來認識荀子如何表述他的「心論」,其觀點主要集中在〈解蔽〉一篇。荀子曰:

> 心者,形之君也,而神明之主也,出令而無所受令。自禁
> 也,自使也,自奪也,自取也,自行也,自止也。故,口
> 可劫而使墨云,形可劫而使詘申,心不可劫而使易意,是
> 之則受,非之則辭。故曰:心容,其擇也無禁而必自見,
> 其物也雜博,其情之至也不貳。〔……〕故曰:心枝則無
> 知,傾則不精,貳則疑惑。一於道以贊稽之,萬物可兼知
> 也。身盡其故則美,類不可兩也,故知者擇一而一焉。[17]

此句文言古樸,茲引今之學者的白話譯句以明之:

> 心,是形體的統帥,是精神的主宰,它向身體發出命令卻
> 從不接受身體的命令。它自我約束,自我驅使,自我裁
> 奪,自我求取,自我行動,自我休止。所以,嘴巴可以被
> 強制著沈默或說話,身體可以被強制著彎曲或舒展,心卻

---

[17]　見《荀子·解蔽》。

不能被強制著改變意念。它認為對的就接受，它認為錯的就拒絕。所以說，心的容態是：它對事物的選擇不受限制，必定自主地顯現出來，它對事物的認識是繁多的，當它十分專心時，這種認識就是純一不二的。〔……〕所以說：心緒分散，就會無知無識；心思不專一，認識就不會精深；三心二意，就可能發生疑惑；專一於「道」，並藉助它來考察萬物，萬物全都可以被認識。一個人如果能夠完全按上述的道理去做，就盡善盡美了。對任何事物的認識，都不能三心二意，所以，聰明的人總是選擇好一件事，然後專心一致地加以研究。[18]

透過現代語文之譯說，乃能清楚地知道荀子對於心之認識，是如此：即這個心是十分「知性理性」的作用之心，他不是就「本體論」的或「德性義」的心來掌握、表達的。荀子此段所言的「心」，是一個人天生的自我能思、能動、能決斷、能認識的思想、判斷、解釋萬物的能力，它是人的「知性底主體」。孟子亦有言「心之官則思」，[19]似乎亦是講求心之「知性理性」的那個主體性，其實重點不在此處，他主要還是立乎心之「德性底主

---

18　蔣南華、羅書勤、楊寒清譯注：《子書之部‧荀子》（臺北：臺灣古籍出版社，1996），頁 557。

19　公都子問曰：「鈞是人也，或為大人，或為小人，何也？」孟子曰：「從其大體為大人，從其小體為小人。」曰：「鈞是人也，或從其大體，或從其小體，何也？」曰：「耳目之官，不思而蔽於物；物交於物，則引之而已矣。心之官則思，思則得之，不思則不得也。此天之所與我者，先立乎其大者，則其小者不能奪也，此為大人而已矣。」見《孟子‧告子》第十五章。

體」而強調人之主動實踐道德，所以在這章句的緊接著的兩章，孟子論敘「仁義忠信、樂善不倦的天爵」以及「公卿大夫的人爵」；[20]又論真正的「良貴」是仁義，而世俗人以富貴為「良貴」，實則世俗的財富權位，其本質是「趙孟之所貴，趙孟能賤之」，[21]由這些相關章句可知孟子著重的心之主體義是道德的取向。相對於孟子，荀子則突出心的「知性理性」的能動的優位和重要，在荀子而言，人須好好運作心的「能知之性」來認識世界、萬物，此路的踐行，不是道德的實踐，而是知識的建立。

　　這樣的「心」，又是何以具有認知的「能動性」和「能動力」呢？荀子的說法如此：

> 人何以知道？曰：「心」；心何以知？曰：「虛壹而靜」。心未嘗不臧也，然而有所謂虛；心未嘗不滿也，然而有所謂一；心未嘗不動也，然而有所謂靜。[22]

學者認為這段文章的「心未嘗不滿也」的「滿」，應是「兩」，因為同一篇文章的下句有「同時兼知之，兩也，然而有所謂一」。[23]這整個句子表達了荀子對於心的機能性之認識或定義，心是能知的，心何以「能知道」？是因為心的機能之性質是「虛壹而靜」。接著，荀子簡易說明「虛、壹、靜」此三者為何，他

---

20　《孟子・告子》，第十六章。
21　《孟子・告子》，第十七章。
22　《荀子・解蔽》。
23　熊公哲：《荀子今註今譯》（臺北：臺灣商務印書館，1980），頁430。

指出心會「包藏」（臧），亦即心會通過感官而接納存有之事物的印象將之「包藏」於內中，這有點意味將心比擬為「倉儲」或「檔案」的保存功能，但是人為的「倉儲」或「檔案」之「空間」是有限的，而「心之空間」卻是「虛」的，這個「虛」是「無限量」的意思。此即他說的「心未嘗不臧也，然而有所謂虛」；荀子又指出心可以同時認知多數的事物、現象，但它本身卻又有「一的統合性」，這個統合為一就稱為「壹」，此即他所說的「心未嘗不兩也，然而有所謂一」；再者，荀子又指明心有思有慮，它的功能是一直不斷地動的，沒有不動的時候，但是「心之本身」卻是「靜」的，荀子的意思，是區分了心的「作用層」和「本體層」，前者有「吸納」現象入內的功能，此即動，而後者是指謂「心之自己在其自己」的恆常，這就是他所謂的「靜」，因此，心成為人之生存、活動在宇宙必須具有的座標中心，此即荀子所說的「心未嘗不動也，然而有所謂靜」。

荀子又說：

> 人生而有知，知而有志，志也者，臧也。然而有所謂「虛」，不以己所臧害所將受，謂之「虛」。
>
> 心，生而有知，知而有異，異也者，同時兼知之；同時兼知之，兩也。然而有所謂「壹」，不以夫一害此一，謂之「壹」。
>
> 心臥則夢，偷則自行，使之則謀，故心未嘗不動也，然而有所謂「靜」；不以夢劇亂知謂之「靜」。
>
> 未得道而求道者，謂之「虛壹而靜」。作之，則將須道者，之「虛」則入；將事道者，之「壹」則盡；盡將思道

者，「靜」則察。

知道察，知道行，體道者也。「虛壹而靜」，謂之「大清明」。[24]

荀子說人是天生會認知的，他認知事物現象，會將它們記住、記憶下來，好似心是倉儲或檔案可以加以貯藏，但莫擔憂心貯藏了這些事物現象的訊息，會被塞滿，心的認知記住外在的事物現象之空間和能量，是無限的，這個無限就稱為「虛」。他又說人的心可以同時去認知多數事物現象，不是在一個時間只能認知一件事物現象，但是這個多樣認知的功能又不會互相妨礙，因為心的本身是一個整全體，此狀態就稱為「壹」。荀子再又說到人在睡覺時心就作夢；鬆懈放任時，心就胡思亂想；而在認真辦事的時候，運用心思，它就能有規劃地籌謀，可見得人之心是一直都在動作的，但它本身不會由於心之作用的不停息而沒有它本身的恆定，此就稱為「靜」。

荀子在詮釋了心的「虛壹而靜」的機能之後，就要求人們一定要讓自己的心保持住它本有的「虛、壹、靜」。他以一個詞來稱說這種境界，即「大清明」。

「大清明」的「虛、壹、靜」之心，在荀子的著重點，是「知性心」，而不是「德性心」，由此發展出來的是「見聞」，而不是「德行」。因此，他在後續的論說中，強調維持理性狀態的知性，是心之大清明十分重要的條件，如果少了理性，心的認知之操作和施行，就無法清明。荀子舉出一些例證來說明此種情

---

[24]　《荀子・解蔽》。

形：

> 冥冥而行者，見寢石以為伏虎也，見植林以為後人也，冥冥蔽其明也；醉者越百步之溝，以為蹞步之澮也，俯而出城門，以為小之閨也，酒亂其神也。[25]

這例子是說明環境昏暗會影響人的心之理性，而會作出錯誤的認知；醉酒之人因為酒精影響了他的心之清明，也會使他作出錯誤的行為。

> 從山上望牛者若羊，而求羊者不下牽也，遠蔽其大也。從山下望木者，十仞之木若箸，而求箸者不上折也，高蔽其長也。水動而景搖，人不以定美惡，水勢玄也。瞽者仰視而不見星，人不以定有無，用精惑也。[26]

此段章句，荀子舉出的例子是客觀理性的知識陳述，空間距離的遠和高，水的流動或靜止，眼睛的正常與否，皆會決定人對事物現象的知性之是否理性判斷。而此處所言的牛或羊之掌握，樹木或筷子之理解以及如何才能照映身子臉面，或是應由眼睛健全視力優秀的人來仰觀星象，這些皆是荀子和其時的古人已經通過經驗法則而建立的知識或常識。荀子舉證說明什麼呢？他就是在以具體的知識之例來說明心的「知性理性」之重要。

---

25　同上注。
26　同上注。

　　總之，荀子深論的心及其作用和功能，就是理性為本質的
「知性心」的認識事物現象的作用和功能。此心的理性是關鍵，
最為重要。荀子這樣說：

> 人心譬如盤水，正錯而勿動，則湛濁在下而清明在上，則
> 足以見鬚眉而察理矣。微風過之，湛濁動乎下，清明亂於
> 上，則不可以得大形之正也。心亦如是矣。故，導之以
> 理，養之以清，物莫之傾，則足以定是非，決嫌疑矣。[27]

心是必須保養維護的，否則它會失去其清明的理性，而如何保養
維護呢？此無他，也就是清明的理性它本身來保養維護「心」，
亦即「虛、壹、靜」不可喪失，不可失去它的「大清明」，此狀
況就是心在「知性理性」之中而能夠認知。通過「知性」的理性
發用，人才能客觀知道這個世界和存有，也才能循此而人類才有
知識以及荀子喜歡說的且經常弘揚的重大主張，即：「禮法」、
「統類」。

　　當代新儒家第三代重要學者蔡仁厚先生對於上述荀子的「知
性理性」之心，有明確清晰的掌握和闡釋，他釐分了先秦兩大儒
孟荀的「心論」之兩大類型，蔡先生說：

> 荀子所說的「心」，與孟子不同。孟子所說的仁義之心
> ——四端之心、不忍之心、良心、本心，乃是道德的心，
> 是道德主體（亦曰德性主體）。而荀子所說的知慮思辨之

---

27　同上注。

心，則是認知的心，是認知主體（亦曰知性主體）。牟先
生指出，孟子是「以仁識心」，荀子是「以智識心」。這
個分判，實信而有徵。孔子以後，先秦儒家的兩大代表人
物，正是孟子和荀子，而二人能夠分別開出「德性主體」
與「知性主體」，可謂雙美相濟。[28]

此處點明了儒家的「心觀」或「心論」的兩條相得益彰的大路，
一是孟子突顯「德性主體」，一是荀子首出「知性主體」。荀子
弘揚的心，是「知慮思辨之心」，也就是認知的心，是「知性主
體」，也就是「知性理性」。蔡先生的判準徵諸本文上面的論
述，可以說是扼要說中重點。蔡仁厚先生再又加以申論，他說：

> 以仁識心，所識的是道德性的德性心，這是孟子以下正宗
> 儒家所講述的通義。以智識心，所識的是理智性的認知
> 心，這是荀子所特別彰顯的獨見。〔……〕
> 認知心的活動是在「主客對列」的格局中進行，以主觀面
> 的「能知」之心，去認知客觀面的「所知」之物（對
> 象）。在這個層面上的心知，亦即北宋大儒張橫渠所說的
> 「見聞之知」。通過見聞之知，可以成就知識。〔……〕
> 荀子所講的心，正是知性層的智心，是認知的心。這一個
> 思想端緒的發現，再加上朱子的心論及其「即物窮理」的
> 方式，正可作為「從中國文化心靈中開出知識之學」的一

---

[28]　蔡仁厚：《孔孟荀哲學》（臺北：臺灣學生書局，1984），頁 405。

個現成的觀念線索。[29]

蔡先生指出荀子的認知心之功能，是建立在「能動之心」對向
「所對之物」的「主客對列」格局中，在此格局中，人依據其
「知性理性」之向外物現象的投射照映，而能「為自然立法」，
因而能夠創造並發展「知識系統」，如果循此路徑而向上向深延
伸，就可以發現自然宇宙之物理法則，因而形成「科學體系」。
此路徑，本來就是儒家《六經》和其他諸子百家的學思傳統，否
則中國不會有其傳統的客觀之「知識系統」和「科學體系」。但
在近世之後的理學心學的脈絡，卻受到佛家刺激影響而偏向於道
德心性之自了自悟的內在修省工夫取徑，所以由荀子彰明弘揚的
「知性理性」的「心觀」或「心論」相對就隱沒了。然而此隱沒
是在「心性論」和「形上論」哲學史上的相對隱沒，並不是意謂
中國傳統的知性傳統的消失，這個重視知識和創建科技之內容和
結構，在中國科技史中是一直存在的。

## 四　荀子以「知性理性」之「認知心」習得<br>知識以及其「自然底天觀天論」

荀子的「天觀」、「天論」，與他的「知性心」的思維形式
是有關係的。但依據「知性理性」來認知「天」，不是由荀子開
始的。在古史中已載有「知性理性」的態度來看待「天」，這個
天具有自然之性質，換言之，是「自然底天觀天論」，不是「宗

---

29　同上注，頁 405-406。

教性天」或「道德性天」的取徑。其實，古典中的此種「天」，
就是自然環境、自然生態的關鍵性稱呼，有些地方，是用「天
地」名之。

　　荀子之前的史籍，茲引《國語》略為詮釋。

> 定公使單襄公聘於宋，遂假道於陳，以聘於楚。火朝覿
> 矣，道茀不可行，侯不在疆，司空不視塗，澤不陂，川不
> 梁，野有庾積，場功未畢，道無列樹，墾田若蓺，
> 〔……〕單子歸，告王曰：「陳侯不有大咎，國必亡。」
> 王曰：「何故？」對曰：「夫辰角見而雨畢，天根見而水
> 涸，本見而草木節解，駟見而隕霜，火見而清風戒寒。故
> 先王教之曰：『雨畢而除道，水涸而成梁，草木節解而備
> 藏，隕霜而冬裘具，清風至而修城郭宮室。』故《夏令》
> 曰：『九月除道，十月成梁。』」〔……〕今陳國火朝覿
> 矣，而道路若塞，野場若棄，澤不陂障，川無舟梁，是廢
> 先王之教也。[30]

這一大段論述是春秋時，周室之卿單襄公受命於定王而聘於楚，
假道陳國之時，他親眼觀察到陳國的狀況。在這個觀察和推論
裏，表顯了單襄公，其實也不止單子他個人，而應是春秋時代的
中國菁英的人地倫理學，其中具有自然環境和生態的實測的經驗
累積而得到的律則之結論，也有其時的為政的菁英階級依據其

---

[30]　《國語・周語中・單襄公論陳必亡》，易中天注釋、侯迺慧校閱：《新
　　譯國語讀本》（臺北：三民書局，2004），頁50。

「知性理性」而來的為政之道，那就是施政必須符應配合自然環境生態的規律而不可以違逆。

　　此文中的幾個專有名詞，須弄明白。「火朝覿矣」的「火」是指星宿中的「心星」，心星出現於早晨，這是夏正十月；「辰角見而雨畢」的「角」是指「角宿」星，此星一出現於早晨的天際之時，雨季就告結束；「天根見而水涸」的「天根」，是星宿名，在「亢」和「氐」之間，於寒露節後出現天空，此後，河水開始乾涸；「本見而草木節解，駟見而隕霜，火見而清風戒寒」，這句的「本」，就是「氐宿」，「駟」就是「房宿」，「火」就是上述的「心星」，單子是說天上出現「氐宿」時，草木都要掉葉枯黃凋零；「房宿」一出現，霜雪就緊跟降臨，「心星」一出天際，寒冬冷冽之風就會刮起。[31]

　　由此敘述可以發現周代的天文學的觀星知識已經具備，而且天文星象學的認知是用來配合大地之上的四季之氣候的。單子的話語顯示的意義，一是統治貴族擁有天文氣候的專業「科學體系」，一則顯示以農耕文明為立國根基對於自然環境生態律之重視，星象如何而農曆就須如何，自然與人文兩者是必須符應配合的，換言之，文明政治的實施之方向和節拍，必須順從天文氣候的環境生態循環規律來按步而進行，在古代，這是仁政或暴政的根本性分水嶺，絕對不可輕忽放縱。單襄公看到的陳國的現況如何？他告訴周定王說是「心星出現了，但陳國的道路仍然叢生雜草沒有清除，巡境官員不在國境邊上檢視，負責土木工程建設的官員不察看道路是否完整可行，大地上的水勢馬上會多起來大起

---

31　同上注，頁53。

來了，湖澤卻未見整治堤防，河川上也不新架橋樑，田野堆著露天存放的穀糧，不在乎會被雨水打濕，穀場工程根本沒有進行，路旁也不見整理有序的行道樹，晚秋的作物稀稀落落，就如大片荒草一樣。」單子又引先王之教說的「雨畢而除道，水涸而成梁，草木節解而備藏，隕霜而冬裘具，清風至而修城郭宮室。」以及古氣節之書《夏令》所說的「九月除道，十月成梁。」來證明這個腐敗的陳國，既輕視天文星象之「知識系統」，也根本忽視必須配合因應自然環境生態而實踐的農耕型國政，君臣無道喪德，因此國家必然衰弱腐敗，陳國一定會亡。

　　《國語》的纂修者，大體認定就是《左傳》的作者左丘明，[32]他是春秋之時與孔子同一時代的古代大史家，在其史籍中多有類似上引的周之卿大夫單襄公依據「知性心」而建立的「知性理性」之「知識系統」乃至「科學體系」對於環境生態和農耕文明及兩者之間的和諧重要性之論述。

　　再引另外一例加強說明荀子孟子之前的春秋時代的「環境生

---

[32] 左丘明纂修《國語》，太史公《史記》和班固《漢書・藝文志》都如此說，劉知幾也認為《國語》與《左傳》是左氏的姊妹篇史著。今人易中天認為《國語》不是左丘明的著作，而是春秋的國別史之纂集。見：易中天《新譯國語讀本》（臺北：三民書局，2004），頁 3-4。易氏的說法對也不對，因為史家纂修編輯一部史書，不必然是他的創作，他可以蒐羅各種史籍、史料而依主旨將它們纂輯在一起形成統一的史書。因此，說到某一部史籍出自某人之手，並不表示是由他憑想像隨意而著述的，左丘明除了纂述記事為主的《左氏傳》之外，又纂輯記言為主的《國語》，有何不可？何必《國語》是出自多人之著作而一定不是左氏的纂輯各國史而合為一書的史籍？我們應相信《史記》和《漢書》的記載。

態保育論」，是關係到水土保持和河川維護的認知。《國語》
載：

> 靈王二十二年，穀、洛鬥，將毀王宮。王欲壅之，太子晉
> 諫曰：「不可，晉聞古之長民者，不墮山，不崇藪，不防
> 川，不竇澤。夫山，土之聚也；藪，物之歸也；川，氣之
> 導也；澤，水之鐘也。夫天地成而聚於高，歸物於下。疏
> 為山谷，以導其氣；陂塘汙庳，以鐘其美。是故聚不阤
> 崩，而物有所歸；氣不沈滯，而亦不散越。是以民生有財
> 用，而死有所葬，然則無夭、昏、札、瘥之憂，而無飢、
> 寒、乏、匱之患。故上下能相固，以待不虞，古之聖王唯
> 此之慎。」[33]

周靈王二十二年，穀水和洛河泛濫爭流，此所言「穀水」應是洛
河上游的一條支流，它的源地之大水在靈王二十二年時漫漲起
來，大水湧入洛河（洛水），而使洛河泛濫，洪峰經過洛陽時恐
會將宮城沖毀。所以靈王憂懼而規劃派人去將上游的穀水壅堵起
來。這裏顯出古史《周語》忠實地記載了水文地理的災變現象，
是周人在春秋時代的就已經具備的水文環境學的「知識系統」。
太子晉則有不同的自然環境生態規律的觀點和認知，他提出了反
對意見，且一開始就表達了他要說的那個水文地理學的知識乃是
「古之長民者」就已經歷經了實務實事而得到的實際的與自然水

---

[33] 《國語・周語下・太子晉諫靈王壅穀水》，易中天注釋、侯迺慧校閱：
《新譯國語讀本》（臺北：三民書局，2004），頁73。

文相和諧的知識技能，換言之，他要表述的是一套科學之理，是較周代更為古代的執政階級經過實驗之後延續下來的知識傳統。

太子晉陳述了怎樣的水文地理學的科學觀念？他說人類不可以毀壞高山，不可以填塞池澤，不可以堵截河流，不可以開決湖泊；他主張並強調人的開發活動不可以破壞大自然環境的天生結構，這是一種環境保育觀。接著，太子晉又說到高山是聚土形構的；池澤是水生物的歸宿；河流則是水氣的引導；湖泊則是水體的聚會。他認為山、澤、河、湖都是天地自然建造形成，如果人類順應著這個自然的水文地理，然則，自然環境生態就會健行暢通而無破毀、停頓、枯槁，那麼，人文活動就會順遂而民生就會安和無憂，換言之，人地倫理得到和諧關係，如此就是理想政治的實現。太子晉強調了這層道理，乃是「古聖王」透過了實際的環境生態的人文調和之經驗而得到的理性之知識。他所說的「古聖王」的事蹟，其實就是「大禹治水」的傳述史。[34]可證，上古中國華夏之人已經因為在大自然中開創文明，而一定會與環境發生互動，為了生存發展，因此他們必須根據自己的知性之作用而理性地徼向於大自然，逐漸認知自然生態和人文生態兩種內容和結構並從此而漸次創立並累積相關的「知識系統」。《國語》其實就是記載並表彰了上古中國人的此種環境生態觀和人地倫理學的悠久傳統。此之後，在戰國時代的儒家和諸子典籍中，也就自

---

[34] 太子晉緊接的論述，就是舉出古代大洪水傳說中的一些氏族治水數次，但卻失敗之後，終於由大禹以順從水文地理的生態律和生態性來導引古華夏大地上面的水文，因而建立新的水系，終獲成功之史事，以此史蹟來證明他的環境生態觀。其敘述之文請參閱上注同一篇文章。大禹治水的敘述亦見於《六經》之一的《尚書》。

然地保有並且弘揚發揮華夏歷代先祖先聖的經驗和創造的人地智慧。

　　我們在這個背景和結構中來認識荀子的知性心認知的「天論」，亦即他對「天地」也就是「自然環境生態系」之理性認識以及他的「人地倫理學」。

　　什麼是「天」？以《易繫辭》的作者來說，那就是「仰觀天文，俯察地理，觀鳥獸之文與地之宜」的「天文、地理、鳥獸之文、土地之宜」的總體結構和內容，這就是大自然環境及其生態。荀子與《易繫辭》作者的時代相同，他的「天論」，也是此種立基於「知性理性」通過經驗觀察實際得出來的自然環境生態系的認識。荀子曰：

> 列星隨旋，日月遞照，四時代御，陰陽大化，風雨博施，萬物各得其和以生，各得其養以成，不見其事，而見其功，夫是之謂「神」，皆知其所以成，莫知其無形，夫是之謂天。[35]

孔子已有先聲，子在川上曰：「逝者如斯夫，不舍晝夜。」[36]又曰：「天何言哉？四時行焉，百物生焉，天何言哉？」[37]這就是孔子面對或身在自然環境生態中，認知到大自然內在或背後存在的健行不止、循環往復的那個大規律，此即天地宇宙的「自然律」。荀子這句話語是從孔子的「知識系統」中演生出來的，他

---

[35]　《荀子·天論》。

[36]　《論語·子罕》。

[37]　《論語·陽貨》。

說到星系、日月晝夜、春夏秋冬四季、陰陽氣候溫度冷暖以及風雨吹襲降落等現象，皆是自然環境的往復循環的生態律則，而生態系統因此形成，各種物種包括人類，遂在這個自然界和自然律中發展為一種互聯共動的生態系。荀子所言的「神」，就是指「大自然的環境律則」，而他所說的「天」，就是「大自然的生態系統」。兩者是一而二、二而一的結構和內容，統合稱之為「天地」，簡稱為「天」。

　　孟子對於「天」的體悟著重在「道德底天」，所以他所言的「盡心知性知天、存心養性事天」的「天觀」，是「道德理想主義」的意義，但孟子同樣也重視自然環境生態律對於文明設施建構和發展的重要性，只要細讀《孟子‧七篇》，必能了解，但孟子畢竟不像荀子如此客觀正面積極地論述天地自然環境生態之規律，然而他還是在一些話語中表現出對於自然生態律則之認知的「天觀」：

　　　徐子曰：「仲尼亟稱於水曰：『水哉！水哉！』何取於水也？」孟子曰：「原泉混混（滾滾），不舍晝夜，盈科而後進，放乎四海，有本者如是，是之取爾。苟為無本，七八月之間雨集，溝澮皆盈，其涸也，可立而待也。」[38]

孟子此句回應徐子的話語，本義是強調人之道德本心的恆常之德的重要，但他舉了水作為形容，河川水量若大，淵遠流長，則成「滾滾長江東逝水，浪花淘盡英雄」（《三國演義開章詞》）或

---

[38]　《孟子‧離婁‧第四十六章》。

「大江東去，浪淘盡，千古風流人物，故壘西邊，人道是，三國周郎赤壁」（蘇東坡詞）的大江巨河，是呈顯「自然律」的雄渾剛健而永不止息的氣勢和本質的，在此處，小說家和詞人是以長江大水的自然律來形容、突出英雄豪傑的大氣象本色。然而若是缺少源頭活水的短暫的七八月聚雨之忽來忽止，則因為「無本」，所以小溝渠一下子漲起來，卻又很快水退而乾涸，而其實，七八月雨水落在溝澮的快滿和速竭，亦是自然環境生態的規律。總之，孟子說的話語，也是經過觀察的經驗累積而得出的關於水流性質的結論，是通過知性驗證的知識。

　　相同的意思，孟子也有另外的話語，是他與告子的辯論：

> 告子曰：「性，猶湍水也。決諸東方則東流，決諸西方則西流。人性之無分於善不善也，猶水之無分於東西也。」
> 孟子曰：「水信無分於東西；無分於上下乎？人性之善也，猶水之就下也。人無有不善，水無有不下。今夫水，搏而躍之，可使過顙；激而行之，可使在山，是豈水之性哉？其勢則然也。人之可使為不善，其性亦猶是也。」[39]

孟子與告子的關於「人性」之本質或本體的辯論，拿「水性」來比類，其實犯了「邏輯類比的謬誤」。人是否「性善」或「性可善可不善」，是關於「人性」的「形而上學」、「本體存有論」、「心性論」的內容，它與「自然物之水」無關。但是，告子或孟子在這段章句中對於水性的描述，卻都是透過觀察、實驗

---

39　《孟子・告子・第二章》。

的經驗而得到正證的，兩人的敘述都沒有錯，他們對於水流水勢水向的說法，是立足在不同尺度和地形上而論述的，他們都是依據「知性理性」來客觀地說明了水的性質，這是水文地理學上的知識，是古代的合於科學的認知，告子孟子都說到了自然環境生態的健行循環律則。此章反映的亦是從春秋以降直至戰國時代的中國知識菁英的基本之環境生態觀。

我們返回荀子的思想加以論述。在〈天論〉一開頭，荀子曰：

> 天行有常，不為堯存，不為桀亡，應之以治則吉，應之以亂則凶。
> 強本而節用，則天不能貧；養備而動時，則天不能病；修道而不貳，則天不能禍。故，水旱不能使之饑渴，寒暑不能使之疾，祆怪不能使之凶。
> 本荒而用侈，則天不能使之富；養略而動罕，則天不能使之全；倍道而妄行，則天不能使之吉。故水旱未至而饑，寒暑未薄而疾，祆怪未至而凶。
> 受時與治世同，而殃禍與治世異，不可以怨天，其道然也。[40]

這一大段敘述是荀子最有名且是最重要的對於自然環境生態性之觀點和思想。它顯現的完全是知性心作用於環境生態的各主要現象之下的客觀理性之判準和認識。此中包括了他對自然律的體察

---

40　《荀子‧天論》。

以及他主張的「人地關係」宜秉持的正確態度。「天行有常」就是天地宇宙的自然律，如同《易・乾》的〈卦辭〉所說「元亨利貞」，或〈象辭〉所說「天行健」，這是指出環境生態體系的本質或本體是一個永恆運行、循環而不止息的規律和力量，它是純粹客觀性的，它是「它自己的在其自己」，因此，自然環境生態的律則，「不為堯存，不為桀亡」，此表示天地自然律並不因人文的良否好壞而因此存在或消亡。荀子認為環境生態的大構造、大體系及其大運轉，不是人可以阻礙、影響、改變的。

　　然而，人地之間卻存在著關係，構成人地倫理，在這裏，荀子顯示了他的「環境影響論」，他說「應之以治則吉，應之以亂則凶」，「應」是回應，是指人之回應自然環境生態之條件、狀況和影響，「治亂」是指人文政治施作的情況、內容、過程和結果的好或壞，荀子指出人文政治如果治理得好，則人地倫理就會優良而民生就會吉利，反之，若是腐敗，則人地倫理會不善，民生就會衰敗。此處意謂環境提供了人之生存發展的平臺和資源，但能否善用而使環境資源的條件對人文有正面積極的影響，則是人自己的問題，與自然環境生態無關，荀子的意思是說「能動」的因果關聯是人文活動，「因」不是環境生態，而是人文政治，環境生態只是提供資源的條件，它不是那個「能」，而只是「所」。所以，他緊接著就以人文政治施作的雙向狀況的對比予以闡釋，即：「強本節用」→←「本荒用侈」、「養備動時」→←「養略動罕」、「修道不二」→←「倍道妄行」。前者的結果是天不能貧人，不能病人，也不能禍人，再者，水旱不能使人饑渴，寒暑不能使人疾病，祆怪不能使人逢凶；後者的結果則是天不能使人富足，不能使人豐全，也不能使人吉利，復次，水旱縱

許未至而人也會遭逢饑饉，寒暑縱然未迫而人也多疾疫，祅怪雖然未至而人也多凶厄。這樣的觀念，是人地倫理中的「人文主體能動決定論」。

相同意思的章句，在〈天論〉一文中不止一處，如：「治亂，天邪？曰：『日月、星辰、瑞曆，是禹桀之所同也，禹以治，桀以亂，治亂，非天也。』時邪？曰：『繁啟、蕃長於春夏，畜積、收藏於秋冬，是又禹桀之所同也，禹以治，桀以亂，治亂，非時也。』地邪？曰：『得地則生，失地則死，是又禹桀之所同也，禹以治，桀以亂，治亂，非地也。』《詩》曰：『天作高山，大王荒之，彼作矣，文王康之。』此之謂也。」[41]在這段章句中，所謂「天、地、時」等自然環境生態的結構、體系、功能，不管是禹或桀的時代，都是一樣恆常的，但是由於禹賢桀暴的人文政治之反差，因而在人文狀態和結局上，必然是治亂對立的，荀子的意思是人文政治之良否情形，與自然環境生態無因果關係，而其「因」是人文政治，「果」亦是人文政治，然則，環境生態系對人而言，難道是無任何意義嗎？此亦非是，荀子認為環境生態的律則和體系對人而言，只是提供「條件」，即所謂「因緣」中的「緣」罷了，它是沒有決定性的。所以，他引《詩‧周頌‧天作》：「天作高山，大王荒之，彼作矣，文王康之。」的詩句來詮釋其「人地倫理」的思想，他的意思是歧山周原是上天創造的大自然物，太王古公亶父在此自然環境生態中，率領周民努力開墾闢殖，而文王則繼承其人文政治的良好基礎，再進一步擴展建設，使周邦更加富強。於此明白顯示荀子的環境

---

[41]　同上注。

生態觀和人地倫理學，是主張環境提供影響的條件，但決定性的
「能動性」及其「能動力」不在自然環境，而是人文政治。

　　由上析論，我們看得出來，荀子是一位很「知性理性」的大
儒，他明白自然環境與人的密切相關，可是他也很明白自然環境
是以超然客觀的形式而存在活動的，它有其規律性和恆常性，這
裏無有上帝意志，也無關於道德，它就是「自然之在其自己」。

　　但是，荀子也非寡頭或斷頭的「物論主義」者，他亦是從孔
子延續發展下來的大儒，無論是那一個孔子之後的儒家系統，皆
有其核心，就是「心」是首出的，只是對於心的理解、體證的路
徑和形態不盡相同甚而有顯著差別。荀子亦有其「心論」，而他
的自然環境生態觀和人地倫理學，亦是立基於那個能動能思的
「心主體」之徹向定著於外在物才能為一切物而「立法」來建立
的。在孟子，心是「道德主體」，在荀子，心則是「知性主
體」；孟子是「道德意志」以「踐成萬物」以立其法則，荀子是
「知性邏輯」以「認知萬物」以立其法則。兩大儒其實開出了孔
子儒家的平行又相關之雙軌雙輪，依此才有周衍健全的儒家之道
的演進和弘揚。我們再依據荀子的論述來進一步加以更深之了
解。

　　荀子認為人之存有，亦是天生的，也就是從自然環境生態系
中而誕生出來。荀子說人的生出和存有，是「天職」和「天
功」，他說：「天職既立，天功既成，形具而神生。」[42]此即人
之誕生於世，在世存有，有其身體結構且同時有其精神思慮，此
即天地自然生出人的身體和精神，乃是天之職、天之功。接著，

---

**42**　同上注。

荀子加以發揮：「好惡、喜怒、哀樂臧焉，夫是之謂『天情』；耳、目、鼻、口、形，能各有接而不相能也，夫是之謂『天官』；心居中虛，以治五官，夫是之謂『天君』。財非其類，以養其類，夫是之謂『天養』；順其類者謂之福，逆其類者謂之禍，夫是之謂『天政』。」[43]此種說法類似佛教唯識宗之說，佛教稱「眼、耳、鼻、舌、身」，如同荀子說的「天官」，亦即天生的也就是自然而生的感覺器官，其相對應的功能，佛教稱為「色、聲、香、味、觸」，此即「天情」，就是透過感官而有的天生的亦即自然而生的喜怒哀樂等等「感情」乃至「情緒」。然而，感官和感情之背後有其整合統一的主人，那就是「天君」，在佛教是從「意識」經過「末那識」（第七識）而到「阿賴耶識」（第八識），在儒家如《大學》則說是「知」→「意」→「心」，最後總之為「心」。但在荀子就直接稱為「天君」，那就是「心」。荀子強調關鍵是在「清其天君」，就是這個作為人的主體之心，最為重要，它必須保持「清晰明澈」，宋明儒喜以「虛靈明覺」或「虛靈不昧」形容之。

　　荀子主張或認定的這個清明的天君（心）之發用是：

> 所志於天者，已其見象之可以期者矣；所志於地者，已其見宜之可以息者矣；所志於四時者，已其見數之可以事者矣；所志於陰陽者，已其見知之可以治者矣。官人守天，而自為守道也。[44]

---

43　同上注。
44　同上注。

「心之所之」或「心有存主」之謂「志」，所以，「志於天」，就是心徼向定著於天文，根據已經顯現的天象而來預期測度未來的趨勢；「志於地」，就是心徼向定著於地理，根據已經具備的土地資源而來開發繁榮物產；「志於四時」，就是心徼向定著於四季，根據已經明白熟悉的節氣時令的規則變化來進行農耕；「志於陰陽」，就是心徼向定著於環境的冷暖向背形成的狀況來治理實政實務。如上的「四志」之目的即要能得其「天養」，而認真踏實地做到，就是「天政」。

此處荀子表達的是十足的經驗主義的「知性心」之作用，從天文地理以至土地資源、氣象氣候和地形起伏及向背日光等等，都是以「知性理性」的態度去認識自然環境生態，而且在這段敘述裏，荀子也表達了人的「知識系統」是有其累積之功的，前人已經有所認知、掌握的對於世界之經驗的客觀的知識，逐次累積起來而為後人承繼而加以運用，在此承繼的運用中又有了新的認知經驗以增益既有的「知識系統」。

由於荀子的「心論」服膺「經驗主義」的理性認知之心，是以他著重的學習，突顯的是客觀性、外延性、結構性的事物現象之理解和認識，甚至「德性」也者，他亦不承認那種所謂的「內在體悟境界」，而是強調客觀的「禮法」和「統類」，不是人人天生本有，而是「聖王教化」。

「知性心」的外延性學習之取徑，荀子突顯了自然環境生態的經驗知識，我們依其文章來加以了解。

> 君子曰：「學不可以已。青，取之於藍，而青於藍；冰，水為之，而寒於水。木直中繩，輮以為輪，其曲中規，雖

有檃暴，不復挺者，輮使之然也。故木受繩則直，金就礪
則利。〔……〕不登高山，不知天之高也；不臨深谿，不
知地之厚也。〔……〕干、越、夷、貉之子，生而同聲，
長而異俗，教使之然也。〔……〕」[45]

這一段敍說，是《荀子》一書最前面的論述，足證荀子最為關心
的就是依據經驗和實證的學習而拒絕空想玄思，在此句話語中，
如色澤的青藍、液態的水、固態的冰及兩者的溫差，還有木匠之
作或金匠之工，乃至於地勢海拔的立足點影響決定了視點和視
角，以及因為種族不一而教化必有不同因而有種族的文化差異
等，這些在生活世界裏的形形色色的認知，是荀子通過經驗、實
察等驗證和學習之後的外延性、客觀性和結構性的一系列「知識
系統」，在此處能明顯確然地知道荀子的思維形式是「知性理
性」的取向，他重視的是知識，此「知識系統」與周遭的環境生
態密切相關聯，是動態的而不是靜態的。[46]

　　基於上述，荀子認為心之知性作用，需依外在環境才能學
習，他說：

---

45　《荀子‧勸學》。
46　此處所謂荀子之學習是「動態的」而不是「靜態的」，是意謂荀子之學
　　是走出去、走進去四周的生活世界裏，向客觀外在物學習，這是一條經
　　驗的、實證的、實驗的路，反之，逕往靜中作工夫的路子，如某些道
　　家、佛教以及心學家者流，只喜歡「鎮日默坐澄心」，直向內裏尋求那
　　「喜怒哀樂未發已發之前的氣象」，以為佛性、道境和本心就在那種
　　「內證默會」之「孤明內照」中。此路不會發展經驗實證之知識系統以
　　及科學體系。

> 吾嘗跂而望矣，不如登高之博見也。登高而招，臂非加長
> 也，而見者遠；順風而呼，聲非加疾也，而聞者彰；假輿
> 馬者，非利足也，而致千里；假舟檝者，非能水也，而絕
> 江河。[47]

荀子取登高、順風、輿馬、舟檝來說明環境條件扮演的關鍵性、增益性和重要性。「知性心」發用而落實於客觀學習，其重點就在於人須正視、重視並運用環境的存在和條件。荀子是儒家中的環境論者，[48]所以，荀子給出了一個結論式判準，他說：「君子生非異也，善假於物也。」[49]此處強調了君子為學，是「知性理性」的徹向於外延性、客觀性、結構性的環境和世界，此即「善假於物」之謂。

荀子重視人應向環境生態學習，心要有認知的經驗，在同一篇文章中有明顯的表示，譬如這一段敘述：

> 南方有鳥焉，名曰蒙鳩，以羽為巢，而編之以髮，繫之葦
> 苕，風至苕折，卵破子死。巢非不完也，所繫者然也；西
> 方有木焉，名曰射干，莖長四寸，生於高山之上，而臨百
> 仞之淵，本莖非能長也，所立者然也。[50]

---

[47] 《荀子・勸學》。

[48] 孟子其實也重視環境，但相對照於荀子，孟子對於外在、客觀的環境論，沒有如荀子那樣的積極普及的論述。

[49] 《荀子・勸學》。

[50] 同上注。

這一小段敘述，具有三種意義，一是荀子對於鳥類和植物的生物類型之觀察和認知，即有鳥曰「蒙鳩」，有木曰「射干」；二是他對於某種鳥類和植物的生存環境的觀察和認知，即蒙鳩生存在葦苕植被區，射干成長於高山的上面；三是他對於某種鳥類和植物生態的觀察和認知，即蒙鳩將脆弱的巢繫在葦苕上面，風來苕折，鳥巢遂易於覆落，鳥卵皆碎。依此三點，看出荀子具有的重視環境生態和田野實察的「知性心」之為學態度。

## 五 荀子的「人地倫理學」及其為政之方

荀子此種經驗主義取向而重視環境生態系的思想，對於為政者的國政實施，就是十分重要的人地倫理以及政治方針。為政之道，需先富民，民富足之後才能教化，這個先富後教的道理和原則，孔子已發其端，[51]孟子的觀點亦是相同的，[52]荀子也有此觀點。首先，他主張善用資源、發達經濟的人地倫理，其敘述如此：

> 北海則有走馬、吠犬焉，然而中國得而畜使之；南海則有

---

51 子適衛，冉有僕，子曰：「庶矣哉！」冉有曰：「既庶矣，又有加焉？」曰：「富之。」曰：「既富矣，又何加焉？」曰：「教之。」見《論語・子路篇》，第九章。此是「先富後教」。

52 孟子曰：「五畝之宅，樹之以桑，五十者可以衣帛矣。雞豚狗彘之畜，無失其時，七十者可以食肉矣。百畝之田，勿奪其時，數口之家，可以無饑矣。謹庠序之教，申之以孝弟之義，頒白者，不負戴於道路矣。七十者衣帛食肉，黎民不饑不寒，然而不王者，未之有也。」見《孟子・梁惠王篇》，第三章。此是「先富後教」。

羽翮、齒革、曾青、丹干焉，然而中國得而財之；東海則
有紫紶、魚鹽焉，然而中國得而衣食之；西海則有皮革、
文旄焉，然而中國得而用之。故澤人足乎木，山人足乎
魚，農夫不斲削、不陶冶而足械用，工賈不耕田而足菽
粟。故虎豹為猛矣，然君子剝而用之。故天之所覆，地之
所載，莫不盡其美，致其用。上以飾賢良，下以養百姓而
安樂之。夫是之謂「大神」。[53]

楊倞在《荀子·王制注》指出「海」謂荒晦絕遠之地，不是指海
洋而言，是指邊遠的四境，另亦有用「東夷、西戎、南蠻、北
狄」之四名來稱謂。而此所言「中國」指的是中土、中原，即華
夏之境。荀子此段論述呈現的是古代中國人以中土為地理中心而
及於四個方向的邊陲荒野之地區的關聯性描述和看法。在其他古
典亦有，譬如《山海經》，以事實或想像交雜的形式，描寫了中
國四境之外的地區的自然地理、動植物生產、人種分布類別以及
神仙精靈妖怪等，它具有古宗教、神話、巫文化、文學、地理內
容，可能是戰國和秦漢之際的綜合性的著作，另外，又如《尚
書·禹貢》，則區分了中國為「九州」，等於是九個區域地理的
觀點和劃分，在每個區域，有不同的農產、土壤、水文等說明和
描述以及上古大禹治水整理中國河湖系統的敘說，是具有古典科
學內容和精神的傑出作品。[54]據學者考證，此文約成於春秋時

---

53　《荀子·王制》。

54　關於《尚書·禹貢》之詮釋，參考潘朝陽：〈由地理學觀念系統看《尚
　　書》的地理識覺〉，氏著：《心靈·空間·環境：人文主義的地理思
　　想》（臺北：五南圖書出版公司，2005），頁325-354。

代。[55]

　　與上舉兩種古典相較，荀子也表現了相同的思想觀念。在此章句表達了古代的關於如何開發、使用經濟資源的環境學、地理學、交通學、生態學的內容和結構。是高度的環境生態觀和人地倫理學的知性顯現，物產由自然環境中取得，且各方互通有利，而且行業分工分類達到規模經濟之功。審讀荀子此段，不能不肯定最晚在戰國末期，中國人具有儒家思想的涵養，已有很高度成熟的理性知識，合於科學精神。

　　再者，荀子並非毫無環保觀念地來泛濫於經濟資源的開發和運用，他如同孟子一般，具有「時」之生態和諧論的思想，荀子曰：

> 聖王之制也：草木榮華滋碩之時，則斧斤不入山林，不夭其生，不絕其長也；黿鼉魚鱉鰍鱣孕別之時，罔罟毒藥不入澤，不夭其生，不絕其長也。春耕、夏耘、秋收、冬藏，四者不失時，故五穀不絕，而百姓有餘食也。污池淵沼川澤，謹其時禁，故魚鱉優多，而百姓有餘用也。斬伐養長不失其時，故山林不童，而百姓有餘材也。[56]

這是一段使用、開發自然資源，必須遵循「時」的人地倫理學，荀子要求統治階級治理之道的經濟發展、採擇、農耕以及墾植都必須配合自然生態律，不可與自然之運行和循環的規律及軌轍相

---

55　見屈萬里：《尚書今註今譯》（臺北：臺灣商務印書館，1979），頁
　　31-32。

56　《荀子・王制》。

逆反。他這種思想，在孟子也有相同的論述，而荀子較孟子有更
為詳盡、周全、深入的描述，[57]荀子後於孟子，可證此種環境生
態觀和人地倫理學，是先秦儒家的共法，是儒家很重要的思想信
念，而且它有正面積極的演進和累積。

　　因此，在上述的自然生態觀和人地倫理學為基礎，荀子才提
出人文、禮法的國民教育之主張。換言之，必須實踐了配合環境
生態律的人地倫理之後或在此種「氣場結構」中，才能對人民推
展教育。關於推展教化，荀子將其分工分類曰：

> 順州里，定廛宅，養六畜，閑樹藝，勸教化，趨孝弟，以
> 時順修，使百姓順命，安樂處鄉，鄉師之事也。〔……〕
> 本政教，正法則，兼聽而時稽之，度其功勞，論其慶賞，
> 以時慎修，使百姓免盡，而眾庶不偷，冢宰之事也。
> 論禮樂，正身行，廣教化，美風俗，兼覆而調一之，辟公
> 之事也。
> 全道德，致隆高，綦文理，一天下，振毫末，使天下莫不
> 順比從服，天王之事也。[58]

在這一段章句中，「鄉師」是指州、鄉的地方官員；「冢宰」是

---

[57] 孟子對梁惠王說：「不違農時，穀不可勝食也；數罟不入洿池，魚鱉不
可勝食也；斧斤以時入山林，材木不可勝用也。穀與魚鱉不可勝食，材
木不可勝用，是使民養生喪死無憾也；養生喪死無憾，王道之始也。」
見《孟子・梁惠王篇》，第三章。孟子與荀子的人地倫理觀念一致，可
見這是先秦大儒的共同思想和信念。

[58] 《荀子・王制》。

指宰相；「辟公」是指諸侯；「天王」是指天子君王。[59]依荀子，在周朝的全天下，從基層的地方行政主管到諸侯國的宰相，再到諸侯王自身，最後則是周天子，也就是上下普遍於各層的相關之執政者，都有一項政治責任，那就是推展實施人文、道德、禮法的教育。主張統治階級必須建設並推展全民教化，這是為政者的必要職責，是縱貫橫通於儒家的共同認知，荀子亦無例外，但他在其文章的論述中，是將負責教育工作的官員或君臣與其他任務的治理者混合在一起來論述的，其中固然有古代為政者重視的巫覡占卜宗教、軍事兵事、人口居住、音樂創作管理、工匠建築、司法治安等國家政務治理的專職，但亦有關係到環境生態和人地倫理的專職，譬如他提到：

> 修堤梁，通溝澮，行水潦，安水臧，以時決塞，歲雖凶敗水旱，使民有所耘艾（刈），司空之事也。
> 相高下，視肥墝，序五種，省農功，謹畜藏，以時順修，使農夫樸力而寡能，治田之事也。
> 修火憲，養山林藪澤草木魚鱉百索（蔬），以時禁發，使國家足用而財物不屈，虞師之事也。[60]

「司空」、「治田」、「虞師」的官職和專業，都跟國家的自然生態系統的管理、使用有關係，三者涉及的人地倫理，都必得考量到人文施政活動需要配合符應環境規律秩序，達到人文和自然

---

[59]　蔣南華、羅書勤、楊寒清：《子部之書‧荀子》（臺北：臺灣古籍出版社，1996），頁194-196。

[60]　《荀子‧王制》。

的和諧和生生。而在這一套實政推展的完善之下，才有人文道德禮法的教育建設和實踐的可能。

# 六　結論

儒家的「自然底天觀或天論」，有甚悠遠長久的傳統，在《六經》和古代史籍中，皆保有這個悠久傳統，孔子繼承之而開出春秋戰國古典時代的儒家的環境生態觀以及隨之而有的人地倫理學。孟子言「仁政王道」，荀子言「禮法統類」，其開端、施行和展現，皆不能背離中國上古傳承演衍的和諧「依時」、「順時」的環境生態規則以及配合符應這個和諧健行的規律之人地倫理。

而在此體系之中，較古的敘述有春秋時代的經籍，亦有戰國時代的典冊。荀子是先秦最後一位大儒，他的論述，可以被視為此種環境生態觀和人地倫理學的殿軍。而在荀子的思想和學術系統裏，他積極地、正面地呈現了以「知性理性」的「認知心」來開展了「知識系統」明著的環境生態觀和人地倫理學的主張，其知性型顯著的論述，較前時的《孟子》和大約與其同時的《易傳》，特別是《繫辭》，都更為深刻更加周詳，而且也表達了更強烈的外延性、客觀性和結構性的相關知識的論述。

# 參
# 朱子的蒙學小學廟學書院教育觀
# 及其孝弟敬長之德教的推拓

## 一　前言

　　朱子出生於福建尤溪，幼年時期，其人品賢明的儒仕之父親
朱松對其有著天倫慈和之家教庭訓，幼少年時代的朱子亦常回去
朱松攜眷入閩時初抵之地福建政和，在雲根和星溪兩書院讀《孝
經》和《論語》，這是他自己的蒙學、小學之教，他自幼年和少
年時期，就已是明白且實踐孝弟敬長的懷抱仁義本心之人，其成
長後，持續研讀探賾孔孟的《五經》大義，因而造就為一位德性
和學問俱佳的士君子。[1]

　　孔孟儒學是中國優良傳統文化之中的價值系統之核心，是中
國人的天人倫理道德的文教推動力，在政治統緒和禮樂體制中起
了根本的作用，可說若無孔孟儒學儒教在華夏人文大傳統與小傳

---

[1]　筆者撰有一文，題為〈朱子闡明實踐儒家孝弟之道〉，其中對於朱子幼
　　少時期在尤溪政和的生活中，受其父朱松的儒家仁義之道的教化，而從
　　小就深明孝弟敬長的五倫的德性和實踐。該文在今年（2023）3 月 30 日
　　在福建省政和縣舉行的「朱子孝道文化」研討會上主題報告。

統的深入和敷播，則就不會有中國；儒家凝聚並推進了這個華夏意義下的中國所以為中國且能夠向前延續發展數千年而不會崩潰散裂。然而，如果距離現在八百多年前，中國並無降生朱子，則孔孟儒家慧命常道，恐怕也無法維繫，朱子與其他儒者之最大不同，是他不僅是一位在學術思想方面具有創新性的大儒，更重要的則是他是一位從孩童的啟蒙初始之德教開端，以至成人之後的希聖希賢的大學之教化，都上下貫達而來規劃創述其教育方針和內容的大教育家典範的大儒，其中心思想和精神是孝弟敬長的五倫常道。朱子之後，各朝代的為政者以及朝野各層儒士，皆依朱子的基本德教觀念和論述來推拓其國民之德育，中國人之所以是父子、君臣、夫婦、兄弟、朋友五倫為其價值信念及施作之生活形式和內容的中國人，那是與朱子的倫理教育觀的發揚和實行有著密切關係的。

　　本文的主旨就是依據朱子的蒙學、小學以及廟學、書院的各階層之德教觀來闡揚朱子的孝弟敬長五倫教化的意義和內容，並以清代臺灣方志說明朱子德教觀在清代邊陲臺灣的實踐。

## 二　朱子的童蒙教育觀

　　朱子是最重人倫之教的大儒，他的教育思想和實踐，主張從孩童就宜施以啟蒙之教，朱子撰述了《童蒙須知》表顯了這方面的觀點。「上海古籍出版社」與「安徽教育出版社」出版的《朱子全書》之《童蒙須知》之〈校點說明〉有曰：

　　　《童蒙須知》，一作《訓學齋規》，一卷，宋朱熹撰。

作為教育家的朱熹，一生有關教育的著述甚多，而尤重於
蒙學教育。他認為，兒童接受童蒙教學打好基礎，學會謹
守心術之要、威儀之則、衣服之制和飲食之節，養成正
道，「於灑掃應對進退之間，持守堅定，涵養純熟」，成
年之後，才能「通達事物」，「無所不能」。基於此，朱
熹撰寫了《童蒙須知》，以規範兒童的思想品行、言談舉
止。[2]

童蒙之教，就是一種人之養成為人的根基之教化，從孩童的灑掃
應對進退之日常生活的禮節規範開始學習、涵育，這是人倫教育
的初基，朱子非常重視，所以才有這本關於童蒙教育的大綱式著
作之撰寫。

朱子在其〈序文〉曰：

夫童蒙之學，始於衣服冠履，次及語言步趨，次及灑掃涓
潔，次及讀書寫文字，及有雜細事宜，皆所當知。今逐目條
列，名曰《童蒙須知》。若其修身治心，事親接物，與夫
窮理盡性之要，自有聖賢典訓昭然可考，當次第曉達。[3]

朱子認為孩童的教化，要從穿衣戴帽開始學習，再須教其說話、

---

2　嚴文儒：〈童蒙須知·校點〉，收入〔宋〕朱熹：《童蒙須知》，《朱
　　子全書》，第十三冊（上海：上海古籍出版社、合肥：安徽教育出版
　　社，2002），頁367。

3　〔宋〕朱熹：《童蒙須知·序文》，《朱子全書》，第十三冊（上海：
　　上海古籍出版社、合肥：安徽教育出版社，2002），頁371。

走路，稍長，就教育他在家做些打掃清潔的簡單家務。這些是最初步的家庭教育，不學會，根本就走不出家門，也無法作為一個人。孩童到達心智初開而對世界、生命發生觀照並有其好奇心時，就須教其讀書寫字，這是幼兒漸入孩童階段的啟蒙之教，如同根苗出土，枝條初具，葉子萌發之時，則需由「自然之存有」而調適轉化為「人文之存有」，教其讀蒙書、提筆始學寫字，是必要的功夫。有此基本教養，進而就自當上升其倫常之教，乃須研讀聖賢經典，致知格物、正心誠意，在家中孝順父母、恭敬兄長，此即人文道德家風之次第培養。

《童蒙須知》篇幅不長，就其結構和內容言，就是一個啟蒙孩童的教育綱要。該書分為〈衣服冠履〉、〈語言步趨〉、〈灑掃涓潔〉、〈讀書寫文字〉、〈雜細事宜〉等五章，每章以條列式的德目或大綱來表示孩童啟蒙教育之方。

在第一章的〈衣服冠履〉，重心在於養成孩童的衣著清潔整齊之習慣，再加之以訓練孩童平日就需整理衣物使其整齊乾淨無破縫損污的能力，而在第四章的〈讀書寫文字〉之綱目中，也強調了孩童對書冊、筆墨、硯臺亦須愛護、不可以將其等隨便置放、縐摺或將墨汁弄髒了衣服、手臉。這些訓練，是通過對物之護惜和物之整潔以及清潔身體的習慣而由外向內，啟發導引其敬慎之心性。而第三章〈灑掃涓潔〉的主旨和精神亦同，就是從生活居家的環境之清潔整齊來向內地啟發心性本具的敬謹之境界。

細讀朱子《童蒙須知》，最重要的教育精神在於培養孩童的孝弟敬長之心性和言行，朱子在第二章〈語言步趨〉有曰：

　　凡為人子弟，須是常低聲下氣，語言詳緩，不可高言諠

鬧，浮言戲笑。父兄長上有所教督，但當低首聽受，不可妄自議論。長上檢責，或有過誤，不可便自分解，姑且隱沒，久卻徐徐細意條陳。〔……〕至於朋友分上，亦當如此。〔……〕凡行步趨蹌，須是端正，不可疾走跳躑。若父母長上有所喚召，卻當疾走而前，不可舒緩。

在這一段中，朱子主張孩童在日常生活中的教養，他的說話和行走，都必須穩重有規矩，而且面對父兄長輩，話語的應對、行走的方式，都須恭敬謙遜，切不可言語冒犯、走路跳躑，但若父兄長輩呼喚，則必得迅速回應趨前。這些話語和行走的態度，乃是於行為中培養或磨練孩童的敬心，一旦敬謹恭慎的心具足，自然在其日常生活中之應對進退，就會真切地孝敬父兄和長輩。

　　朱子的童蒙教育觀，主旨是孩童的孝弟恭敬的倫常之教。所以，在其第五章的〈雜細事宜〉中，條列了很多生活上的德目，而其中大半皆是對於父母兄長及朋友的應對之禮的規範，如：

　　　　凡對父母長上朋友，必稱名。
　　　　凡稱呼長上，不可以字，必云某丈。如弟行者，則云某姓某丈。
　　　　凡出外及歸，必於長上前作揖，雖暫出亦然。
　　　　凡侍長者之側，必正立拱手，有所問則必誠實對，言不可妄。

類似上舉四條德目，其實甚為簡易，就是訓練孩童必有孝弟敬長之誠心，如此為人必不虛妄，而必能意誠心正。

　　朱子在這篇《童蒙須知》的綱要式之五章教育德目之後,寫下了一個小結,他說:

　　凡此五篇,若能遵守不違,自不失為謹愿之士,必又能讀
　　聖賢之書,恢大此心,進德修業,入於大賢君子之域,無
　　不可者。[4]

朱子是說先在日常生活的灑掃應對進退之言行舉止來培養孩童的孝弟恭敬之心,他成人之後,起碼就可為謹愿之士子,且必愛讀聖賢經典,而恢弘了心志,順此進德修業,就有可能造就自己而為士君子乃至聖賢之大德。

　　所以綜觀朱子的孩童發蒙啟蒙的教育觀點,是以倫理道德之教化為主旨的,並非知識性質的學習和訓練,這與後世和現代的以知識啟發為主之幼兒教育顯然不同。而,童蒙之教化,是在家庭之天倫環境與場域中逐漸養成,而非仰賴學校和教師之功,這就是朱子弘揚並鼓勵的父慈子孝兄友弟恭的德教之家風。

## 三　朱子的小學教育觀

　　朱子對於小學之教,十分重視,他與弟子之間就「小學」有一番討論,關於小學教育究竟應以什麼為內容、主旨、精神、方向,他有一些立論。這些德目收入於《朱子語類》。此處謹舉例

---

[4]　以上關於朱子〈童蒙須知〉的內容,均見〔宋〕朱熹:《童蒙須知》,
　　《朱子全書》,第十三冊(上海:上海古籍出版社、合肥:安徽教育出
　　版社,2002),頁 371-377。

列出數條藉以明白朱子的小學教育之觀念和主張。

> 古者初年入小學，只是教之以事，如禮樂射御書數及孝弟
> 忠信之事。自十六七入大學，然後教之以理，如致知、格
> 物及所以為忠信孝弟者。
> 古人自入小學時，已自知許多事了；至入大學時，只要做
> 此工夫。〔……〕古人只去心上理會，至去治天下，皆自
> 心中流出。
> 古者小學已自養得小兒子這裏定，已自是聖賢坯璞了，但
> 未有聖賢許多知見，及其長也，令入大學，使之格物、致
> 知。
> 小學是事，如事君、事父、事兄、處友等事，只是教他依
> 此規矩做去。大學是發明此事之理。
> 古人便都從小學中學了，所以大來都不費力，如禮樂射御
> 書數，大綱都學了。及其長大，也更不大段學，便只理會
> 窮理、致知工夫。〔……〕須莊敬誠實，立其基本，逐事
> 逐物，理會道理。〔……〕不先就切身處理會得道理，便
> 教考究得些禮文制度，又於自家身己甚事？
> 小學是學其事，大學是窮其理，〔……〕小學是學事親，
> 學事長，且直理會那事；大學是就上面委曲詳究那理，其
> 所以事親是如何；所以事長是如何。古人於小學存養已
> 熟，根基已深厚，到大學，只就上面點化些精彩。[5]

---

[5]　〔宋〕朱熹：《朱子語類‧卷第七‧學一‧小學》，收入《朱子全
書》，第十四冊（上海：上海古籍出版社、合肥：安徽教育出版社，
2002），頁 268-274。

朱子區分了小學和大學教育的主旨之差別，小學是就學童在其日常生活，乃是從事物而不是從理論，去教育啟蒙他們依循著那些重要的天倫來涵泳來培育，那就是在「六藝」的「禮樂射御書數」裏面，來踐履孝弟於父兄、尊敬於長上、信義於朋友以及簡易的寫文字和初步算法，對待孩童，不要教他形而上的道，一開始學習就教他去理解形上之道體、天命之性理，他們怎能勝任？不但不明，且會生厭，這就犯了揠苗助長之弊病；高深而抽象的哲玄之理、形上之道，是在大學裏的教育目的。

　　朱子的小學教育主旨觀，就如上述，而小學教育需有其教材，需有教本、課本，那就是他編纂的《小學》。

　　小學的教育，如上所述的，朱子非常重視，它是童蒙教育的進階。王光照、王燕均兩位編者在《小學·校點》一文中有詳明的解說。他們徵引元儒許衡所言：「近世新安朱文公以孔門聖賢設教為學之遺意，參以〈曲禮〉、〈少儀〉、〈弟子職〉諸篇，輯為《小學》之書四卷。而小學之規模節目無所不備」。依許衡之述，朱子是以孔子的聖教為其主旨，參考了禮書的教育方法之篇章加以編纂而構成專門教育學童的專門用書《小學》。又再徵引清儒張伯行所言：「古者有大學、小學之教，八歲入小學，十五入大學。《大學》之書，傳自孔門，〔……〕程子以為入德之門是也。而小學散見於傳記，未有成書，〔……〕於是朱子輯聖經賢傳及三代以來嘉言善行，作《小學》書，〔……〕使夫入大學者，必先由是而學焉。」張氏又說：「朱子〔……〕輯《小學》一書者，以為人之幼也，不習於小學，則無以收其放心、養其德性，而為大學之基本。」由此可見，《小學》之書，是相對

於《大學》，是朱子對儒家德教的補闕之作。[6]

　　《小學》此書出版以後，在南宋之後的元明清時代的影響甚大，它是儒典，也是蒙書，是學童的儒家倫理之教的入門，且也受到成人重視，把它用來存心養性，是重要的修德之書，它又是一部禮書。朱子多取材自《禮記》、《周禮》、《儀禮》，所以，《小學》是一部倫常之教的啟蒙式教科書。此書分為內外兩篇，〈內篇〉重說理，〈外篇〉在於實證，而以〈內篇〉為主。王光照、王燕均引述了三位明代儒家闡述《小學》之主旨的話語如下：[7]

> 陳選曰：「聖人之道，人倫而已矣，學之必自小學始，子朱子《小學》一書，其教化在於明倫，其要在於敬身，蓋作聖之基也。」
>
> 薛瑄曰：「《小學》一書，不外乎父子、君臣、夫婦、長幼、朋友五倫，五倫不出乎仁、義、禮、智、信之性。是性也者，其《小學》之樞紐也與？」
>
> 施璜曰：「《五經》以《四書》為階梯，〔……〕《四書》以《近思錄》為階梯，《近思錄》以《小學》為階梯。〔……〕欲升入《五經》之堂室，《四書》階梯而上；欲升入《四書》之堂室，必由《近思錄》階梯而上；欲升入《近思錄》之堂室，必由《小學》階梯而上。此

---

6　王光照、王燕均：《小學‧校點》，收入〔宋〕朱熹：《小學》，《朱子全書》，第十三冊（上海：上海古籍出版社、合肥：安徽教育出版社，2002），頁379-380。

7　同上注，頁382-383。

> 《小學》一書所以為萬世養正之全書，培大學之基本也。
> 學聖人之學而不務此，如築室無基，堂構安施乎？故朱子
> 特編是書，以為讀書做人基本。」

上引三位明儒的話語皆指出《小學》是儒家德教的最初基的入門教科書，朱子編纂此書的目的，是為了進入學堂、私塾正式讀書的學童準備的學習「五倫」之課本。明儒認為儒君子之養成，其經典有一個秩序，不可躐等，須循次第而漸進，那就是初學《小學》，次學《近思錄》，再學《四書》，最後學《五經》。而在這個儒家教育的程序中的基本教材，就是《小學》，是學童一開始受教的第一本教科書，其教育主旨為何？就是「明倫」、「敬身」，也就是每人一入小學初步學習，就是「明其天倫」並且「敬其身心」，此中的樞紐為何？那就是「父子、君臣、夫婦、長幼、朋友」的「五倫」之培養、充滿並實踐以「仁、義、禮、智、信」之「五常」。

朱子自己為《小學》撰寫的〈序〉，對於這本《小學》教科書之主旨也說得簡易明白：

> 古者小學，教人以灑掃應對進退之節、愛親敬長隆師親友
> 之道，皆所以為脩身、齊家、治國、平天下之本。而必使
> 其講而習之於幼稚之時，欲其習與智長、化與心成，而無
> 扞格不勝之患。〔……〕今頗蒐輯以為此書，授之童蒙，
> 資其講習，庶幾有補於風化之萬一云爾。[8]

---

[8]　〔宋〕朱熹：《小學・原序》，收入《朱子全書》，同上注，頁393。

由此，吾人可以明白，《小學》就是一本倫理道德的基礎課本，朱子叮囑教育學童，用此《小學》講習，社會之風俗德化，就可以從學童開始得其漸漬之功；學童若心性純潔醇厚，則整個社會人群就不會有邪僻偏悖刻薄的狀況。學童由此學習漸進，隨其年歲的增長，才能升入《大學》的堂奧，在人格實踐上，才能格物、致知、誠意、正心而修身；身修之後，才能齊家、治國、平天下。

《小學》的〈內篇〉是主體，它有〈立教〉、〈明倫〉、〈敬身〉、〈稽古〉等四章，本文只就〈立教〉和〈明倫〉的意義予以擇要詮釋以明朱子的小學教育之倫理德教之觀念。在〈立教〉之中，朱子從《論語》、《孟子》、《禮記》、《尚書》等經典擇取重要的德目以為教材。茲簡單加以說明。朱子引了《論語》三章：

> 孔子曰：「弟子入則孝，出則弟，謹而信，泛愛眾而親仁，行有餘力，則以學文。」〔〈學而〉〕
> 「興於詩、立於禮、成於樂。」〔〈泰伯〉〕
> 子夏曰：「賢賢易色，事父母能竭其力，事君能致其身，與朋友交言而有信，雖曰未學，吾必謂之學與。」〔〈學而〉〕

朱子所引的此三章《論語》章句，出自〈學而〉和〈泰伯〉，其重點是為人者，於家中必孝順父母尊敬兄長，由家之倫常實踐而擴充出去，於朝為臣從事政事，則必盡忠職守，必盡忠國家；於友朋之交誼，必有信義；在社會上，需親近仁人君子，要慈愛眾

生，相同的精神，孟子承之而發揚，指為古聖王制定的人民的倫常之教，所以朱子又引了孟子之言：

> 孟子曰：「人之有道也，飽食煖衣，逸居而無教，則近於禽獸。聖人有憂之，使契為司徒，教以人倫，父子有親，君臣有義，夫婦有別，長幼有序，朋友有信。」〔〈滕文公上〉〕

孟子延續發揚了孔子的德教，而明確化了五倫教育是中國儒家教育的主軸，所以詮釋說倫常道德之教化，由舜帝的上古就已開始，其規劃、實施者是殷商始祖契，於是五倫之教化就有規劃而發展施行，這在中國是一個具有長久歷史的傳統，經孔子予以振興、創新，再由孟子弘揚，所以，後世的中國就以五倫道德的教育為立國正民的根本，朱子乃有所肯定並實踐之。再者，朱子於〈立教〉的德目中，也明白地引孔子之言而說學童之受教是有三教，一是詩、一是禮、一是樂，正如朱子另外徵引的〈樂記〉之德目所說：「禮樂不可斯須去身」，以及〈王制〉之德目所言：「順先王詩書禮樂以造士；春秋教以禮樂，冬夏教以詩書。」如此，則學童之教，依朱子，亦必須加之以《詩、書、禮、樂》的經典教化，這是為了士君子乃至聖人的養成先打好基礎，是聖賢的坯璞之材的培養。

〈明倫〉這一章，分為上下兩部分，其內容是條列經典中的五倫之德目來編纂，重點是據之教化學童遵行父子、君臣、夫婦、兄弟、朋友之德。本文謹以〈明倫上〉來闡明朱子強調的孝敬之倫常。在其中，朱子徵引的經典德目，主要以《禮記》的章

句為主，亦有《論語》章句，且亦引述《孝經》，多有孔子、曾子之言；另外又引《孟子》章句。其主要內容有兩大方面，一是講述孝道，另一是講祭祖之道。關於「孝」，茲引孔子、曾子和孟子之言數則簡單明之。

> 孔子曰：「父母在，不遠遊，遊必有方。」〔《論語・里仁》〕
> 孔子曰：「父在觀其志，父沒觀其行，三年無改於父之道，可謂孝矣。」〔《論語・學而》〕
> 孔子曰：「父母生之，續莫大焉；君親臨之，厚莫重焉。是故不愛其親而愛他人者，謂之悖德；不敬其親而敬他人者，謂之悖禮。」〔《孝經・聖治》〕
> 孔子曰：「孝子之事親，居則致其敬，養則致其樂，病則致其憂，喪則致其哀，祭則致其嚴。五者備矣，然後能事親。事親者，居上不驕，為下不亂，在醜不爭；居上而驕則亡，為下而亂則刑，在醜而爭則兵。此三者不除，雖日用三牲之養，猶為不孝也。」〔《孝經・紀孝行》〕
> 孔子謂曾子曰：「身體髮膚，受之父母，不敢毀傷，孝之始也。立身行道，揚名於後世，以顯父母，孝之終也。夫孝，始於事親，中於事君，終於立身。」〔《孝經・開宗明義》〕

以上孔子所說出的五條德目，其主旨就是孝道，而孝之大義，其一是孝順父母的行為，有其根本，就是發自內在的本心之孝思。本心之孝思，這是實踐孝道的開端源頭，若無此開端源頭，外表

的孝順,皆是虛偽的。孔子也說過:「今之孝者,是謂能養,至於犬馬,皆能有養;不敬,何以別乎?」。[9]若無敬心,也就是若無本心之孝思,而只是對父母之飲食衣物之養,則跟豢養犬馬等家畜,豈有分別?再者,子女盡孝道,莫讓父母憂愁掛念為人子女之自己的安危和行蹤,所以朱子特引《孝經》來提醒身體髮膚不可毀傷,也引〈曲禮〉所說的「父母存,不許友以死」,以明身體受之父母,己之存活和健在,是父母的最大安慰,再者,朱子亦引孔子所說的「父母在不遠遊,遊必有方」,何以不遠遊?那是因為子女遠走他鄉而不在身邊,父母會早夕思念也會擔憂,萬不得已,若須離開父母,譬如工作而去他地,不能日夕陪侍父母,則須告訴父母自己是在何處,且須不時信函通報近況,或須不時返家看望雙親。而孔子亦提出孝道之五者,就是「居則致其敬,養則致其樂,病則致其憂,喪則致其哀,祭則致其嚴。」且又強調為人「不可驕、不可亂、不可爭」,若是如此則容易惹禍送命,這就是大不孝。

曾子繼承孔子孝之觀念,如朱子所引的曾子說孝:「孝子之養老也,樂其心,不違其志,樂其耳目,安其寢處,以其飲食忠養之,是故父母之所愛亦愛之,父母之所敬亦敬之。」其精神亦在於必從本心之孝思出發而有的敬愛父母的孝行。至孟子,就提出了「五大不孝」來警惕敬戒世人,孟子曰:

> 世俗所謂不孝者五:惰其四支,不顧父母之養,一不孝也;博奕好飲酒,不顧父母之養,二不孝也;好貨財,私

妻子，不顧父母之養，三不孝也；從耳目之欲，以為父母
戮，四不孝也；好勇鬥狠，以危父母，五不孝也。[10]

孟子之所以直述五大不孝之罪，那是反映了戰國時代，人心真是
敗壞，不仁不孝之惡人多矣，所以戰國時代君暴臣奸，國家和天
下因此大亂。相反地，如果用正面之言來說則大孝就有五，那就
是：一、勤於四肢，二、戒賭與酒，三、錢財和美物應供養父
母，四、養心節欲，五、奉公守法和平待人。以上五點好好踐履
以奉養父母，這就是子女的孝心孝行。

　　朱子認為孝道宜從孝敬父母而推及追遠於祖宗之敬祭，祭祖
宗，亦是人之孝心和孝行。在〈明倫〉裏，朱子徵引了有關祭祀
之禮的章句數則以闡明其義，謹就其章句內容予以詮釋：

　　〈祭統〉曰：「夫祭也者，必夫婦親之，所以備內外之官
　　也，官備則具備。」
　　〈曲禮〉曰：「君子雖貧，不粥祭器；雖寒，不衣祭服；
　　為宮室，不斬於丘木。」
　　〈祭義〉曰：「霜露既降，君子履之，必有悽愴之心，非
　　其寒之謂也；春，雨露既濡，君子履之，必有怵惕之心，
　　如將見之。」

以上三章，引自《禮記》，皆言祭祀祖宗，不止儀式而已，最根
本者，是在於祭者之心是否具足本來就應有的尊敬追懷的孝思。

---

10　見《孟子・離婁下》。

此種精神，孔子已有所說，他說：「禮云，禮云，玉帛云乎哉？樂云、樂云，鐘鼓云乎哉？」[11]此意思即是指禮樂儀式是外在的，重點是在內心是否有仁？有孝？有敬？而孔子在回答林放問禮之本時如此說：「大哉問。禮，與其奢也，寧儉；喪，與其易也，寧戚。」[12]禮之根本，是在有無敬重之心，所以祭祀祖宗時，最根本者是在子孫祭祀行禮時，是否真正心存敬意和孝思。

> 〈祭義〉曰：「致齋於內，散齋於外。齋之日，思其居處，思其笑語，思其意志，思其所樂，思其所嗜。齋三日，乃見其所為齋者。祭之日，入室，僾然必有見乎其位，周還出戶，肅然必有聞乎其容聲，出戶而聽，愾然必有聞乎其歎息之聲。是故先王之孝也，色不忘乎目，聲不絕乎耳，心志嗜欲不忘乎心。致愛則存，致慤則著，著存不忘乎心，夫安得不敬乎？」

祭祀已逝的父母以及列祖列宗，最核心的精神是孝敬之心，最重要的踐履是孝敬之行。〈祭義〉的以孝敬為核心的祭禮，源自孔子，《論語・八佾》載：「祭如在，祭神如神在，子曰：『吾不與祭，如不祭。』」朱子的注釋如下：

> 程子曰：「祭，祭先祖也。祭神，祭外神也。祭先主於孝，祭神主於敬。」愚謂此門人記孔子祭祀之誠意。又記

---

11　見《論語・陽貨》。
12　見《論語・八佾》。

孔子之言以明之。言己當祭之時，或有故不得與，而使他
人攝之，則不得致其如在之誠。故雖已祭，而此心缺然，
如未嘗祭也。范氏曰：「君子之祭，七日戒，三日齋，必
見所祭者，誠之至也。是故郊則天神格，廟則人鬼享，皆
由己以致之也。有其誠則有其神，無其誠則無其神，可不
謹乎？吾不與祭如不祭，誠為實，禮為虛也。」[13]

朱子在他的注釋中，特別徵引了程子和范氏的發揮，依他們的體
認，孔子自己祭祖和敬神，依本心和禮儀，均親臨而虔誠致祭，
也以此來要求世人亦宜誠心齋戒，孝祭祖先且敬祀神明。所以，
關鍵是孝敬的心性和祭禮。

祭祀的誠敬之心，是貫達生死幽明兩界的，這在《中庸》如
此說：「踐其位，行其禮，奏其樂，敬其所尊，愛其所親，事死
如事生，事亡如事存，孝之至也。」[14]今人蔣伯潛注解而言：

「其」，指祖先而言，踐，履也、登也。登先祖之位，行
祖先之禮，奏祖先之樂，敬祖先之所尊，愛祖先之所親，
奉事已死亡的尊親，如生存時一樣，可說是孝之極了。[15]

所以，敬祭祖宗，其根本的真切的精神，完全是在對於已逝去的
父母和先祖，心裏一直存著他們，在情感上覺得父母先祖依然像

---

13　〔宋〕朱熹：《四書集注・論語集注・八佾》。
14　見《中庸》，第十九章。
15　蔣伯潛：《新刊廣解四書讀本》（臺北：商周文化事業公司，2016），
　　頁 64-65。

是還活在世上，就在我們身邊生活著一樣，所以，為人子孫者，乃是以「事死如事生、事亡如事存」的心性和感情來將孝弟之道通達於祖先的心靈之中，而仍然是本有的仁心發用的思情上下人鬼貫達幽明而為一體。

　　《中庸》還有一章句亦真切地表達了孔子和儒家的恭敬祭祀之心，其文載記孔子之言，曰：「鬼神之為德，其盛矣乎！視之而弗見，聽之而弗聞，體物而不可遺。使天下之人，齋明盛服，以承祭祀，洋洋乎！如在其上，如在其左右。《詩》曰：『神之格思，不可度思！矧可射思！』夫微之顯，誠之不可揜如此夫！」[16]朱子注釋曰：

> 鬼神無形與聲，然物之終始，莫非陰陽合散之所為，是其為物之體，而物所不能遺也。其言體物，猶易所謂幹事。齊（按：即齋），所以齊不齊而致其齊也；明，猶潔也；洋洋，流動充滿之意。能使人畏敬奉承，而發見昭著如此，乃其體物而不可遺之驗也。孔子曰：「其氣發揚於上，為昭明焄蒿悽愴。此百物之精也，神之著也。」正謂此爾。〔……〕誠者，真實無妄之謂，陰陽合散，無非實者，故其發見之不可揜如此。[17]

依朱子所注，《中庸》所載的孔子所述的這個祭祀之儀，是古代祭祀鬼神的大典，而不必然是在家中祭祀已逝的父母或先祖。但

---

16　見《中庸》，第十六章。
17　〔宋〕朱熹：《四書集注・中庸章句》。

無論如何，既曰鬼神之為德，則已死之人曰鬼，而神則是天神地祇，或有大德於人間的逝去者為神。然而朱子以「陰陽說」來理解鬼神，此詮釋亦無妨，因為這一章句的重心是指與祭者在進行祭祀鬼神的大典時，必得心懷虔誠敬重之情，需有畏敬奉承的精神態度，而如此，鬼神才會有所感應，祂才會顯發呈現於上下左右而達到人神上下相通的境界。總之，從祭祖先到敬鬼神，與祭之人的根本精神就是本心之仁。這個仁，發用之於父母長輩，就是孝弟敬長；發用之於先祖鬼神，就是敬畏虔誠。無論對父母親長或對先祖鬼神，其心一也。這就是朱子重視弘揚的德教彰著深化的家風。

朱子基於上述的將孝弟敬長之心通達於祭祀父母先祖以及天神地祇的一套宗教性倫理之義，撰述了一本《家禮》，此書詳述宗祠、婚喪之大禮乃至其他祭祀之禮儀和規範，它成為朱子之後八百數十年中國人民的生活和祭典的範本，也是庶民百姓的宗祠之規制的藍圖，其影響直至今日的中國，仍然如此施行。[18]

## 四　朱子孝弟敬長之德教觀在縣學和書院的實踐

古代的蒙學和小學教育的場所有一特色，它是在家庭、村社之中進行的，主要的教學點是在族學、私塾、社學、義學裏面，這樣的場所，多為宗祠、廟宇、族屋、家屋，幼童或學童就是在其日常生活以及親人長輩乃至於先祖的照應中學習。這樣的學習

---

18 潘朝陽：〈朱子建立庶民社會的禮制——《朱子家禮》的意義〉，收入氏著：《實踐儒家：儒學儒教的踐履施行》（臺北：臺灣學生書局，2019），頁 41-66。

環境就與其生活世界融合為一，所以，德目之學，同時就是德目之習；一面熟學，一面也就踐成。因此，儒家孝弟敬長的家風由此而生起並流行，由家往外推展到鄉社，並及於外面更寬闊的世界。

以此為基礎和開端，上一層的學校就是推廣大學教育之文廟和書院。朱子終身力行的就是在文廟和書院的德教之推拓和實踐。

在《朱子全書》裏面，收入了朱子不少的關於文廟和書院的教育主旨之文章。本文謹引其中文章加以明之。茲先敘朱子所撰關於縣學之文一篇，此文是〈南劍州尤溪縣學記〉，是南宋孝宗乾道九年（1173）九月，尤溪的文廟重修竣工，並復其縣學，其石姓知縣致函恭請朱子為尤溪縣學撰寫學記以記其成且予以教學主旨之指導。朱子遂創述此文，其重點如下：

> 熹嘗得遊於石君，而知其所以為學者，蓋皆古人為己之學，又嘗以事至其邑，而知其所以教者，又皆深造自得之餘，〔……〕
>
> 天生斯人，而予之以仁、義、禮、智之性，而使之有君臣、父子、兄弟、夫婦、朋友之倫，所謂民彝者也。惟其氣質之稟，不能一於純秀之會，是以欲動情勝，則或以陷溺而不自知焉。古先聖王為是之故，立學校以教其民，而其為教，必始於灑掃、應對、進退之間，禮、樂、射、御、書、數之際，使之敬恭朝夕，修其孝弟忠信而無違也。然後從而教之，格物致知，以盡其道，使知所以自身及家、自家及國而達之天下者，蓋無二理。其正直輔翼，

優游漸漬，必使天下之人皆有以不失其性，不亂其倫而後
已焉，〔……〕今石君乃獨能學乎古之學，而推之以行於
今，使其學者惟知修身窮理，以成其性，厚其倫之為事，
〔……〕將以尊嚴國家教化而變其學者之耳目，使之有以
養於外，而齊其內，非徒以誇壯觀，飾游聲而已也。
〔……〕則聖人之道、聖人之化，將不憂其不明於天下
矣。[19]

這位石知縣當然是有心振興縣學的儒仕，亦與朱子相知，他在給
朱子的信中，提到他出任尤溪縣令，就發現當地的文廟縣學之建
築不合禮法體制，「自門之內因短就狹，遂無一物不失其正
者」，於是他乃予以拆除而重建，必使新的廟學建物得以「以奉
先賢，以尊古訓」，且「凡像設之不稽于古者，則使視諸太學而
取正焉。」[20]由於知縣之明白孔子德教主旨，所以才能有此教化
地方士子的優良治道，而他的推展縣學的基本精神亦即「奉先
賢，尊古訓」，此聖賢古訓何哉？朱子就在其文中給出了內容，
那就是五倫的德教，朱子闡揚之而有說明，儒家主張的立學校以
教其民，其教學之方，必始於學子的日常生活之中的灑掃、應
對、進退之間的實際狀態和情境中，而依《六藝》的「禮、樂、
射、御、書、數」來逐步積漸地學習，使儒士能夠朝夕皆無間斷
而存有恭敬之心，修得孝弟忠信之德性而無違仁義，順由這條進
德修業之路，然後盡心於格物致知之工夫，來實地踐成士君子乃

---

19　〔宋〕朱熹：〈南劍州尤溪縣學記〉，收入《朱子全書》，第二十四
　　冊，頁 3718-3720。
20　同上注。

至聖賢之域，這就是《大學》的格至、誠正、修齊、治平之儒家理想，從修身出發而推及於齊家，又由齊家而及於治國以至於平天下者，在五倫之教的觀點上來說，就是從弟子「入則孝，出則弟」的孝弟敬長之家風之養成和推拓而為其基本之方。

對於書院之教化事業呢？朱子更是重視。本文茲舉朱子重修白鹿洞書院以及其修竣歷程和白鹿洞書院學規等相關事蹟來闡述朱子之重視書院的倫理德教之用心和踐履。

在此之前，朱子知南康軍，他於當地就進行了文教治道。據束景南《朱熹年譜長編》所述，[21]南宋孝宗淳熙五年（1178），朝廷任命朱子知南康軍，淳熙六年（1179），三月三十日朱子至南康接任。朱子上任就積極展開了教化之實政：

> 四月，首布榜牒，下教三條，以養民力，敦風俗，砥士風。
>
> 整頓軍學，立濂溪周先生祠於學宮，以二程先生配，又立五賢祠。
>
> 招學者入軍學，每四五日到軍學講學。
>
> 五月一日，據楊方九江故家傳本再定《太極通書》，刻於南康軍學（南康本）。
>
> 遣使祭唐孝子熊仁瞻之墓。
>
> 修復劉凝之墓，建壯節亭。[22]

---

[21]　束景南：《朱熹年譜長編》，卷上（上海：華東師大出版社，2001），頁 604-637。

[22]　在此條下，束景南引《朱文公文集‧卷八十‧壯節亭記》：「淳熙己亥歲，予假守南康。始至，訪求先賢遺跡，得故尚書屯田外郎劉公凝之之

六月，捐俸錢作臥龍庵，祀諸葛武侯，董其役，有詩賦
之。

八月十三日，嚴別籍異財之令，注《孝經・庶人章》頒布
示俗。[23]

上列八條是朱子一到南康上任就展開的教化方面的事蹟和治績，
其一是恢復學校，招來士子，定期講授聖賢經典和倫理道德；另
一方面就是印製大儒著作，如周濂溪先生的〈太極圖說〉和《通
書》，用以教育啟發士子；再者又重修或新建大儒和大政治家以
及節烈之士的祠堂、墓園，用以激勵鼓舞當地士子和百姓的仁義
之風氣；再又印製《孝經・庶人章》，廣發給人民，令其誦讀，
期能發起其等本有的孝弟敬長之仁心，來改進提升地方上的醇美
敦厚之風。

　朱子在其治理南康軍的教育方式，其核心精神是從其蒙學小
學教育觀延伸推拓而來的，基本之處一樣是五倫德教之文風。

　而朱子在南康主政時期最重要的功德則是重建白鹿洞書院，
且使其恢復了弘揚儒學的生機。據束景南《朱熹年譜長編》所述

---

墓於城西門外草棘中，〔……〕乃為作小亭於其前，立門牆，謹扃鑰，
以限樵牧。歲以中春，率群吏諸生而祠焉。郡之詩人史騊請用歐陽公
語，名其亭以『壯節』。適有會於予意，因屬友人黃銖大書以揭焉。」
見束景南：《朱熹年譜長編》，卷上（上海：華東師大出版社，
2001），頁629。

23 在此條下，束景南引《朱文公文集・卷九十九・示俗》：「《孝經・庶
人章》，正文五句，係先聖至聖文宣王所說。奉勸民間逐日持誦，依此
經解說，早晚思惟，常切遵守，不須更念佛號佛經，無益於身，枉費力
也。」同上揭書，頁637。

其經過如下：

> （淳熙六年，1179，十月）下元日，行視陂塘，發現白鹿
> 洞故址，遂議復興建白鹿洞書院，發布〈白鹿洞牒〉，上
> 狀申修白鹿洞書院。
> 淳熙七年（1180），春正月，與同僚士友遊白鹿洞，有詩
> 唱酬。
> 三月，得程頤與方元寀帖，刻石於白鹿洞書院。
> 三月十八日，白鹿洞書院建成，釋菜開講，自任洞主。
> 作〈白鹿洞賦〉，定〈白鹿洞書院學規〉。
> 為白鹿洞書院向江西提舉陸游求藏書，遍干江西、江東兩
> 路諸使乞書。[24]

從淳熙六年十月，在巡視農田和陂塘水利狀況的行程中，發現了
白鹿洞破敗為墟的故址，如果是一般俗吏，根本就不會引起關
心，但朱子不同，他具備聖賢大儒心胸和眼光，立即向朝廷申報
重修白鹿洞書院，而且劍及履及，說動工就動工，新建工程之期
不出半年，於次年淳熙七年三月建好，其間朱子常去視察，且有
詩作，又有刻石，可證朱子對於地方上書院教育的重視。書院竣
工，朱子自任洞主，依禮儀，釋菜開講，並且撰賦紀念，且又制
定了〈白鹿洞書院學規〉。同時也向時任江西提舉的陸游以及江
西、江東兩路主管求取贈送圖書給書院。

　〈白鹿洞書院學規〉，在《朱子全書》中，稱為〈白鹿洞書

---

[24]　束景南：《朱熹年譜長編》，頁 640-658。

院揭示〉。朱子撰寫此〈學規〉或〈揭示〉，其目的或用意何在？且看朱子所述：

> 熹竊觀古昔聖賢所以教人為學之意，莫非使之講明義理，以修其身，然後推以及人，非徒欲其務記覽，為詞章，以釣聲名、取利祿而已也。今人之為學者，則既反是矣。然聖賢所以教人之法，具存於經，有志之士，固當熟讀深思而問辨之。〔……〕特取凡聖賢所以教人為學之大端，條列如右而揭之楣間。諸君其相與講明遵守而責之於身焉，則夫思慮云為之際，其所以戒謹而恐懼者，必有嚴於彼者矣。〔……〕[25]

朱子提示了教育之方針和主旨就是學習古聖先賢的經典，從中踐履五倫之道；儒士學習的對象不是記誦文句詞章，不是為了功名利祿，而是為了講明義理，修身進德，成為君子賢士，並且以此而推己及人，所以，朱子新修白鹿洞書院，其主旨是要教化儒士成聖成賢，而其用以傳授的教本，是《五經》經典，其撰寫而公布在書院門楣以便士子隨時可以讀到的〈揭示〉（〈學規〉），亦是儒家聖賢經典之文。

　　其條目如下：

「父子有親，君臣有義，夫婦有別，長幼有序，朋友有

---

[25]　〔宋〕朱熹：〈白鹿洞書院揭示〉，《晦庵先生朱文公文集》，卷七十四，收入《朱子全書》，第二十四冊（上海：上海古籍出版社、合肥：安徽教育出版社，2002），頁 3586-3587。

信。」

右五教之目，堯舜使契為司徒，敬敷五教，即此是也。學
者學此而已，而其所以學之之序，亦有五焉，其別如左：

「博學之、審問之、謹思之、明辨之、篤行之。」

右為學之序。學、問、思、辨，四者所以窮理也。若夫篤
行之事，則自修身以至於處事接物，亦各有要，其別如
左：

「言忠信，行篤敬，懲忿窒慾，遷善改過。」

右修身之要。

「正其義不謀其利，明其道不計其功。」

右處事之要。

「己所不欲，勿施於人；行有不得，反求諸己。」

右接物之要。

觀諸〈白鹿洞書院學規〉，朱子設計了五條德目，計：五教、為
學、修身、處事、接物。依朱子，書院的教育以五倫德化之教為
中心，而在學習踐履中，則有格物窮理以至修身正心之工夫，期
能於待人接物處事，皆有君子宜有之修養。而其開端亦是從父子
兄弟夫妻的孝弟敬長之家教和家風來先行培育涵泳，由此推拓出
去，而及於朋友、政治、社會之關係網絡中應該具備的人文和道
德的應對、表現、處理之道。

## 五　朱子孝弟敬長之德教觀的後世推拓

朱子以孝弟敬長的倫常德教為蒙學、小學以及大學的教化核

心精神和內容，在其之後的中國國民教育上，起了非常普及深遠的作用和影響，元明清三代皆具朱子德教觀的教化下之倫理文風。本文僅以清代和臺灣為例來予以詮釋。

清人入主中國，很快就受朱子儒學的濡化，清廷開國幾位皇帝甚重視各級教育中的孝弟敬長之倫理德教。就清代的臺灣之地方志書來看，都於其〈學校志〉或〈典禮志〉、〈人物志〉等篇章中，往往陳述清初由朝廷頒布的德教之規條。此處舉清光緒年間在臺灣苗栗設縣之初而纂修的《苗栗縣志》為例，列出清初皇帝頒布天下的關於倫常之教的德目：

> 順治九年，頒行〈上諭〉六條，令地方官責成鄉約人等每月朔望宣誦：
> 　孝順父母。尊敬師長。
> 　和睦鄉里。教訓子孫。
> 　各安生理。莫作非為。[26]

這所謂六條〈上諭〉，是順治時期清朝頒行全國的地方教育的德目，是在「鄉約」體制中進行的鄉社百姓的倫理教化，這是在血緣村和地緣村的基本文教推展形式，對於國民的倫理德教十分重要。此種由朝廷頒行天下的鄉約、鄉社型態的教化方式，宋元明清都是如此實施。而清初順治的六條〈上諭〉，其主旨非常清楚，就是朱子從蒙學小學開啟弘揚，且由家庭出發而向外推拓的

---

26　〔清〕沈茂蔭：《苗栗縣志·學校志》，《臺灣文獻史料叢刊，第一輯》（臺北：大通書局，未注年分），頁140-141。

孝弟敬長之五倫之教化。

再者，康熙九年，〈上諭〉再增為十六條，其德目如下：

> 敦孝弟以重人倫。篤宗族以昭雍睦。和鄉黨以息爭訟。重
> 農桑以足衣食。
> 尚節儉以惜財用。隆學校以端士習。黜異端以崇正學。講
> 法律以儆愚頑。
> 明禮讓以厚風俗。務本業以定民志。訓子弟以禁非為。息
> 誣告以全良善。
> 戒窩逃以免株連。完錢糧以省催料。聯保甲以弭盜賊。解
> 讎忿以重身命。[27]

到康熙時代，清朝以鄉約、鄉治的體系和組織對一般鄉社農村中
的百姓之社學、義學之教育，已有所擴展，形成德治和法治的雙
元並重的道德與法律的教化。一方面是本心之仁義的啟發，一方
面則是孝弟力田的鼓舞和支持，一方面則是建立法律來執行社會
面的揚善和懲惡。雖然擴充了，但核心仍然是朱子弘揚推拓的孝
弟敬長的教化德風。

此種五倫之國民教育，是清朝朝野皆重視的基本教化。而此
風氣的效應，亦可在清代臺灣方志中屢見不鮮。

由於朱子儒學和清朝君臣的支持、鼓舞，所以，在社會上也
就積極表彰有孝弟敬長之心性和德操的人士，而在方志中就有所
記載。茲就出版於道光年間的周璽主纂的《彰化縣志》之記載為

---

27　同上注，頁 141-142。

例略述之。在該志〈行誼〉表彰了當地之賢人事蹟，舉例如下：

> 吳洛，泉州晉江人，乾隆庚午歲貢。父吳家槐為漳邵鎮標
> 千總，生洛兄弟三人，伯仲兄俱早逝。洛性孝友，家貧，
> 菽水承歡，以舌耕撫養諸姪。雍正壬子，以軍功咨部加衛
> 守府，召受札付，洛以親老，呈請在家終養，列憲嘉之。
> 迨親喪後，洛遊臺，御史高公客諸幕，及高公秩滿回朝，
> 適彰化初設縣治，洛留彰墾闢田園，置產成家，倡刻吳氏
> 族譜，漳浦蔡相國為序，獎其敦本為善。建祖祠充祀業，
> 又置小宗田，與諸叔姪租稅一千五百石。其尊祖敬宗，收
> 族篤親之誼，有加無已。如在泉修府學大成殿、明倫堂，
> 充清源書院租，在臺充海東、南湖書院租，在彰充白沙書
> 院租，及捐建學宮之類，凡有義舉，周弗贊襄。〔……〕 28

《彰化縣志》表彰的吳洛，事父至孝，對待子姪輩，照顧如己
出，且重視家族的發展，修族譜、建宗祠，敬祖先，表現了朱子
在其《蒙書》、《小學》乃至於縣學和書院之《學規》裏面的天
倫德教之要求。再者，吳洛也捐巨款來倡修其原鄉泉州文廟的大
成殿、明倫堂，且又捐錢支持清源書院的學租，在臺灣，更支持
臺南的海東、南湖書院和彰化的白沙書院的學租，且捐款支持彰
化文廟的修建。此在在皆合乎朱子儒學的孝弟敬長以及推拓仁義
於家族、鄉邦乃至國家的五倫之教的理想。

---

28　〔清〕周璽：《彰化縣志·人物志·行誼》，《臺灣文獻叢刊，第一
　　輯》（臺北：大通書局，未注年分），頁 242-243。

> 曾日襄，晉江人。先世為泉郡望族，〔……〕公弱冠隨伯
> 兄敦澤公渡臺，為蒙館師，越數年，補邑弟子員，時仲兄
> 老矣，方家居，公歲竭脯脩之入，以為薪水需，而不有私
> 財。〔……〕生平敦踐履，外嚴內和，質儉惠毅，與人言
> 無二諾。嘗館二林之鹿寮，閩、粵人糾眾將互鬥，荷戈而
> 從者且千人，公聞而亟馳之，卒為散其眾，弭其隙，而民
> 獲安堵。〔……〕性最憐苦，凡有以匱乏告者，率傾囊以
> 濟其急，不足，則繼以稱貸，無吝色。嘗訓其子曰：「待
> 有餘而後濟人，必無濟人之理，故克己待人，雖瀕於屢
> 空，勿恤也。」大抵公寬於處眾，而嚴於教家，訓督子姪
> 輩，晨雞夜火，功課必嚴。門庭之內，肅肅雍雍，即三尺
> 童子，一聞命無不拱立敬聽者。〔……〕[29]

此又是一例，曾日襄，少時隨其大哥渡海來彰化，他為私塾老師
以教生童，再補弟子員，隨著時間推移，其大哥年老，曾日襄事
兄如事父，極盡其敬長之弟道，而平日生活，嚴守儒家倫理，一
方面從事地方蒙學和小學的教化工作，一方面則以地方儒士身分
出面安定閩粵兩籍人群的關係，弭其紛爭而促進地緣別之人群的
和好，再一方面又以其仁心悲懷而濟助貧困無告的窮人，他的家
訓所言克己待人，完全是《論語》中孔子的訓言，其家族的德教
亦從不鬆懈，敬謹嚴肅，是一孝弟敬長的家風。總之，曾日襄是
當時彰化地方的士君子，他的心性和處事之實踐和表現，純然是
朱子儒學儒教的型態和內容。

---

[29] 同上注，頁 245。

茲再舉一彰化賢人善士一例：

> 林文濬，泉州永凝衛人，誥封中憲大夫、軍功六品銜林振
> 嵩第三子。少長渡臺，代父理生計，父歿，喪葬盡志，奉
> 母尤謹。初，振嵩在臺時，急功向義，素為當道推重，文
> 濬克承先志，力敦義舉。嘗為宗族母黨，置祀田卹族中寡
> 婦無改適，且為延師教其孤，鄉人德之。在彰尤多倡造，
> 縣城改建，文昌閣重新，白沙書院學署新建，鹿港文開書
> 院、天后宮、龍山寺及鹹水港真武廟、各處津梁道路，或
> 獨建，或倡建，皆不吝多貲以成事，而功德最大者，莫如
> 賑飢一役，嘉慶丙子春夏之交，穀價驟昂，飢民奪食，文
> 濬領率郊商殷戶，請於官，立市平糶，設廠施粥，沿海居
> 民，全活者以萬計。〔……〕[30]

林文濬之人品和風範，也是孝順父母的楷模，且將孝道推拓而為
既孝且弟的天倫之典範，他不僅維持發揚家內的仁德之風，且擴
及推恩於父母兩邊的宗親，亦特別置祀田來存活族內的寡婦孤
兒，延師教育寡婦之孤子，且又修建彰化城、重建文昌祠鼓舞地
方子弟讀書，再又捐獻支持白沙書院、文開書院的新建，且支援
天后宮、龍山寺、真武廟的修建，再者施濟災荒中的飢民，其
「立市平糶、設廠施粥」，乃是朱子設立義倉的一種形式的踐
履。總之，林文濬的人格和生命的實踐，完全是朱子孝弟敬長的
天倫之德教以及其精神和實務的擴充和推廣。

---

[30]　同上注，頁 246-247。

　　由以上從《彰化縣志》引出的三位賢人君子之踐履朱子儒學德教之事蹟，證明了直至清代且在邊陲的臺灣，其社會上表現出來的政教之核心，基本上就是朱子建立的蒙學、小學、縣學以及書院之教育理念中的主旨和精神，那是從孝弟敬長的仁義之風而溥播深入於人心和文化之中的儒家五倫，由此亦可見到清代臺灣的人文主體是朱子儒學和儒教，如果將朱子之神明抽離臺灣，那麼臺灣就必不是華夏的臺灣。

　　上述是從彰化的地方賢士之行誼風範以證朱子的家族和鄉社的倫理教化之功效，延續至清代中葉且擴展到臺灣。接著則就清代彰化書院為例以明其教化的主要精神亦源於朱子儒學。

　　《彰化縣志‧書院》載白沙書院，有曰：

> 白沙書院，在邑治內聖廟左，乾隆十年淡水同知攝縣事曾日瑛建；二十四年，知縣張世英重修；五十一年，被亂焚燬，知縣宋學顯改建於文祠之西；嘉慶二十一年，署縣吳性誠醵貲重新。[31]

彰化的白沙書院，建於今彰化市內，初始即修建於彰化文廟左側，以補廟學之不足，早於乾隆十年就已建好，又再經重修，乾隆五十一年發生臺灣中部林爽文民變，遭亂民焚燬，至嘉慶二十一年才又在文廟西邊新建，前後的修整重新，達七十年之久，可見地方儒吏和士紳對於書院教育的重視。

　　彰化縣知縣楊桂森正是嘉慶年間重新創建白沙書院的賢儒，

---

31　〔清〕周璽：《彰化縣志‧學校志‧書院》，同前揭書，頁143。

他親為書院撰寫了〈學規〉，其德目如下所述：

1. 讀書以力行為先：聖賢千言萬語，無非教人孝順父母，尊敬長上。父母，吾根本也；兄弟，吾手足也。凡讀一句孝弟之書，便而將這孝弟事，體貼在自己身上，古人如何孝弟，我便照依學將去。始初勉強，漸漸熟習，自然天理融洽，自己也就是聖賢地位。所謂人皆可為堯舜也。〔……〕

2. 讀書以立品為重：立品莫如嚴義理之辨。〔……〕讀雞鳴而起一章，要想到舜、蹠之辨，有一念爭財謀利之心，便是盜蹠；有一念矜名重節之心，便是聖賢。〔……〕欲嚴義利，莫如忍，莫如讓。〔……〕念書人，要將氣骨撐得住，毋為銀錢所害，便是身立千仞之上。〔……〕

3. 讀書以成物為急：〔……〕我能孝弟，那些不讀書人，不知孝弟者，都要我去勸導他。見他孝順父母，要誇獎他；見他忤逆父母，要婉言勸戒他；見他愛財爭利，要把聖賢道理解他。他見覽曉得古今興亡得失忠佞之辨，自己便有經濟，臨事自有決斷，有把持。

4. 〔……〕。

5. 〔……〕。

6. 〔……〕。

7. 〔……〕《四書五經》，本本讀熟，次早，誦朗熟詠，務須讀得極熟。

8. 〔……〕。

9. 六七歲之學規：先教之以讀〈弟子職〉，使知灑掃應對
進退起坐之禮。〔……〕其讀《四書》，讀起時即連細
註並讀。凡讀《詩經》、《書經》，隨章添讀〈小
序〉，其答經中註解，擇其解字者讀之，不過十分取
一、二也。《學庸》註全讀，《論語》註讀十分之七，
《孟子》註讀十分之五，經註讀十分之一、二。蒙以養
正，聖功也，果行育德，其毋忽。[32]

楊桂森重建新修了白沙書院，給書院撰述了〈學規〉，其中，有
針對大學之教的青年，教化德目的內容，是孔子孟子的仁義之
道，譬如第二項就是引自孟子之言來教育彰化學子，而在其第九
項，則是蒙學、小學之教法，是以孩童為施教對象，從讀〈弟子
職〉始，而漸次地從容地來學習《四書》以及《詩》、《書》，
且是以朱子注釋為主。可說是循循善誘，期冀士子終能為孝弟敬
長之人，更可成聖賢、為堯舜，其根本精神和主旨，明顯源於朱
子的孝弟敬長之五倫德教。

　　或說彰化白沙書院是否只是孤例而已？答曰非也。本文謹從
《噶瑪蘭廳志》加以擴大而申論之。

　　在《噶瑪蘭廳志·學規》中，引錄了覺羅四明為臺灣府海東
書院撰就的〈學規〉之數條德目，茲列出其中兩點來加以闡明。

　　敦實行：讀書所以致用也。聖賢垂世立教，詩、書、禮、
　　樂、易象、春秋之文，於以發揮義理，非是為一場空話，

---

[32]　〔清〕楊桂森：〈白沙書院學規〉，收入同前揭書，頁 143-146。

欲使人躬行實踐，體驗於身心，而推諸家、國、天下之
間。〔……〕倘徒慕讀書之名，而於倫常行己間多不可
問，則所為讀書之本已失，雖能讀破萬卷、作絕妙文字，
亦何以質聖賢而盟幽獨？故人既自拔於流俗，將以聖賢為
必可為，凡一切言、動、視、聽，以及五常、十義之倫，
逐項須要認真，毋得仍前忽略。〔……〕[33]

覺羅四明這一段德目所說的重心，完全是經世致用的教育觀點，
士子讀《五經》，須將義理體之於心而踐履於事業，從格物、致
知、誠意、正心、修身而至於齊家、治國、平天下。這是《大
學》的學習和實踐之道，也是朱子傳承孔子曾子、子思而至孟子
以及後世所有儒者的儒家倫常德教。

看書理：朱子云：「讀《六經》工夫多得效少，《論孟》
工夫少得效多」。程子曰：「《論語》、《孟子》既治，
則《六經》可不治而自明矣。」由程子之言思之，一部
四子書，句句皆切於學者。操存涵養之要，擴充體驗之
功，修齊治平之實，非若他書之浩渺無涯，難於盡曉也。
〔……〕程子云：「讀書須濯去舊見，以來新意」，又云
「學貴自得，不可以相類泥其義。」朱子云：「某說書不
敢先立一見，橫生一解；惟平氣虛心，以求聖賢本意之所
在。」合茲以觀學者，看書不當泛泛以書博我，而當以我

---

33　〔清〕覺羅四明：〈勘定海東書院學規〉，收入〔清〕陳淑均：《噶瑪
　　蘭廳志·學校·學規》（臺北：大通書局，未注年分），頁143-144。

> 看書。字字句句實從經文、傳注涵泳而出，而又一一皆體
> 之於身、驗之於心，吻合無間，則積漸久，心地光明，自能
> 脫然有會通處。由是而六經，而子、史，亦易為力矣。[34]

此一大段則是覺羅四明給士子提出的讀書宜有的正確心態，他在其中指明士子須讀《論孟》和《六經》，但他特別徵引伊川先生和朱子的話語，反覆叮囑須由《論語》和《孟子》入手，而其實也就是由研讀《四書》為其入門。再者更進一步，覺羅四明特別警醒士子，讀書不是只泛泛博覽，而是須自我得之於本心，重點是依據古聖先賢的經典之道德智慧來敬養涵育體驗操持，使自我認知聖賢之道，能誠己意、正己心、修己身，由之而來實踐齊家治國平天下的經世致用之功。

　　覺羅四明於乾隆初葉，在臺灣出任學政和知府，重視儒家德教的推廣，由其所言，顯出清朝滿族之正藍旗的貴裔出身的覺羅四明的教育觀完全是程朱理學觀念和思想體系之中的倫理教化，其為海東書院制定的學規，從孝弟敬長之倫常出發，推拓開展而為內聖外王的聖賢，這樣的立論，是朱子的儒學儒教在清朝盛世的臺灣首要之區的實施。

　　再依《噶瑪蘭廳志》來看其時臺灣的邊陲地方的書院儒教的朱子學精神，其〈書院〉提到仰山書院，曰：「在廳治西文昌宮左，以景仰楊龜山得名。嘉慶十七年委辦知府楊廷理創建三楹，旋圮。道光五年，通判呂志恆移假文昌祠東廂房，為山長安硯之地，並於東首臨街建一門樓，額曰『仰山書院』。十年夏，署倅

---

[34]　同上注。

薩廉乃即舊址重建一廳、二房、一廚竈，連一曠地大可數弓，蒔花樹果，編以枳籬，西接敬字亭，南連行香官廳，外又護以板闥門，垣以短小牆，砌石鋪瓦，窗疏明爽。〔……〕」[35]依此，今稱宜蘭縣的噶瑪蘭，在其設廳之際，其時是清嘉慶年間，當地仍屬三籍人士（以漳州人群為主體）初闢而仍有移墾粗獷民風野悍之時，於嘉慶十七年正式設廳，就由主理其事的楊廷理新建書院於廳治所在的五圍（今宜蘭市），名為「仰山書院」，展開儒家德教。至道光五年，再由通判呂志恆重修而正式為仰山書院題額立匾。

　　這是清朝在臺灣東部的第一個文教中心，它的精神是什麼呢？在該志中有編纂者陳淑均的附考之文，謹述於下：

楊廷理〈蘭城仰山書院新成志喜詩〉：「龜山海上望巍然，追溯高風仰宋賢；行媲四知敦矩範，道延一線合真傳。文章運會關今古，理學淵源孰後先？留語諸生勤努力，堂前定可兆三鱣。」按楊文靖，時，字中立，將樂人，與游定夫立雪程門，為二程高弟。其學以身體心驗為主，一傳羅豫章，再傳李延平，延平傳子朱子，實為閩學宗倡，學者稱龜山先生。而楊守取以錫書院，蓋即隱以之自況，〔……〕俾勉承道南之緒云。道光五年三月，呂志恆存記：「〔……〕師生講習之所，如有風雨剝蝕，〔……〕官斯土者，為之隨時粘補，如遇年穀順成，官有

---

> 餘閒，士民樂業，或獨立經營，或倡捐集腋，創置義學、
> 書院，次第成功，為多士儀型，文風丕振，以備國家文明
> 柱石之選，本廳厚望焉！」[36]

陳淑均在其文中，特別說明了仰山書院之建立，其名字之源起，並非噶瑪蘭廳頭圍（今宜蘭縣頭城鎮）海邊的那座火山島之形狀若一海龜而望山生義因之而取書院之名，而是由於追思敬禮尊仰北宋南宋之交的閩籍大儒龜山先生而命書院之名曰「仰山」。按龜山先生即楊時，字中立，宋福建將樂人，他在道學史傳中，甚為重要，他是明道先生稱嘆「吾道東矣」的主角，又是大雪天與同為閩人的建陽游酢（字定夫，後人尊稱廣平先生）在伊川先生家「立雪程門」的主角。陳淑均是一位深悉閩學道統傳承的清朝地方賢儒，他提出楊龜山先生，主要目的不但點出楊廷理為邊陲之地新建書院名其名曰「仰山」，是由於敬仰楊時，乃是自況己為龜山先生後裔，且以龜山先生的清高人格風範為其學習踐履之典型，再進一步，陳淑均更深入闡明了道統一脈，從楊龜山返閩講學，將洛學傳羅豫章，又由羅豫章傳李延平（朱松韋齋先生亦是羅豫章弟子），再由李延平傳給朱子。這就是「道南之傳」的真實義。而陳淑均在此說出了二程傳楊時，楊時在閩再傳羅豫章、羅豫章三傳李延平，最後傳到朱子，朱子將北宋道學發揚光大，其以孝弟敬長五倫之德教為出發的仁義文風，乃推拓傳播於中國，到清朝，更傳播到了其時屬於中國邊陲臺灣的邊陲噶瑪蘭，在此剛剛立行政區設官治理的仍屬粗獷悍鬥的移墾地方，就

---

36　同上注，頁140-142。

以朱子德教的理學來展開當地的教化。

　　依以上列舉清代臺灣幾本方志的相關內容之闡釋，可以明瞭朱子的孝弟敬長德教之為近世中國基本國民教育的典範和藍本，是影響長久且廣闊的，其出發點是蒙學、小學之教化，再擴及於廟學與書院的大學之四書五經之教，由幼及長、由家庭及於鄉邦和國家，由南宋及於元明清傳統時代，其意義一也；其功效一也。

# 六　結語

　　傳統儒家，從孔孟荀以降，除了在形上論、心性論、本體論等高深哲理上，傳承了上古傳統且又有所創造而為中華文化建立道統之外，他們同時又是道德倫理的德教之思想和實務的開創者、詮釋者和實踐者。

　　朱子是近世最偉大的大儒，他在儒家哲理上具有其新創性的理論創建，遍注群經，從本體宇宙論、心性論，甚至於中國古代的科學形式之興趣、思維和理解，朱子亦表現了高度理性的光輝；另一方面他則是近世最偉大的儒家五倫德教之詮釋者、規劃者以及實踐者。經由教育，孔子的大德是使平民亦有人文禮樂教化，中國文化、倫理之道得以逐漸普及；經由童蒙、學童以及書院的各層教化，而朱子的大德則使近世中國人民從家開端而及乎天下，均以孝弟敬長的五倫德性為其人格養成以及仁義治世處事的根本。

　　但是自清末西力東漸之後，現代歐式的教育制度和方式進入中國，使中國的各級教育皆偏向知識傳導和學習為其主體，西方

人的道德學習和涵養是在教會的，宗教活動負責他們的心靈的規範和實踐，他們的德性之養成依據《聖經》，他們的學校則養成其普通和專業知識，比方而說，教會裏面，神父教誨信眾以《聖經‧創世紀》；但在學校，教師教育學生以達爾文的《物種源始論》。

　　清末中國改變自己的教育體制和內容，將教化之功變為知識傳播，五倫德教漸漸就隨現代化或西化而在教育體系中落空或衰微。在此趨勢下，朱子規劃設計的蒙學、小學以至大學的體系一貫的五倫教育，就在現代中國發生了弱化和斷裂，如何重新在現代的教育體制中以及在家庭、家族、鄉社及城社裏恢復具有孝弟敬長的天倫德教，十分重要。

# 肆
# 朱子闡明實踐儒家孝弟之道

## 一　孝弟之道是孔子德慧核心

孔子德慧的本體是仁，而行仁的出發點則是孝弟，「弟道」可含容於「孝道」之中，故本文就以孝為主來予以論述。

若把《論語》的孔子及有子、曾子、子夏關於孝的話語章句拿掉，則《論語》就會喪失其核心意義和價值。謹將其相關章句整理敘述之。

首先讀孔子談論孝之章句：

1. 子曰：「弟子入則孝，出則弟，謹而信，汎愛眾，而親仁，行有餘力，則以學文。」（〈學而〉）

2. 孟懿子問孝，子曰：「無違。」樊遲御，子告之曰：「孟孫問孝於我，我對曰：『無違』。」樊遲曰：「何謂也？」子曰：「生，事之以禮，死，葬之以禮，祭之以禮。」（〈為政〉）

3. 孟武伯問孝，子曰：「父母唯其疾之憂。」（〈為政〉）

4. 子游問孝，子曰：「今之孝者，是謂能養；至於犬馬，皆能有養。不敬，何以別乎？」（〈為政〉）

5. 子夏問孝，子曰：「色難！有事，弟子服其勞；有酒食，先

生饌；曾是以為孝乎？」（〈為政〉）

6. 季康子問：「使民敬忠以勸，如之何？」子曰：「臨之以莊則敬，孝慈則忠，舉善而教不能則勸。」（〈為政〉）

7. 或謂孔子曰：「子奚不為政？」子曰：「《書》云：『孝乎惟孝，友於兄弟。』施於有政，是亦為政；奚其為為政？」（〈為政〉）

8. 子曰：「事父母幾諫，見志不從，又敬不違，勞而不怨。」（〈里仁〉）

9. 子曰：「父母在，不遠遊；游必有方。」（〈里仁〉）

10. 子曰：「三年無改於父之道，可謂孝矣。」（〈里仁〉）

11. 子曰：「父母之年，不可不知也；一則以喜，一則以懼。」（〈里仁〉）

12. 樊遲從遊於舞雩之下，曰：「敢問崇德、脩慝、辨惑。」子曰：「善哉問！先事後得，非崇德與？攻其惡，無攻人之惡，非脩慝與？一朝之忿，忘其身以及其親，非惑與？」（〈顏淵〉）

13. 葉公語孔子曰：「吾黨有直躬者，其父攘羊，而子證之。」孔子曰：「吾黨之直者異於是。父為子隱，子為父隱，直在其中矣。」（〈子路〉）

14. 子貢問曰：「何如斯可謂之士矣？」子曰：「行己有恥；使於四方，不辱君命，可謂士矣。」曰：「敢問其次。」曰：「宗族稱孝焉，鄉黨稱弟焉。」曰：「敢問其次。」曰：「言必信，行必果，硜硜然小人哉，抑亦可以為次矣。」曰：「今之從政者何如？」子曰：「噫！斗筲之人，何足算也！」（〈子路〉）

15. 宰我問三年之喪：「期已久矣。君子三年不為禮，禮必壞；
　　三年不為樂，樂必崩。舊穀既沒，新穀既升，鑽燧改火，期
　　可已矣！」子曰：「食夫稻，衣夫錦，於女安否？」曰：
　　「安！」「女安則為之！夫君子之居喪，食旨不甘，聞樂不
　　樂，居處不安，故不為也。今女安，則為之。」宰我出，子
　　曰：「予之不仁也！子生三年，然後免於父母之懷。夫三年
　　之喪，天下之通喪也。予也，有三年之愛於其父母乎？」
　　（〈陽貨〉）

依上所記，《論語》之中，孔子討論孝的章句，共有 15 章。其
中記載孔子直言孝者有 5 章，在〈學而〉有 1 章，在〈里仁〉有
4 章；魯之卿大夫請教孔子何為孝而孔子的回答則有 3 章，皆在
〈為政〉；楚國葉縣的主管大夫葉公也曾與孔子對話談論到父子
關係，孔子不同意其以法亂倫的觀念而表達了父子天倫大義，其
中亦顯示了孝，此 1 章是在〈子路〉；弟子向孔子請教什麼是孝
而孔子回答者有 2 章，載於〈為政〉；而另有 1 章是樊遲以三種
德行請示孔子，孔子在答語中帶出了孝之意義，此在〈顏淵〉；
再又有 1 章則是子貢向孔子請教如何才是士宜有的素養，孔子回
答以三級，其中的第三級帶出了孝之義，此章載於〈子路〉；又
有 1 章，記於〈陽貨〉，是宰我有一次在孔子和弟子們之論學聚
會中，理直氣壯地對守父母之喪三年之禮嫌其太長而主張一年就
夠，而孔子在其嚴責之言中帶出了孝之大義；還有 1 章，是有人
質問孔子為何不去從政而只是在民間設帳授徒？而孔子答之以齊
家之道以孝弟乃治國的前提，此載在〈為政〉。

　　我們先就孔子直述孝的章句來加以認識體悟孔子的孝之意
義。在〈里仁〉裏面的這 4 章是這樣敘述的：子曰：「事父母幾

諫，見志不從，又敬不違，勞而不怨。」其次，子曰：「父母在，不遠遊；游必有方。」再者，子曰：「三年無改於父之道，可謂孝矣。」復次，子曰：「父母之年，不可不知也；一則以喜，一則以懼。」此4個章句，主要精神都表示了為人子女者對待父母應有敬愛之真心，同時其真心一方面實踐在父母在世時的對於父母身心狀況的關懷和照料，一方面則表現在父母百年之後對於父母音容之無窮的追思；對待父母之敬心愛心是無條件的，是出自天性，是天倫。

子游問孝，孔子告訴他「今之孝者，是謂能養；至於犬馬，皆能有養。不敬，何以別乎？」而子夏問孝，則孔子告訴他「色難！有事，弟子服其勞；有酒食，先生饌；曾是以為孝乎？」兩位弟子提問孝心和孝行為何？孔子回答皆是同樣的意思，就是必以真切的敬愛之心來侍候奉養雙親，才是孝心和孝行。此種回應，與上述孔子之直述孝道並無差異。

然則，魯國執政的貴族孟懿子問孝，孔子如何對應呢？孔子回曰「無違。」再又向樊遲申論「生，事之以禮，死，葬之以禮，祭之以禮。」所謂「無違」，就是真心敬愛父母而不違雙親之心願的意思，而無論父母在生前或其逝世之喪事及以後之祭祀，均依孝心孝行宜有的禮而實踐之；再者，同是魯國貴族孟武伯亦問孝，孔子如此對答「父母唯其疾之憂。」為人子女最憂心的是父母之健康，雙親若生病，子女若有孝心，一定憂愁害怕父母是否疾不癒、病不起，故必延醫好好診治醫療，必使父母身體好轉起來，這就是孝行，孝心和孝行，必出自真切的敬愛之天倫本性。在這裏也就看出來，孔子所言孝弟之道，只要是人，其理一也，並不區分貴族或平民；並不因為地位、權勢、財富、階級

之不同而有差異，人人皆有真切的敬愛父母之本心以及順之而宜有的倫理踐履。

　　至於樊遲問崇德、脩慝、辨惑；葉公與孔子辯父子之間是以罪互控或互為相隱為直道；子貢問士的功夫和境界等 3 條章句，如本文上引的第 12、第 13、第 14 之章句，孔子的回應之內容牽連於孝之義；回答樊遲之「問惑」，告之以不可「因一朝之忿，而忽略了自己的性命和父母的安危，卻惹來殺身害親之大禍」；回答葉公的辯言父子宜互舉其罪之法家觀點，回答以父慈子孝之天倫不可逆，不可互控其罪，而宜隱其語保持沈默，有罪無罪，應由他人或有司去查證之；回答子貢「問士」，孔子告之「士的第二層級乃是宗族稱孝、鄉黨稱弟之善士君子」。此三條章句孔子之回應孝之道，都歸結於子女對其父母發自於內心真切的敬愛之情以及合於敬愛的言行。

　　孔子所言孝道，並不止於為人子者於父母還在世時的對於父母之敬愛之心和行而已，雙親之喪，守孝三年，其中更有孝之大義，這個精神在孔子和宰我辯說守孝一年或三年之對話中表現出來。此章句是上引的第 15 條。今人李炳南對於這一章句詮釋甚深刻周詳而有見地。茲敘說如下：

　　　三年之喪，是為父母服喪的年限，東周時代的人已不完全遵守。〔……〕到了孔子時代，不守三年喪期的人更為普遍，但孔子教禮仍然嚴守三年，孔門弟子依教而行。宰我以當時一般不守三年的情況問孔子，〔……〕三年的喪期是太久了。

　　　〔……〕宰我〔認為〕君子應以禮樂修養身心，不可須臾

> 離棄,但居喪期間,既不為樂,亦不為禮,如果喪期三
> 年,則不為禮樂太久,故致禮壞樂崩。〔……〕宰我又舉
> 理由說,去年舊穀已盡,今年新穀已成熟,鑽燧取火已改
> 用新木,三年之喪,守滿一年,可以終止了。[1]

在此段落中,有四個重點,一是三年守父母之喪的古禮,東周人多已有不再遵守,到了孔子的春秋時代末期,不守三年之喪期的風氣更是普遍,此顯示時代文明已遽變而周文已甚為崩頹;一是孔子早年依然嚴守周公封建禮樂,所以他仍然主張須為父母之逝而守喪三年;一是宰我主張君子學習禮樂的時間甚為緊迫,已不宜守喪三年反而失去了禮樂的學習,宰我此處的說法反映了春秋的社會已變得更複雜更流動,士子不能如古貴族一樣有充足時間來守三年之父母喪期,因此主張一年就好;一是宰我從日常生活的經濟面去強調人們宜配合每年穀糧柴火的新舊更替為周期,因此,父母大去,子女之追思守喪一年是適宜自然循環之規律的。

就現實面來看,宰我提出來的一年以易三年之喪期,他只是客觀反映了時代性,而以為禮樂宜隨時有所調整,就此點言之,宰我亦無錯謬。然而,這個時期的孔子仍然是一位「郁郁乎文哉,吾從周」的周公之崇敬效法者,他是堅守周禮的古君子。因此師徒兩人的觀點明顯不同。

李炳南接著再說明孔子為父母守三年喪期的更深刻的意義,他說:

---

[1] 李炳南:《論語講要》(臺北:佛陀教育基金會,未注出版年分),頁754-756。

　　子曰：「食乎稻，衣夫錦，於女安乎？」古時北方以稻為
　　貴，稻米飯不是平常食物，居三年之喪者，必不能食，
　　〔……〕居喪只能穿無采飾的麻衣，不能穿錦衣。孔子詢
　　問宰我如將三年之喪縮短為一年，則在父母去世周年之
　　後，就可以吃米飯、穿錦衣？〔……〕你的心能安嗎？[2]

孔子此句問話是拿父母才逝世周年，而就食稻衣錦，以此來直探
宰我的心安或不安，而結果宰我回答老師說「心安」。此即顯出
宰我於其雙親之孝心孝行之未能充盡而有雜染，換言之，就是宰
我之仁已受時代風習蒙蔽而不純一。因此，孔子藉宰我為例而教
誨其他弟子，評斷宰我不仁，其主要理由是人子出生三年才能離
父母懷抱，才能自己立足學步，子女懷思父母的養育恩情，因此
古聖制喪禮定為三年，宰我倡言一年足矣，且說食稻衣錦亦無有
什麼不安，李炳南引孔安國的注如此：「子之於父母，欲報之
德，昊天罔極，而予也有三年之愛乎？」[3]孔子斥責宰我對其父
母的昊天無窮之恩，連三年之喪都不想執守，乃是對於雙親全無
敬愛之心，是為不仁不孝。

　　這一章句，是《論語》裏面，孔子深責弟子喪德失仁的最典
型的例證，其根本主旨是孝或不孝。由此證明孔子的德教是以孝
弟來實現仁道的，換言之，仁之是否確實發用，是從孝弟開端而
向外擴展。

　　再者，孔子直述孝道載於在〈學而〉的那一章句是弟子編輯

---

2　同上注，頁 757。
3　同上注，頁 758-759。

《論語》時有意放在前面的，則是因為此章所述是周全的孝弟倫理實踐之義。孔子在此章所說是如此：

> 弟子入則孝，出則弟，謹而信，汎愛眾，而親仁，行有餘力，則以學文。

今人蔣伯潛如此詮釋：

> 「弟子」，對兄父而言，指青年為弟為子者。故《儀禮・特牲饋食禮》注云：「弟子，後生也。」「出則弟」之「弟」，今作「悌」。孝，專對父母言；弟，則對兄及其他長於我者而言。故曰「入則孝」，專指在家；「出則弟」，兼指對外。又，〔……〕「入」指由己室入父母所居之室，「出」〔……〕指就傅而言。〔……〕孝弟指行，謹信指言。必慎言，乃能有信；「謹而信」，就是《中庸》的「庸言之謹」。「汎」，廣博普遍的意思。《廣雅・釋詁》：「親，近也。」仁，指有仁德之人。朱注：「文指詩書六藝之文。」按「行」字統上孝弟謹信愛眾親仁而言，以餘力學文，可見孔門之學，「行」重於「知」。[4]

據蔣氏的詮釋，「孝」是指子女在家中敬養父母之心和言行，而

---

4　蔣伯潛：《新刊廣解四書讀本・論語》（臺北：商周文化事業公司，2016），頁100。

「弟」則是泛指後生對其兄長以及家庭之外的長輩及至師長的尊從而言。「孝弟」，就是父慈子孝兄友弟恭的核心性人倫，再往外推拓，在這個世間待人接物必得慎言有信，而能仁愛世人，且自己亦應親近仁德君子。以上所述是人倫德行為優先，是為人的根本基礎，在這個開端，若有更多能力，則可涉獵詩書六藝等知識之學習。由此可證孔子重德性先行於知性，且德性中又以孝為最內層之核心。

　　錢穆先生對於此章則有簡單扼要的解說，他解釋說道弟子在家講求孝道，出門則盡弟職；弟子敦行，宜以謹慎信實存心，於眾皆當泛愛，且當特親其眾中的仁者，有餘力始學文，就是應以孝弟謹信愛眾親仁為本，而學文為次。[5] 然而，雖然看起來孔子似乎重德輕文，或重德輕知，但錢先生有其說法，他說：

> 弟子為學，當重德行。若一意於書籍文字，則有文滅其質
> 之弊。但專重德行，不學於文求多聞博識，則心胸不開，
> 志趣不高，僅一鄉里自好之士，無以達深大之境。[6]

錢穆指出孔門儒家之教是以德行為重，儒士若不能把握、重視踐道修德，而只一昧地去外緣地研析書籍文字，知識縱然累積甚多，但卻往往文滅其質，而其弊無窮。然而相反來說，如果儒士只是全然地去踐道修德，卻束書不觀，不求多聞博識，如此之人必然孤陋寡聞，見識膚淺，而且心胸隘陋狹窄，志氣短小，而最

---

5　錢穆：《論語新解》（臺北：東大圖書公司，2021），頁 13-14。
6　同上註。

多只能成為一個鄉曲自好之士，卻欠缺高深宏大的境界。

　　錢先生此句申述的道理和事實，是合於《論語》表現彰著的孔子之觀點的，博學於文約之以禮，[7]「德性主體」和「知性主體」是仁心本體的發用之雙彰，是一體兩面的功能，德性是必要者，而知性則是充分者，如同孝心是根本，而如何有正確的和充足的孝行，則是必須的客觀性、架構性的呈現和實踐，否則，藏在本心深奧之密地的孝心就只是虛玄蹈空的「但理」而已，孔子對於弟子的要求豈是這樣？而孔門之文教和德教，是培養內聖外王的君子，重視的是文德雙修而體用彰著。在道德人倫之教化之中，孔子提揭了必以孝為其核心，而孝心的表現是在於真切敬愛父母的孝行。

## 二　朱松對其子朱熹的教化影響

　　朱子是大孝之大儒，自幼承其父朱松之儒家內容的庭訓，本節依據束景南《朱熹年譜長編》的條文來加以詮釋。

　　〈一一三四，紹興四年，甲寅，五歲〉條有曰：「朱松應詔入都前，攜家歸尤溪，朱熹始入小學。」其中引朱松〈與內弟程

---

7　孔子有說：「君子博學於文，約之以禮，亦可以弗畔矣夫。」（《論語・雍也》）。而在《論語・子罕》又記載了顏淵嘆頌孔子善於教化的一個章句：顏淵喟然嘆曰：「仰之彌高，鑽之彌堅；瞻之在前，忽焉在後。夫子循循然善誘人，博我以文，約我以禮。欲罷不能，既竭吾才，如有所立卓爾。雖欲從之，末由也已！」「博文」是「知性」追求知識的功夫和境界，而卻須約束之以禮，這個「約禮」，就是「德性」實踐德行的功夫和境界。知識如江水奔流，德行則是束水導引的堤防堰壩。

復亨書〉：「媳婦生男名五二，今五歲，上學矣。」[8]由此，朱子在五歲時，其父朱松送他去學堂正式受學。而《年譜》同一條續曰：

> 朱熹穎悟早慧，始誦《孝經》，即書八字於其上：「若不如此，便不成人。」黃榦〈朱熹行狀〉：「就傅，授以《孝經》，一閱通之，題其上曰：『不若是，非人也。』」李方子《紫陽年譜》：「先生幼有異秉，五歲入小學，始誦《孝經》，即了其大意，書八字於其上曰：『若不如此，便不成人』。」[9]

朱子甫入小學，其發蒙師就授以《孝經》。按漢朝就已重視《論語》和《孝經》之教，漢朝以「孝治天下」標榜其政道，皇帝諡號皆冠以孝字，如漢孝文皇帝、漢孝武皇帝等，又提倡「孝弟力田」的國家政治大方針，並以「孝廉」從民間薦舉賢才為朝廷效力。宋儒復興儒學儒教，重視《論語》乃至《四書》、《五經》，亦重視《孝經》。故於小學發蒙之教育中教以《孝經》，以此而啟發學童的本有之仁孝本心。朱子天資明敏德慧，生來就甚有宿根似的，五歲接觸《孝經》，聞得孝弟之道，就能立即直截體證若不孝則非人也，這是天性之孝的人之大倫。如在《年譜》同一條文中，五歲的朱子有此心靈：

---

[8] 束景南：《朱熹年譜長編》（上冊）（上海：華東師大出版社，2001），頁30-31。

[9] 同上注。

> 嘗指日問朱松：「日何所附？」朱松曰：「附於天。」又
> 問：「天何所附？」朱松奇之。《朱子語類》卷九十四：
> 「某自五六歲，便煩惱道：『天地四邊之外，是什麼物
> 事？』見人說四方無邊，某思量也須有個盡處。如這壁相
> 似，壁後也須有什麼物事。其時思量得幾乎成病。」
> 嘗與群兒嬉遊，獨在鄭氏館前沙洲上用指畫沙，視之，乃
> 是「八卦」。
> 始讀《四書》。[10]

據此，朱子五歲幼齡就已對「存有之本身」、「存有者」，已具
有形而上學、本體論、宇宙論的本心喚醒，亦有科學知性主體的
天性，這是具有超越性智德的人才有的表顯，朱子並非凡人，在
其五歲齠齡就已突現出來。朱子是宿具慧根上智者，如同禪宗大
德六祖惠能一般，是「不學而能」者也。而在這一歲始讀《四
書》。

　　然而，無論如何的宿具天分，天生德慧，朱子若在五歲前而
無其父朱松給予的文德教化，無儒家智慧的薰習，則中國亦甚難
誕生這樣一位幼時即知孝踐仁由義的大儒朱文公。按束氏《朱熹
年譜》提到朱子的祖父朱森，如此說：「祖森，字良材。少務科
舉，不仕。卒於宣和二年，時方臘亂，以貧不能歸，葬政和縣護
國寺側。」[11]在其中，引朱松《韋齋集》卷十二〈先君行狀〉
曰：

---

10　同上註，頁 31-32。
11　同上註，頁 4。

公諱森，字良材，姓朱氏，世家人歙州之黃墩。七世祖天
祐中，以陶雅之命，總卒三千戍婺源，邑屋賴以安，因家
焉。曾祖甫，祖振，父恂，皆不仕。公少務學科舉，既
廢，不復事進取。既冠而孤，他日歲時子姓為壽，舉先訓
戒飭諸子，諄諄以忠孝和友為本。且曰：「吾家業儒，積
德五世，後當有顯者，當勉勵謹飭，以無墜先世之業。」
已而嗚咽流涕。以奉養日短為終身之憂，胸中沖澹，視世
之榮利泊然，若不足以干其心者。家人生產，未嘗掛齒。
子松遊鄉校，時時少得失，無所欣戚。家既素單，久而益
急，或勸事生業，曰：「外物浮雲爾，無庸有為也。使子
賢，雖不榮，於我足；不然，適重為後日驕縱之資爾。」
獨見松從賢師友遊，則喜見言色，其篤於道義而鄙外浮
榮，蓋天資云。〔……〕[12]

據此可知朱子的先世從七世祖以來，都是修習儒學而以仁義為人
生之道者。朱松特別提到其父也就是朱子的祖父朱森，敬慎地以
忠孝和友的德目要求晚輩必須身體力行，朱森重視其子朱松等兄
弟的德教而不在意家業是否清淡。這是一位顏淵、曾點型態的儒
者。朱松在這樣的儒道之家世中成長，所以自然也是忠孝之儒。

　　然則，朱松本人如何？仍然據束氏著《朱熹年譜長編》加以
了解，其曰：

父松，字喬年，號韋齋。未冠，由郡學貢京師。好賈誼、

---

[12]　同上注，頁4-5。

> 陸贄之學、元祐之文、安石之字。問道於龜山楊時弟子羅
> 從彥、蕭顗。以詩文鳴於南渡前後，有《韋齋集》十二
> 卷、《外集》十卷。[13]

朱松自幼至長，嘗愛讀漢賈誼和唐陸贄的文章，這是經世濟民的時政之論，屬於實政之實學的類型；而他又喜歡北宋元祐年間諸儒的文章，此指司馬光、蘇氏父子等史學家、古文家的文章和詩詞，再加上王安石的書法。後則從學於楊龜山的南傳高弟羅從彥（仲素、豫章）和蕭顗。而由於師從羅從彥，所以，也就與李侗（李延平）成為同窗。朱子受其父之身教言教甚深，文公的儒學既有古文學家和政論型實學家的實政類的儒家學術，也有從李延平上溯而至北宋洛學二程理學的具有「本體宇宙論」和「道德理想主義」的形上形下道器體用一致而合一的哲理型儒學素養的傳承和開創。

朱松的妻子歙縣祝確之女，朱子在〈孺人祝氏壙誌〉提及：「先妣孺人祝氏，〔……〕性仁厚端淑，〔……〕事舅姑孝謹篤至，有人所難能者。」[14]由此亦可了解朱子的母親亦是仁孝的女子，而朱子事母亦至孝，他十四歲喪父，至四十歲老母亦逝，《年譜》有記乾道五年（1169），九月五日，朱子「丁母祝孺人憂」，而在他〈答程允夫書二〉之中有曰：

> 某重念先世南來，八人度嶺，今無一人在者。而老人暮年

---

13 同上注，頁6。

14 引自束景南，同前揭書，頁9。

窮約，以不肖子與世不諧之故，無一日舒泰，遂以至此，
尤重不孝之罪。每一念至此，心肝如抽裂也！[15]

朱子懷念追思老母，想到其朱氏於戰亂時逃遷南渡，從安徽翻山
過嶺而來福建，有八人，至今無一人還在世上，而且朱松甚早辭
世，且又連接夭折長子、次子，只剩么兒朱熹，朱子的母親年輕
守寡又要培育尚為少年之朱子，母子相依為命，備極人間辛酸，
而朱子長大之後，又因為耿介正直清廉，故家業一向清貧，此即
朱子文中所說的「老人暮年窮約，以不肖子與世不諧之故，無一
日舒泰，遂以至此。」其實朱子母親大半輩子，可能於生活上窮
約困乏而無一天是舒泰自在的。朱子為了他沒有充裕安定的生活
條件來奉養老母親，遂覺大不孝而大慟，此處正好反映了文公真
乃純孝之君子。

我們仍然根據束氏《朱熹年譜長編》，再來了解朱子之父對
朱子的儒道之影響。

一一三五，紹興五年，乙卯，六歲。
朱松攜家離尤溪，寓居政和星溪，廬墓守喪。朱熹在政和
刻苦讀書，常往星溪書院、雲根書院及湛盧山中苦讀。[16]

在其條文中，束氏引方志說明星溪和雲根書院皆是朱松所建。如
《福建通志‧學校志》曰：「政和縣星溪書院，在縣南正拜山

---

15 同上注，頁 417-418。
16 同前揭書。

下，宋政和間縣尉朱松建。雲根書院在政和縣西，亦宋朱松建。」據此，可知朱松對於福建政和的儒教和文風貢獻卓著。

《年譜》又曰：

> 民國政和縣志卷十二：「星溪書院，為宋朱韋齋親建藏修之所，〔……〕先生暇時嘗率人講學於茲。」卷三十三：「《車志》稱：公（朱熹）每祭先塋，信宿兩雲根書院乃去。〔……〕公幼時，韋齋嘗攜之讀書雲根書院。〔……〕」嘉靖《建寧府志》卷十七：〔……〕「湛廬書院，在松溪縣東湛廬山下，宋朱文公祖森墓在星溪，距湛廬山二十里，文公常讀書其上。」又卷二：「湛廬山，在松溪縣南，〔……〕朱子因父松官政和縣，葬父森於護國寺，自後往來祭掃，僑寓此讀書。」[17]

據此所述，由於朱松任官政和，又建有星溪、雲根書院，且又葬其父朱森於此，所以朱文公自年幼起始，就常年跟隨朱松返政和祭祀，且又寄居書院並且於其中讀書。此種配合家園、書院、祖塋的實踐性的既讀書又祭祀且有父子倫常之愛的教化，對於朱子的人格、德操和智慧的培養實在甚為重要，朱文公日後成為中國自孔子之後最偉大的大儒，就是從這樣的環境和氣場中培育出來。

一一三八年，紹興八年，朱子九歲時和母親去到臨安與朱松相聚，此時，朱子陪侍父親，並拜楊由義為師，且見大儒尹焞，

---

17　同上注。

得其《論語解》而抄錄勤讀。一一三九年，紹興九年，朱子十歲，朱子在臨安生活、讀書，他最刻苦讀《四書》，慨然有作聖人之志。

一一四○年，紹興十年，朱子十一歲，朱松辭官返回福建，朱文公母子一起返回，全家寓居建陽。朱松為朱子誦讀《光武紀》，且為朱子大書蘇軾的〈昆陽城賦〉。朱松此教，以劉秀昆陽大捷的史事，來開啟並提振少年朱子對於當時宋朝應該堅毅對抗異族女真的民族意志；朱子日後一直堅持宋須北伐以復國土，這點春秋大義，乃是由朱松給予的啟發。

紹興十年秋，朱松在建安（即建甌）築造了「環溪精舍」，一家三口定居於此。一一四一年，紹興十一年，朱子十二歲，遂在建安的環溪精舍由朱松授課教育，開始了「十年寂寞抱遺經」的生活，勵志儒家聖賢之學、孔孟之道。《年譜》說道：「黃榦〈朱熹行狀〉（按應是〈朱子行狀〉）：『自韋齋先生得中原文獻之傳，聞河洛之學，推明聖賢遺意，日誦《大學》、《中庸》之書，以用力於致知、誠意之地。先生早歲已知其說，而心好之。』」束氏進一步注釋此句而曰：

> 朱熹十年寂寞抱遺經包含兩個時期，一是紹興十年以後在建安環溪精舍受朱松家教時期，二是紹興十三年以後在崇安受武夷三先生教育時期。（按朱松在朱子十四歲時，亦即紹興十三年英年而逝，年四十七歲。）
>
> 朱松服膺明道─龜山─豫章一脈之理學，其時向朱熹傳授之「聖賢之學」實即伊洛之學。《朱文公文集》卷七十五〈論語要義目錄序〉：「河南二程先生獨得孟子以來不傳

之學，〔……〕熹年十三四歲時，受其說於先君，未通大
義，而先君棄諸孤。」〈論語訓蒙口義序〉：「予幼獲承
父師之訓，從事於此二十餘年。」〔……〕卷八十二〈書
臨漳所刊春秋經後〉：「熹之先君子好左氏書，每夕讀
之，必盡一卷乃就寢。故熹自幼未受學時，已耳熟焉。」

由上所述，朱子的啟發教育從稚幼之期直至十四歲其父辭世的這
十多年間，乃是朱松父兼師職而一手教育的，從《年譜》的細
述，朱松和文公父子的天倫非常深厚，朱子的儒家天倫道德之文
教素養和智慧，是朱松對其獨子循循善誘細密啟蒙之而教出來
的，這其中包括了身教言教以及經典之教育的孝弟之道和春秋忠
義等精神和內容；若無朱松則無朱文公，韋齋先生其功偉矣。[18]

## 三　朱子對於孝弟的認知和詮釋

《論語》記載孔子的高徒說到孝弟之道的有三人，分別是四
個章句：

1.　有子曰：「其為人也孝弟，而好犯上者，鮮矣！不好犯上，
　　而好作亂者，未之有也。君子務本，本立而道生。孝弟也
　　者，其為仁之本與？」（〈學而〉）

2.　子夏曰：「賢賢易色，事父母能竭其力；事君能致其身；與
　　朋友交，言而有信。雖曰未學，吾必謂之學矣！」（〈學

---

[18]　以上一大段敘述的史事皆是根據束景南的《朱熹年譜長編》，頁 35-
　　67。

而〉）

3. 曾子曰：「慎終追遠，民德歸厚矣！」（〈學而〉）

4. 曾子有疾，召門弟子曰：「啟予足！啟予手！《詩》云：『戰戰兢兢，如臨深淵，如履薄冰。』而今而後，吾知免夫！小子！」（〈泰伯〉）

上引四條章句，出自曾子之言者有兩章。對於「慎終追遠，民德歸厚矣！」這一句話語，朱子注釋曰：

> 慎終者，喪盡其禮；追遠者，祭盡其誠；民德歸厚，謂下民化之，其德亦歸於厚。蓋終者，人之所易忽也，而能謹之；遠者，人之所易忘也，而能追之，厚之道也。故以此自為，則己之德厚；下民化之，則其德亦歸於厚也。[19]

「慎終」是對父母在世如山高海深之恩德的最終之孝思孝行，因為經此喪禮就與父母永別，以後父母就進入到列祖列宗的神主位序，而為子孫「追遠」的對象。然而無論是慎終抑或追遠，均是孝心孝行的厚德。為政者的君子本身如果實踐孝弟之道，能敬愛父母並且尊崇祖宗，自己身體力行，其風傳佈溥施，人民受其影響和感動，則整個國家亦能民風篤厚醇美，國必能大治。此是孔門孝治天下的政治觀，在曾子的話語中已經具現，漢朝就以此而行之。

另一個曾子關於孝的章句，就是病重臨終時對門生的指示語，是要「啟予足，啟予手，而今而後，吾知免夫！」這是什麼

---

19　〔南宋〕朱熹：《四書集注・論語・學而》。

意思？朱子注釋指出：

> 曾子平日以為身體受於父母，不敢毀傷，故於此使弟子開
> 其衾而視之。《詩‧小旻》之篇，戰戰，恐懼；兢兢，戒
> 謹。臨淵，恐墜；履冰，恐陷也。曾子以其所保之全示門
> 人，而言其所以保之之難如此，至於將死，而後知其得免
> 於毀傷也。〔……〕程子曰：「君子曰終，小人曰死。君
> 子保其身以沒，為終其事也。故曾子以全歸為免矣。」尹
> 氏曰：「父母全而生之，子全而歸之。曾子臨終而啟手
> 足，為是全也。非有得於道，能如是乎？」范氏曰：「身
> 體猶不可虧也，況虧其行以辱其親乎？」[20]

朱子詮釋曾子視己的身體是父母所生，人生在世，首要之天責就
是必須保全這個身體，不能隨隨便便就加以毀傷，毀者是送命，
傷者是傷殘。世人常常作奸犯科或好勇鬥狠或行動魯莽，而就輕
率地傷了身體或甚至喪失了生命。這樣的情況，曾子認為就是不
孝。朱子徵引了程子、尹氏、范氏之言，亦不外乎是這個意思。
由於《論語》記載了曾子這一句如此重要的遺囑，所以《孝經》
也就有一句話語是這樣說的：「仲尼居，曾子侍。子曰：『先王
有至德要道，以順天下，民用和睦，上下無怨，汝知之乎？』曾
子避席曰：『參不敏，何足以知之？』子曰：『夫孝，德之本
也，教之所由生也。復坐，吾語汝。身體髮膚，受之父母，不敢
毀傷，孝之始也；立身行道，揚名於後世，以顯父母，孝之終

---

[20] 〔南宋〕朱熹：《四書集注‧論語‧泰伯》。

也。』」在《孝經》，此章直截了當指出孔子告訴了曾子，身體
受之父母，不敢毀傷，這乃是孝行之開端，而能夠立此身來行道
於天下，使名傳於後世用以光榮父母，這就是孝行之周全。所
以，就儒家的德行而言，孝心孝行是最重要的，它的出發點就是
保護好自己的身體，而保護好自己的身體的意思就是保護好生
命，有此身體和生命是要實踐仁道於天下的。《孝經》的孔子和
曾子的關於孝之始終之對話，在朱子五歲啟蒙教育時就已深植於
其本心因而開啟了他的仁道，指引了他一生，也教誨了後世中國
人的孝道至於今而不墜。

　　子夏談話的那個章句其義為何？朱子有關鍵性詮釋，他說：

> 賢人之賢，而易其好色之心，好善有誠也。致，猶委也。
> 委致其身，謂不有其身也。四者皆人倫之大者，而行之必
> 盡其誠，學求如是而已。故子夏言有能如是之人，苟非生
> 質之美，必其務學之至。雖或以為未嘗為學，我必謂之已
> 學也。游氏曰：「三代之學，皆所以明人倫也。能是四
> 者，則於人倫厚矣。學之為道，何以加此？〔……〕故
> 〈學而〉一篇，大抵皆在於務本。」[21]

依朱子所釋，子夏之言為人倫的四大，就是「誠、孝、忠、
信」。而孔門之所謂學，就是以學習踐履「誠、孝、忠、信」的
人之大倫為優先。這個道理和實踐，朱子引游氏之言，謂之「務
本」。這樣的精神和體悟，也是合乎孔子所說的「弟子入則孝，

---

21　〔南宋〕朱熹：《四書集注・論語・學而》。

出則弟，謹而信，汎愛眾，而親仁；行有餘力，則以學文。」
（〈學而〉）之大義，孝弟謹信仁愛，這是踐德，是務本，而學
文，則次之。

　　由於孝是對父母的真切由衷的敬愛之心和行，所以孝是最核
心的德性，向外推恩，才有治國平天下的各層德行。所以「務
本」也者，就須從孝弟逐層擴充，而孝就是開端。因此，上引有
子的那條章句之意義甚重要、甚關鍵，因為它牽連了仁。有子如
此說：「其為人也孝弟，而好犯上者，鮮矣！不好犯上，而好作
亂者，未之有也。君子務本，本立而道生。孝弟也者，其為仁之
本與？」朱子則如此詮釋：

> 善事父母為孝，善事兄長為弟。〔……〕人能孝弟，則其
> 心和順，少好犯上，必不好作亂也。〔……〕
> 仁者，愛之理，心之德也。為仁，猶曰行仁。〔……〕君
> 子凡事專用力於根本，根本既立，則其道自生，孝弟，乃
> 是為仁之本，學者務此，則仁道自此而生也。
> 程子曰：「孝弟，順德也，故不好犯上，豈復有逆理亂常
> 之事？德有本，本立則其道充大。孝弟行於家，而後仁愛
> 及於物，所謂親親而仁民也，故為仁以孝弟為本。論性，
> 則以仁為孝弟之本。」〔……〕「行仁自孝弟始，孝弟是
> 仁之一事，〔……〕仁是性也，孝弟是用也。〔……〕仁
> 主於愛，愛莫大於愛親，故曰：『孝弟也者，其為仁之本
> 與！』」[22]

---

22　〔南宋〕朱熹：《四書集注・論語・學而》。

朱子給孝弟定義了，孝就是「善事父母」；弟就是「善事兄
長」，這個善事，實含兩種意思，一是以「善」來事奉父母和兄
長；另一則是充盡其能力來事奉父母和兄長。能盡心以善來事奉
照顧雙親和兄長的人，就是善士賢人君子，他不可能作奸犯科，
不可能違逆社會背叛家國。再者，朱子解釋有子所言「孝弟也
者，其為仁之本與」之「為」，不是「是」，而是「行」；「為
仁」不是「就是仁」的意思，而是「實踐仁」、「彰著仁」的意
思。所以，文公引述程子的注釋來加強其論說的本義，程子以孟
子「推恩」之觀念以及《大學》「八德目」的觀念來說明孝弟的
本體就是仁體，而實踐、彰著仁，本體達乎大用，是從孝弟開
端，然後推恩擴充，層層向外，仁體乃能大用而為仁德，親親而
仁民，仁民而愛物，於是物格而知至，知至而意誠，意誠而心
正，心正而身修，身修而家齊，家齊而國治，國治而天下平。因
此，朱子學乎程伊川上追孟子，得乎孔子及其高徒有若的德慧，
肯定孝弟之道是行仁的出發點。

　　關於「孝弟也者其為仁之本與」此句之孝弟不是仁之本體而
是行仁最重要、最開端的作用之義，在朱子和弟子的相關對話中
有一番闡明，茲引述於下：

　　　先生（指朱子）曰：「行仁當自孝弟始。所以程子云：
　　『謂孝弟為行仁之本，則可；謂是仁之本，則不可。』所
　　謂『親親而仁民』也。『其為人也孝弟』，此說資質好底
　　人，其心和順柔遜，必不好犯上，仁便從此生。〔……〕
　　人若不孝弟，便是這道理中間斷了，下面更生不下去，承

接不來，所以說孝弟仁之本。」[23]

「仁從此生」的意思是仁須通過孝弟的實踐而展現、彰著、流行；仁是本體，孝弟是仁的作用。所以朱子在對話中再又反覆強調：

> 「本立而道生，孝弟也者，其為仁之本與！」蓋能孝弟了，便須從此推去，故能愛人利物也。昔人有問：「孝弟為仁之本，不知義禮智之本？」答曰：「只孝弟是行仁之本，義禮智之本皆在此。使其事親從兄得宜者，行義之本也；事親從兄有節文者，行禮之本也；知事親從兄之所以然者，智之本也。『不愛其親而愛他人者，謂之悖德；不敬其親而敬他人者，謂之悖禮。』舍孝弟則無以本之矣。」[24]

朱子的觀點在於孝弟正是實踐、彰著仁體的基本出發點，從孝弟的功夫向外推恩擴充而亦能愛人利物。有門人問說孝弟既是行仁的基本出發點，那麼孝弟是否亦是「四端」的另外三端之「義禮智」的施行之基本出發點？朱子明白告訴提問者：孝弟就是「行德」的基本出發點，那就是「孝弟得宜者，行義之本；孝弟有節文者，行禮之本；孝弟之所以然者，智之本。」總之，孟子闡揚的人之「四端」亦即「仁義禮智」之實踐、彰著、發用的出發點

---

[23]　〔南宋〕朱熹：《朱子語類》（壹），收入《朱子全書》第十四冊（上海：上海古籍出版社，2010），頁 683-684。

[24]　同上注，頁 686。

皆在孝弟。如果不愛自己雙親卻去愛別人，這就是悖德；不敬自己兄長卻去敬別人，這就是悖禮。換言之，如果一個人不孝不弟，那這個人必是不仁不義壞禮喪智之悖德者，若依孟子嚴厲的斥責，此種人乃「禽獸也，非人也」。

　　上引朱子之言已經含有「推恩擴充的意思」。謹徵引另一段文公的話語來加以較周詳的理解：

> 其為人孝弟，則和遜溫柔，必能齊家，則推之可以仁民。親親、仁民、愛物，三者是為仁之事。親親是第一件事，故「孝弟也者，其為仁之本與。」〔……〕
>
> 行此仁道，先自孝弟始，親親長長，而後次第推去。〔……〕
>
> 仁是理，孝弟是事，有是仁，後有是孝弟。〔……〕
>
> 愛親愛兄是行仁之本。仁便是本了，上面更無本。如水之流，必過第一池，然後過第二池，第三池。未有不先過第一池，而能及第二第三者。仁便是水之原，而孝弟便是第一池。不惟仁如此，而為義禮智亦必以此為本也。
>
> 仁如水之源，孝弟是水流底第一坎，仁民是第二坎，愛物則是第三坎也。
>
> 仁是性，孝弟是用；用便是情，情是發出來底。論性，則以仁為孝弟之本；論行仁，則孝弟為仁之本。如親親、仁民、愛物，皆是行仁底事，但須先從孝弟做起，舍此便不是本。〔……〕
>
> 本只是一個仁，愛念動出來便是孝。〔……〕仁是性，孝弟是用。〔……〕譬如一粒粟，生出為苗；仁是粟，孝弟

> 是苗，便是仁為孝弟之本。又如木有根，有幹，有枝葉；
> 親親是根，仁民是幹，愛物是枝葉，便是行仁以孝弟為
> 本。[25]

仁體就是「原」，整個倫常道德的踐履，就是仁的發用、展開、彰著，但卻不是有所謂兼愛的此往一實踐就全體兼覆，而是如同流水，仁體是江河之源，它流淌而下，先流滿第一池或第一坎，再流到第二池（第二坎），依次而有第三池（第三坎），親親是第一池坎，仁民是第二池坎，愛物是第三池坎；若用一株樹木比喻，則仁體是樹木的總體生生之機，有樹根，這比喻親親；再有樹幹，這比喻仁民；又再有枝葉，這比喻愛物。總之，朱子告訴其弟子以及後世之人，人之本質是以仁為本體的，而仁體並非懸空抽象虛玄的形上超絕物，它是性，而必發用為情的，情就是人倫的展顯呈現，是具體之物，它則是有如同心圈的漣漪或如同心圈的樹幹年輪，由圓心而逐層逐圈地推拓擴展出去，文公說這個實踐人倫道德的圓心就是親親的真切之敬愛之施行，那就是孝弟，而兩者又以孝心孝行為圓心的中核。

　　朱文公的孝弟觀明顯源自《論語》和《孝經》的孔子和門人的話語而表達出來的儒家的基本德操和德慧。而在朱子的親親仁民愛物的仁愛之道的推拓實踐論，則分明就是孟子的由本心良知之擴充，通達孝弟而仁著天下的「推恩觀」。

---

25　同上注，頁 686-700。

# 四　朱子之後的儒者以孝為德治和文教的重要規範

　　史家陳支平教授指出宋代理學家甚重視孝道，但並非要用移孝作忠的方法將孝弟德教作為政治目的，而是以社會、民間的倫理之教育為目的，從社會面而言，孝是一切社會組織和管理的最根本基礎的建構。如果少了親親孝弟的實踐和發揚，則民間社會必然喪失道德秩序和規矩，基本文明必然崩壞。[26]

　　這個道理，從儒家是中國的文化意識的主軸之後，中國歷代的為政階層以及擔負德教的儒士乃至於民間家族耆老秀士都明白知悉，否則不會長久皆強調孝治天下，也將古聖王舜視為孝的典範來作為仁政王道的標榜。朱子弘揚了這個孝弟德慧，其後學亦以孝弟之道視為理學家之教化核心信念而力加發揚並且實踐。陳教授在其專書特別舉出朱子高徒真德秀在地方之行政大方針的倡導孝道來予以闡明。

> 朱熹在其短暫的為官日子裏，每到一處，總是念念不忘以儒家的道德觀教化當地官吏和民眾，寫下了不少〈諭俗文〉、〈勸農文〉一類的文章。朱熹的這種行為，顯然深刻影響到他的後學們。黃榦、真德秀等也都仿效朱熹，在自己的官任上，撰寫〈諭俗文〉、〈勸農文〉的文章，以期達到教化當地官吏和民眾的作用。其中，真德秀所撰寫

---

26　陳支平：《朱熹及其後學的歷史學考察》（北京：商務印書館，2016），頁 364-365。

的〈諭俗文〉、〈勸農文〉等教化文章，大概是朱熹後學之中最為突出的。[27]

在地方上任官，注重在地官吏和人民的德教，是朱子在各地為仕以及設帳授課最重視的治理形態和內容，所以多有類似〈諭俗文〉、〈勸農文〉此種文章撰寫印行而在地方上推廣傳授，其主旨乃是從大傳統思想而下貫為小傳統教材，通過鄉土社區的領導階層及家族耆老、子弟的生活文化道德之教化來維繫提升民間的倫理水準，其門人亦無例外，陳教授特別舉出朱子得意弟子黃榦和真德秀為佳例以證明之。而在《西山先生真文忠公文集》等文獻中看到的〈諭俗文〉、〈勸農文〉一類有關地方教化的文章，一共有 17 篇。真德秀在這一系列的社會勸諭文中，關於孝道與民間社會關係的論述，以〈潭州諭俗文〉最為突出。[28]其中提到孝道，敘述如下：

> 古者教民，必以孝弟為先，其制刑亦以不孝不弟為先。蓋人之為人異乎禽獸者，以其有父子之恩、長幼之義也。〔……〕父母之恩，與天同大；為人子者，雖竭其力未足以報也。〔……〕至于兄弟天倫，古人謂之手足，言其本同一體也。〔……〕潭湘舊俗素淳厚。太守此來，欲以義理訓民，未免預陳勸戒，已行下州城及十二縣。自今民間有孝行純至友愛著聞者，采訪得實，具申本州，當與優加

---

旌賞，以為風俗之勸。或其間有昧于禮法之人，為不孝不弟之行，鄉里父老其以太守之言，曲加誨諭，令其悛改。
〔……〕
古人于宗族之恩，百世不絕，蓋服屬雖遠，本同祖宗，血脈相通，豈容間隔？至于鄰里鄉黨，雖比宗族為疏，然其有無相資，緩急相依，患難相救，疾病相扶，情義所關，亦為甚重。〔……〕今請逐處老成賢德之士，交相勸率，崇宗族之愛，厚鄰里之歡，時節往來，恩義浹洽。[29]

古儒任地方主官，多如真德秀，通常會以孝弟之道來治理轄區，正面是鼓勵地方人民親親尊尊，盡孝父母友愛兄弟，以達社會的淳德；反面則是對於不孝不弟而顯有劣行之人，則依規約而加以懲處。同時，真氏又將孝弟型的德治加以擴大而通過血緣家族和鄉緣社區的自治體而成為一種廣土眾民之共同遵行的人倫道德的規範，而其核心則是孝弟。

陳支平教授申論了真德秀的孝弟型治理，說：

真德秀以個體家庭為核心，在家庭內部，施行孝道、孝弟，就可以使家庭中的各位成員尊老愛幼，相互體貼，和睦共處。〔……〕擴展到宗族、鄉族的層面，才可以做到鄉里之間緩急相依、患難相救、守望相助，使得宗族、鄉族的基層社會，處於一個長期比較穩定的狀態。〔……〕把孝道、弟道進一步擴展到基層社會與官府的關係之上，

---

29　引自陳支平，同前揭書，頁 366-367。

　　民間與官府只有做到像家人那樣「誼同一家」，社會的管
　　理才能敬上撫下、合相體恤。〔……〕維持生產和生活環
　　境的穩定，強化家庭、家族、宗族、鄉族等基層社會組織
　　的自身凝聚力，使之能夠比較自覺地敬老愛幼、守望相
　　助，則充分自發人性的原始因素，即血親之愛，無疑是發
　　揮基層社會組織自身凝聚力最有效的途徑。[30]

陳教授這一大段論述，就是承續孔子以降一直到宋儒朱文公和真
德秀的基本孝弟治道觀。特別表顯了孔孟富而後教的政治思想，
先使民物質富足、財經平均，此之後就是必須建設推行的文化道
德教化，而儒家無論先秦或後世，皆認為宜由家庭父子兄弟的孝
弟之踐履和教化出發，並擴及於家族、宗族、鄉族，且由此而上
升擴展而及乎國家天下。此種觀點即孟子一再申明強調的「親親
而仁民，仁民而愛物」的「推恩式仁政王道」的實現，在《大
學》之中也在「八德目」架構和體系中充分表達了出來。

　　此種中國傳統儒政儒教形態的治道，是從孝弟為中心而同心
圓地擴充施行。自古皆然，漢朝的「孝弟力田、孝廉舉才」皆是
孔孟所主張的從仁心發用而出發於孝道然後踐履於全天下的一套
人倫盡分之思想和施作，在宋明以後，多會在「鄉約」、「鄉
治」以及地方的書院、宗祠裏面出現「孝弟忠義」或「忠孝節
義」或「忠孝誠信」等德目和據之而有的精神和教化。

　　清朝統治中國，以朱子理學建立其國家政教大方針，所以，
清代的中國對於孝弟之德教以及通過孝弟之道而實行的鄉土地方

---

30　同注 26，頁 368-369。

之治理，更是重視。康熙收復臺灣，清之治臺大吏都將朱子儒教加以推行，茲舉康熙末年隨其族兄藍廷珍來臺平定朱一貴之變的藍鼎元為例，他撰寫的關於治臺的文章，均對臺灣的德教甚為關心而且有所建白，譬如他有說：

> 臺人未知問學，〔……〕宜廣設義學，振興文教。於府城設書院一所，〔……〕講明父子君臣長幼之道、身心性命之學，使知孝弟忠信，即可以造於聖賢。〔……〕臺邑、鳳山、諸羅、彰化、淡水各設義學，凡有志讀書者皆入焉。
>
> 臺民未知教化，口不道忠信之言，耳不聞孝弟之行，宜設立講約，〔……〕著實開導。[31]

藍氏建議宜在臺灣南北大邑如府城（今之臺南市核心區）、臺灣縣（今之原臺南縣，後改為臺南市）、鳳山縣（今高雄市）、諸羅縣（今嘉義縣）、彰化縣（包括今南投縣、彰化縣、臺中市）、淡水廳（今苗栗縣以北直至基隆），皆要設立義學，並在府城更要建設書院，給臺民展開道德倫理之教育，而他著重的德目亦是孝弟忠信，與孔孟程朱完全一致。再者，補書院和義學之不足，更在各地鄉社聚落，則要訂立講約，由當地秀士為居民講好孝弟忠信之道，此觀點與上述的真德秀所強調而實踐者，亦無不同。

---

31　〔清〕藍鼎元：〈與吳觀察論治臺灣事宜書〉，《平臺紀略》（臺北：大通書局，未標明出版時間），頁 52。

另外，藍鼎元也在另一書中說：

> 臺灣之患不在富而在教。興學校、重師儒，自郡縣以至鄉
> 村，多設義學，延有品行者為師，朔望宣講《聖諭十六
> 條》，多方開導，家喻戶曉，以「孝弟忠信禮義廉恥」八
> 字轉移士習民風。[32]

這句說法是與上引之論一樣，就是急需在臺灣施行治理的德教，
其重視的乃是對於庶民百姓的「孝弟忠信和禮義廉恥」之仁心和
仁行之教化，當然，其德之實踐必從孝弟之道的發用和彰著出
發。這是典型的朱文公的人倫觀念和文教主張。

在清代臺灣，時間稍後一些，至乾隆年間，來臺的賢吏亦重
朱子德教之實踐和發揚。此處特別舉出乾隆中葉來臺治理澎湖的
通判胡建偉之興建文石書院加以詮釋。文石書院建於乾隆三十一
年，其《學約》有十條，而第一條最重要，其文曰：

> 一曰重人倫：古者庠序學校之教，皆所以明人倫也。
> 〔……〕孟子曰：「規矩，方員之至也；聖人，人倫之至
> 也。」又曰：「堯舜之道，孝弟而已矣。」朱子《白鹿洞
> 規條》首列父子有親、君臣有義、夫婦有別、長幼有序、
> 朋友有信五教之目，以為學者學此而已。〔……〕蓋人倫
> 之理，命於天則謂性，率於性則謂道。性與天道，乃學問

---

[32] 〔清〕藍鼎元：《東征集》（臺北：大通書局，未標明出版時間），頁
39。

之大原，而其實不過於人倫日用之間，各盡其當然之實，
自可以為天下後世法。〔……〕然人倫固在所重，而孝為
百行之原，則又五倫之本也。人能善事父母，必篤於兄
弟、和於妻子；求忠臣，必於孝子之門；至性厚者，朋友
亦不薄。以至明天察地，通於神明、光於四海，何一而非
孝之所推暨乎！[33]

胡氏在〈文石書院學約〉的第一條「重人倫」中所表達的教育觀
完全是人倫德教，而不是今日流行視為當然優先的知識教育。他
的德教思想乃是孔子起始的仁教，而特別引了孟子提出的孝弟之
政和教之精神為其主旨，再接著，他又更引了朱子重建白鹿洞書
院為書院制訂的〈規條〉，在其中明白指出五倫之教育目標，而
其中之根本則是孝道，他追溯根源地宣稱：「孝為百行之原，則
又五倫之本」，孝心和孝心，不但符應五倫，乃至於貫徹天地人
一體之理以及通幽明之際之情，必以孝道的實踐、彰著、發用才
克臻及。

　　乾隆年間在臺灣離島澎湖擔任通判的胡建偉，他所在的那個
澎湖群島在當時是一個中國之邊陲行政地臺灣的海上邊陲行政
地，地荒民貧，如果官吏不賢，則大可等因奉此，應卯打鐘渡完
任期，但這位賢良仕儒卻不是如此，他是典型的朱子儒家的實踐
者、奉行者，因此，亟亟於創建書院於此，並且訂立學約，而將
孔孟文公一脈相傳的孝弟倫常教育在澎湖予以展開發揚。這位賢

---

[33]　〔清〕胡建偉：《澎湖紀略》（臺北：大通書局，未標明出版時間），
　　頁81。

良仕儒是清代治臺的典範，其精神楷模，在清朝之臺灣，若是同一類型的好官，亦會有相同的表現，只要閱讀清代臺灣的方志，不難發現朱文公－藍鼎元－胡建偉的儒家以孝弟為核心出發點之親親仁民愛物的德教傳統。

　　因此，一直到光緒末期之臺灣，仍然可以看到鄉土地方重視表彰孝行之事例。茲以沈茂蔭纂修的《苗栗縣志》記載的事蹟略加說明。其〈孝友〉和〈賢婦〉兩節中有記載孝順之人如下：

> 杜怡和，後龍人，原籍泉州。〔……〕流離至後龍而家焉，〔……〕以商賈起家，迎父終養，極其孝。凡粵人至後龍有與閩人爭較者，秉公解釋，無分氣類。處世始終和平，緣其天性孝友，敬親者不敢慢人也。光緒十四年，舉報孝友。〔……〕（〈孝友〉）
> 黃氏，樟樹林人，儒醫吳洪能之妻。本內地黃某女，隨姑來臺。夫疏黃氏三十餘年，毫無怨色。因家貧，嘗種於田養姑。黃氏為人調戲之，氏揮以鋤，傷其足，聞者快之，後遂無敢者。夫先歿，姑年九十餘，血氣衰，臥不起蓆，氏每飯必扶持之，如是者三年，雖嚴寒不改。（〈賢婦〉）<sup>34</sup>

以上兩則記事，一是說到渡海來臺而於苗栗後龍定居經商的泉州籍商人，想辦法將住在大陸泉州的父親接來臺灣，極盡其孝行而

---

34　〔清〕沈茂蔭：《苗栗縣志》（臺北：大通書局，未標明出版時間），頁 206-207。

奉養終年，文中也提及杜怡和天性孝友，故能推恩而在地方上促進和平，是一位孝弟於父親和長輩且又能慈愛社區居民的善士，其根源乃是孝道。而另一則是記載苗栗銅鑼樟樹林村的一位黃姓主婦，其夫姓吳，是一位漢醫，先渡海來臺，其後黃氏則隨侍其姑（婆婆）來臺依其丈夫，但卻被吳某冷淡疏遠，黃氏任勞任怨，耕田來奉養其姑，且非常堅貞而不容當地無賴男子的戲弄，所以鄉民皆敬重尊敬她。後來她的丈夫死了，剩下黃氏一人獨立照養年邁的婆婆，這位孝心孝行周全充盡的媳婦不棄不悔地侍候照料九十多歲的婆婆，如此三年。此黃氏是一位一心凝志來踐履孝道的賢秀女史，在清代臺灣的鄉土社區留下了她的不朽之令名。而她極可能不識字，她之盡孝，實是由於天性本有以及文化氣場培養而有，此也是孔孟開創而文公發揚才有的倫常文明的傳統。

　　上述的孝弟德教在地方上的治道和教化的傳統，不止於官方立的書院、義學，或者在鄉約、族約的規範之中，在傳統臺灣的民間宗教信仰體系和運作中，也有教忠教孝，鼓勵、要求鄉土社區中的信眾，須能從孝弟之踐行出發而成為忠孝廉節之善士，此處謹舉臺灣從清中葉後傳播發展的鸞堂信仰之善書的主旨來略加詮釋，如臺灣苗栗頭屋鄉主祀「三恩主公」的「雲洞宮」於清光緒末年扶鸞而制作的《玉鑑龜齡》就刊有〈勸孝文〉，其文曰：

　　百善何為首？無如孝最先。世人多弗悟，須讀〈蓼莪篇〉。父母劬勞德，罔極似昊天。懷胎經十月，乳哺閱三年。出入勤顧復，晨昏教誨宣。衣食給汝足，飢寒為汝憐。送汝入學館，為汝結婚緣。受盡多少苦，費盡多少

錢。雙親恩若此，人子孝當然。古人有榜樣，取法勿遲延。我聊陳一二，付爾入新篇。縱難繼往哲，猶可啟後賢。休道吾言淺，還當仔細研。[35]

鸞堂信仰的民間宗教最重孝弟忠誠的儒家德目，而它勸世人行善，是依據盡孝於雙親的親親之道為出發點，由此推恩擴充而多方行善，累積陰德以獲得福報。此勸孝文與明代之後中國民間流行的三教勸善之許多書本、文章是類同的。強調父母生養之深恩，其意義在《論語》中孔子告誡宰我忽視輕忘三年喪期為不仁之人，就已經彰明清楚深刻了，地方性的鸞堂信仰是用神道設教，將孔門的親親為核心而逐步行善推擴為仁民愛物的仁愛普化之德業，它雖是小傳統，可是卻承襲著儒家大傳統，其中有著朱子的重孝弟的理學精神。

## 五　結語

朱子德性的啟發之教，始於其父朱松在政和的星溪書院和雲根書院對朱子開啟以父兼師的教育，五歲朱子就已讀《孝經》，體悟人心本有孝弟親親天倫，而且同時，他也開始讀《論語》乃至於《四書五經》等儒家經典。

後世中國人得之於文公的最深之恩德，乃是立乎孝弟的實踐而彰著、發用、弘通、貫達的仁體仁德的中華文化。如果無文公

---

[35] 無名氏：〈勸孝文〉，收入雲洞宮編：《玉鑑龜齡》（苗栗：頭屋鄉雲洞宮，1990），頁 78-79。

的孝弟為基本的行仁之道，則無論在大傳統和小傳統雙層而言，中國其實已非中國。

　　朱子是上承孔孟而下續後儒的中間型大儒，他的以孝弟為道德人倫之教化的基本之思想道術，在國家的政道治道層以及鄉土社區的鄉約、族約之人民文教層，乃是近世和近現代中國的最核心的規範，異族入主中土的元清兩朝，是如此，而西化衝擊破毀下的現代中國，在民族的生活價值和生命意義中，於裏層和深層，朱文公孝弟之道的脈動依然活潑潑地存在。但不容諱言，由於西方現代世風的吹襲，這個悠久優良的中國人的天倫傳統，亦有其危機和困境，而此則有待於後生的我們當代中國人盡心護持弘揚。如同朱子之延續發揚了孔孟之道，我們也須努力延續發揚文公之道。

# 伍
# 固始‧漳州‧臺灣之脈絡一系的
# 儒者、儒教與儒政

## 一　儒家文教原始：
## 中州文教是經漳州到臺灣的歷史脈絡

　　河南古有中州、中原之名，華夏民族的生育繁衍之地，隨著歷史發展，中州人民逐漸南遷，古稱光州而今名固始的地方就是他們往廣闊南方遷移墾闢的出發點，後世開創居住在閩臺地區的閩南人和客家人的祖地就是光州固始，寬廣地說也就是河南中原。所以，中州的華夏文化也就隨著華夏民族的南遷而播遷於閩地，進一步，則渡過黑水溝而傳衍到臺灣。若就「開漳聖王」的文化教化的這條歷史脈絡而言，中土傳統華夏文化，特別是儒學德教之風，從固始出發而以漳州為中界站，再渡海播植繁衍於臺灣，但若從儒學拓展史來說，則是從河南二程傳福建楊時再傳羅從彥又傳李延平而傳朱子，朱子於福建開枝散葉，其晚年於漳州之弟子是陳北溪，亦是儒學在漳州之深耕和教化，廣義而言，即閩南的重要儒家之標竿，順延而開拓，閩南儒學東傳臺灣。可以說，有一條華夏文化之邁進之路是這樣的，就是：中州傳統儒學德教傳至閩地，再渡海至臺島，較早時代是固始陳元光之開漳，

較晚時期則是洛陽二程之學的南傳於閩，再由朱子之在漳的過化存神，到近代則由閩而東渡臺海，敷播了朱子儒學儒教於臺灣，故從中州經漳州而到臺灣，其道脈一也。

## 二　漳州儒家教化始播之簡述

盛唐時期，閩地依然草萊，今閩南漳州一帶土著倡亂。史書提到其時從河南光州亦即固始，有唐之將軍率領軍伍遠道而來今漳州平亂，亂平後遂定居開墾因而發展為文明教化之區。據史述有謂：「唐高宗總章二年（669），江南道泉州、潮州之間山民騷亂，高宗詔朝議大夫陳政領嶺南行軍總管事，率府兵 3600 名，軍校 123 員，前往閩南鎮撫。陳政率部入閩初戰獲勝，後因將士不服水土，寡不敵眾，退守九龍山，且耕且守，同時向朝廷請增援兵。次年，陳政兄陳敏、陳敷奉詔帶領『五十八姓』軍校、前次入閩府兵眷屬及其他軍民等五千多人前去增援，陳元光及祖母魏氏也隨軍前往。陳政領府兵與援軍『相視山原，開屯建堡』，平定騷亂，『奠皇恩於絕域』，軍兵及眷屬就地安家，不還故里，成為一次有組織的武裝移民。儀鳳二年（677）陳政卒，陳元光襲父職，繼續傳播中原文化和生產技術，開發建設閩南之地。為使社會安定發展，他建議在潮、泉二州間創立州縣，垂拱二年（686）開建漳州，首任刺史。陳元光也被後世譽為『開漳聖王』。」[1]根據上引文獻所述，陳元光有始開漳州的大

---

1　戴吉強（主編）：《固始移民史料簡編》（鄭州：河南人民出版社，2010），頁 54-55。

功，他歿之後被奉為大神，因為當地名為漳州，所以陳元光被尊稱為「開漳聖王」，成為守護漳州的主神，而從此之後，閩南地區漸次開發，社會、文教興焉。其至宋明清之近世，漳州雖處中國東南海濱，但卻開發為重要農耕地帶，亦是中國對外航運商貿大港埠，也是中國人出海移民的重要出口，因為經濟、聚落已興，人群聚焉，所以儒政、儒學、儒教必也隨之而興起發達。

漳州始創的儒學書院是陳元光之子陳珦創建的松洲書院，相關之文獻如是曰：

> 據《閩書》記載，陳珦於萬歲通天元年（696）舉明經，之後「見武后稱制，乞疏歸養。」返回漳州之後，因「海濱世無仕進者」，龍溪縣令隆禮聘陳珦主持鄉校，故而在景龍二年闢松洲書院教授州人子弟。景雲二年（711），陳元光戰死，陳珦繼承父職，任漳州刺史兼嶺南行軍總管，繼續平定戰亂，發展漳州社會經濟。開元二十五年（737），陳珦「疏乞衰齡待終，復就松洲別業，聚徒教授，品風月」，主持松洲書院，直至天寶元年（742）去世。[2]

依此，從唐高宗、武后、玄宗的盛世，陳元光、陳珦父子平定邊陲地區的亂事，且同時開發建制漳州，而隨著和平和墾殖的時間發展，也就逐漸地建立推展了儒家教化，而松洲書院即是在此文

---

2　王梓：〈松洲書院〉，收入鄭智明主編：《福建書院概覽》（廈門：鷺江出版社，2017），頁 100-101。

化蘊蓄中形成。書院史專家學者鄧洪波說：「書院創辦的目的，在於移風易俗，教化鄉里。漳州是陳元光在垂拱二年（686）平定閩粤之間的『蠻苗』暴動之後請求設立的，他認為『兵革徒威於外，禮讓乃格其心』，設置州府與興辦學校是化民成俗最重要的兩件事，所謂『其本則在創州縣，其要則在興庠序。蓋倫理講則風俗自爾漸孚，法律彰則民心自知感激』講的就是這個意思。漳州設置不久，陳珦即『乞養歸』，實有幫助乃父興學安邦的本初動因，而其以漳州文學教官身分再主附廓州治的龍溪松洲書院講席，則正好可以實現漸孚風俗的願望。松洲書院的教學形式多樣，既有針對『士民』的社會教育，又有『聚徒』授業的專門教學；教學內容則為儒家經典禮儀；教授方法是『論說』、『開引』，重於啟發，取得了『于風教多所裨益』的良好的教學效果。」[3]依此，漳州的松洲書院使當地早於唐朝就已是儒學儒教的敷播浸澤的人文德化之鄉。

## 三　朱子主政漳州的過化存神

然而，深入且廣闊地在漳州播植儒學而提升文風德教，則要遲至南宋朱子在漳州主政，才真正達到。南宋孝宗淳熙十六年（1189）十一月，朝廷任命朱子為漳州主管，於次年光宗接位的紹熙元年（1190）四月上任。[4]其時的漳州隨著南宋政治的腐敗而早已是甚為墮落敗德無文之邊陲，朱子擔負治理漳州之大任，

---

[3]　鄧洪波：《中國書院史》（武漢：武漢大學出版社，2012），頁 7。

[4]　〔清〕王懋竑：《朱熹年譜》（北京：中華書局，1998），頁 200-203。

幾乎天天疲於地方弊政的更革，他的大政可以用「正經界、蠲橫賦、敦風俗、播儒教」四大方面來予包括。[5]關於朱子治漳時期的漳州之文教弊病情形，束景南這樣說：

> 漳州向來以民風淳厚著稱，但由於教化不行，地方官吏行奸作惡，富豪巨室橫行不法，以及經界不行造成的種種弊端，使古樸民風蕩然無存。朱熹到漳州，看到的是官吏勾結猾明魚肉貧戶，讀書士子不顧廉恥氣節逐利，民間爭訟成風，鬥毆成習，連自視高貴種的富家子弟、進士學人都成了仗勢欺人的訟棍。愚民施財崇修佛宇，土地大半變為寺院廟產，家家戶戶信佛誦經，良家女子峨冠緇裘，招搖過市。有的以修道為名，私創道庵，以女道士為住持，奸通之事屢屢發生。有的以禮佛傳經為名，寺院裏男女聚集，日夜調笑雜居。還有的以禳災祈福為名，扮弄傀儡，附鬼為妖，騙掠民錢。女子不待媒聘與相好私奔，婦人並非妻妾同室共居，母喪不著孝服，兄弟忿爭，姻親不和。[6]

由此敘述，漳州的政情、民風和文教早已淪落敗壞，雖然早於唐朝就已設有書院傳播儒學，但時過境遷，此地至南宋時代已不是治道清明、德教具備的地區，其性質是中國福建臨海之邊陲之地，好勇鬥狠、粗鄙無文、迷信鬼神、官民惡劣。朱子到任，親睹此種狀況，其心中之憤慨和悲惻，相信必深切。因此，朱子就

---

5　束景南：《朱子大傳》（下）（北京：商務印書館，2003），頁845。
6　同上注，頁861-862。

從吏治、習俗、學校三方面展開他治理漳州之政。

朱子針對漳州的腐敗政風和頑劣民俗，多所更革，其最主要的實政就是「正經界」，王懋竑《朱子年譜》曰：「初，先生為同安簿，已知經界不行之害。及改命臨漳，會臣僚有奏請行於泉、漳、汀三州者，詔監司條具利害以聞，監司下其事於州。」[7]由此可知朱子奉旨知漳州之際，朝廷就已籌算在福建的泉州、漳州、汀州三個毗鄰在一塊的廣大地帶，亦即閩南閩西地區，展開正經界的土地改革之政。而朝廷相關之機構就將執行層面之正經界任務交予各州的地方官員辦理。於是，《年譜》續曰：

> 先生既至，適與初意合，即加訪問講求，纖悉畢究，以至弓量算造之法，盡得其說，乃申具諸司：以經界行否之利害一、經界詳略之利害一、又得其必可行之術三、將不得行之慮一。蓋謂田稅均，則為公私之利，否則為害；行之詳，則足為一定之法，行之略，則適滋他日之弊。故差官置局，打量步畝，攢造圖帳，三者皆必可行，而三者又各為條畫其便宜，使之無擾而辦。[8]

朱子於青年時代初入仕而為同安主簿時，就力圖在泉州同安推行正經界之政，當然是失敗的，因為土地兼併的政治黑暗乃是南宋的痼疾惡政，是上連中央下至地方，遍乎全國的暴虐政治現象，朱子欲想以己一介小官之薄力而來進行地政更革，不啻螳螂擋

---

車，是「唐吉柯德」。他到晚年，仍然沒有放棄他的施仁政以愛民的儒家道德理想主義，又想要在漳州推行正經界的土改，觀諸其規畫之方法，可說大綱畢舉。朱子在實政和實務上呈現了孔孟儒家的經世致用以濟民的內聖外王之根本理念。然而，他亦明白其中的艱難，他說：

> 此法之行，貧民下戶雖所深喜，而豪民猾吏皆所不樂；喜之者皆困苦單弱無能之人，故雖有懇誠而不能以言自達。不樂者皆才力辯智有餘之人，故其所懷雖實私意，而善為說辭以惑群聽，恐脅上下，務以必濟其私。而賢士大夫之喜安靜、厭紛擾者，又或不能深察其情，而望風沮怯，例為不可行之說，以助其勢，此則誠不能無將不得行之慮也。[9]

由此可見，朱子基於他自己在其他地方行政的經驗以及他對當時朝政、地方政局之腐爛的體認，又再加上他清楚其時社會、經濟、群體的階級矛盾嚴重性的了解，且又明白那些知識分子的自私、退縮、鄉愿甚至逢迎權勢、助紂為虐，所以，正經界尚未正式推出，朱子心中就已認為必將失敗。審視朱子上報朝廷的〈經界申諸司狀〉，就知道他對於推行「正經界」的政策之程序、細節、方法是甚清楚的，他冀望朝廷當權派真能誠心支持他在漳州確實發動正經界的地政大更革。在這個〈狀〉中，朱子提出了經界不正的大弊害，有曰：

---

9　同上注。

> 版籍不正，田稅不均，雖若小事，然其實最為公私莫大之
> 害。蓋貧者無業而有稅，則私家有輸納欠負、追呼監繫之
> 苦；富者有業而無稅，則公家有隱瞞失陷、歲計不足之
> 患。及其久也，訴理紛紜，追對留滯，官吏困於稽考，人
> 戶疲於應對，而姦欺百出，率不可均，則公私貧富俱受其
> 弊，歲引月長，有增無減。且以熹身之所歷者言之：熹紹
> 興二十三、四年間，備員泉州同安主簿，是時已見本州不
> 曾經界，縣道催理稅務不登，鄉司例以逃絕為詞，官司便
> 謂不可推究。徐考其實，則人戶雖已逃亡，而其田土只在
> 本處，但或為富家巨室先已并吞，或為鄰至宗親後來占
> 據，陰結鄉吏，隱而不言耳。[10]

朱子指出當時經界嚴重不正，使致版籍不正，而田稅因此也就不
均；貧困的佃農或小農，逐年喪失了耕地和耕權，變為無產無業
之階級，但官方卻不管三七二十一，仍然以那個全然不實的版籍
來課徵貧困無產階級的稅賦，無產者根本無法繳交本來就不是他
們該繳交的稅賦，而地方酷吏卻又逼迫之、繫獄之，窮困之黎民
甚為痛苦怨恨；而與此相反，經由搶奪、霸佔、竊取而擁有大批
隱田的富農、地主實際有豐厚富足的田產和財富，卻因為版籍沒
有如實載記，且這些地方富豪巨室往往勾結官吏，所以，他們根
本不用繳交應該繳交的稅賦，給果官府的財政困乏，歲計不足。
於是，久而久之，影響所至，就形成了政治的崩壞腐敗和社會的

---

[10] 〔南宋〕朱熹：〈經界申諸司狀〉，收入《朱子全書》（第 21 冊）
（上海：上海古籍出版社、合肥：安徽教育出版社，2002），頁 955-962。

矛盾對立。朱子特別指明他在青年時期初仕而在泉州同安擔任主
簿時就發現了當地經界不正而版籍失實的嚴重情形，由於如此，
同安地區乃墮落為官吏酷腐、富豪強橫、貧者無告的政治經濟社
會文化皆全盤崩壞的危難之局中，此種情形，經過多年，根本沒
有善解，反而更加嚴重，朱子奉朝廷命來守漳州，此際已是晚年
朱子了，他發現漳州也是經界不正、版籍不實而富者隱田千萬、
貧者卻無立錐之地的非常不仁不義之亂政之局。

　　朱子治漳，堅決要推展正經界之治道，他也在其〈申狀〉中
列出了執行之方，[11]但他在過程中，也發現了非常艱困的狀況，
他說：

　　　經界行否〔……〕，有所謂不得行之慮者，何也？蓋此法
　　　之行，貧民下戶雖所深喜，而豪民猾吏皆所不樂。喜之者
　　　多單弱困苦無能之人，故雖有誠懇，而不能以言自達；不
　　　樂者皆財力辨智有餘之人，故其所懷雖實私意，而善為說
　　　詞以惑群聽。甚者至以盜賊為詞，恐脅上下，務以必濟其
　　　私。而賢士大夫之喜安靜，厭紛擾者，又或不能深察其情
　　　而望風沮怯，例為不可行之說以助其勢。〔……〕
　　　〔……〕熹之愚意〔……〕首以定計為先，次以擇人為急，
　　　然後博采眾論，取其所長，則雖事之至難者，亦將無所不
　　　濟。如其不然，而使復為懷姦挾詐、因循苟簡之論所勝，
　　　則是使三州之民日就窮困，永無蘇息之望矣，可不痛哉！[12]

---

11　同上注。
12　同上注。

朱子給朝廷相關機構和大臣作了正經界的困難之說明，主要是貧富階級對立矛盾之結構深固而無法解決；貧窮低層者，單弱困苦且多屬文盲而拙於文字語言表達，此階級群眾當然樂見經界重正，他們才能翻身。而富豪高層者，卻極為反對、抗拒重新正經界，因為如此一來，他們巨大的財富就會有很大的損失，而這個層級之群眾，又是讀書能言善道者，他們懂得運用巧言來誆惑社會大眾並且欺媚政府官吏。甚至更謠言若一旦啟動正經界之政，就會由於土改之劇變而使不少平民轉而為盜匪，其蠱惑之言，可以引起甚多共鳴，再又加上一大群喜靜惡動的地方文士秀才的保守、鄉愿心態，更是支持莫搞土改之政來擾民論調。因而，包括了漳州在內的閩省之泉、汀等三州的正經界之政是完全推行不了的。朱子雖然苦口婆心、忠言懇切，希望宋室支持他在漳州太守任上的土地大改革之良政，但卻完全踢到鐵板，徹底失敗。他在〈與留丞相劄子〉中喟嘆曰：

> 熹衰病餘生，不堪從宦，茲蒙誤恩假守，黽勉南來，意謂若幸無他疾痛，可以冒昧歲月，然於職事亦不敢不盡其愚。前此依準通融蠲減指揮，乞免上供，罷科茶錢及減無額經總制錢之額，以至恭奉聖旨，相度經界利病，皆是一郡永久利害，而經界尤利害之大者。〔……〕退而講究，巨細本末，不敢不盡，規摹措畫，蓋已什八九成矣。[13]

---

[13]　〔南宋〕朱熹：〈與留丞相劄子〉，收入《朱子全書》（第21冊）（上海：上海古籍出版社、合肥：安徽教育出版社，2002），頁1235-1237。

此文，朱子說出其時地方上的人民蒙受了官方各種苛捐雜稅的壓迫和剝削，朱子請求朝廷減免，再且也被允許在漳州推展正經界之政，而他向留丞相報告他對於正經界的規劃，已經完成了八九成，等規劃妥當，就要正式實施。然而，其實狀卻是無法推行，朱子說明：

> 本州田稅不均，隱漏官物動以萬計，公私田土皆為豪宗大姓詭名冒占，而細民產去稅存，或更受俵寄之租，困苦狼狽，無所從出。州縣既失經常之人，則遂多方擘畫，取其所不應取之財，以足歲計。如諸縣之科罰、州郡之賣鹽是也。上下不法，莫能相正，窮民受害，有使人不忍聞者。熹自到官，蓋嘗反復討論，欲救其弊，而隱實郡計，入不支出，乃知若不經界，實無措手之地。[14]

這一大段文字是朱子向留丞相說明漳州的田籍和稅賦，存在嚴重的不公平和不正義的無法無天之狀態，豪宗大姓佔據公私田地，而一般細民則田屋財產被奪，且又被官方冊籍中規定的租稅所苦，艱困窮乏無以為生。而官府又因為失去了準確的客觀的人戶和版籍資料來收到足夠的稅賦，因此公家財政的收入根本不足，於是也就搞出許多不合常規和法治的奇怪稅收，如各縣的罰金、州郡的鹽稅等，官吏和富豪上下勾結貪污，盤剝下民，而政治敗壞惡劣，漳州黎民痛苦不堪，許多悲慘都不忍心聽聞。而朱子到任，乃追究當地腐敗殘暴之政之故，看出土地壟斷是最主要的肇

---

14　同上注。

因，所以就決心要實施正經界的治理策略。然而，正如同本文在前面引述的朱子之〈申狀〉所言，他勢單力孤，怎能剋制上從京中大官下及於地方惡僚以至於大地主大富豪盤根錯節之邪惡殘暴貪婪集團的抵制和打擊？朱子的仁政之心志和踐行，當然是徹底失敗的。

於是，朱子只好求去。他在此〈劄子〉的最後說道：

> 心勞事拙，賦政不平。前九月中，州境屢有地震之異，未
> 及自劾以聞，而舊疾發動，遍傳兩足，連及右臂，痛苦呻
> 吟，不可堪忍。〔……〕無復筋力可以支吾，又況所請罷
> 科茶錢，無額經總之屬，皆久不蒙開允。經界聞亦有陽為
> 兩可而陰實力沮之者。只今已近冬至，更五十日，即是新
> 春，設使便蒙施行，亦無日子可以辦集。[15]

朱子見其一套濟民之實政理想，完全無法推行，而他又因為雙腳和手臂的常年痛症之加重，且其長子又遽爾死去，[16]身心兩傷，再則又已近冬至和過年，經界之工程完全無法及時展開，心灰意冷之下，乃藉口漳州地震之讖緯迷信，以主官要負震象示警之責，乃辭漳州守，離任復返閩北，恢復平民之身從事大儒教化儒子以及撰述詮釋經典的傳世大業。

---

[15] 同上注。

[16] 在另一份〈與留丞相劄子〉之文中有曰：「又被詔旨，特許本州推行經界，以惠疲氓。方幸得以罄竭駑頓，仰副使令，而不幸遽聞長男之訃，悲痛不堪。〔……〕乞賜陶鑄宮觀差遣，使得蚤歸營辦喪葬，收拾孤婺。」同前揭書，頁1241。

　　雖然在治道的實政上無法達到心中期望的更革，也讓他明白漳州官吏、士人以及富戶階級的共同腐敗之情勢，並非他一介老儒之單薄之力且又執政如此短促而可以改變，但朱子知漳州短暫一年期間，他亦甚重視民間社會的風俗、文教的管理，於是進行了一些社會教化工作，史家陳支平說：

> 朱熹在漳州任上所推行的社會管理教化，涉及國家與民間、官府與民眾、鄉黨姻族、家庭父子兄弟夫妻、鄰里互助等等的關係，以及婚喪禮儀、務本安業、守正驅邪、端正信仰等各個方面的風尚習俗問題。這些問題基本涵蓋了宋代民間社會的主要內容，同時也是他在《朱子家禮》中所要建構規範的主要內容。在漳州短短一年的時間裏，朱熹把自己建構的社會管理思想進行了實踐，加上他一如既往地整頓學校，培育人士、士風，取得了良好的社會效果。[17]

可以說，漳州雖然於盛唐的高宗、武后時代就有松洲書院的創立，證明了當地已經開展了儒學儒教，但是年深日久，儒家文教於當地逐漸淹沒，既無書院，而一般官立的學校也是朽敗不堪，真正而有品有學的儒者，甚是稀有，一直要到朱子守漳州之後，在大儒的人格、學問、道德的感召、喚醒、新創之下，其儒家文風和德教，才又得到復興。

---

[17] 陳支平：《朱熹及其後學的歷史學考察》（北京：商務印書館，2016），頁222。

　　朱子在這些多元而又一致的實政施為中，本文就以其關心並運作學校之教的領域來加以敘述。朱子傳記、年譜的專家學者束景南說明朱子在漳州的改良儒學儒教，他說：

> 州學與縣學成了他承流宣化的最好去處，他不厭其煩地具體指導著大小學的教育，每一旬中逢二日下州學，逢六日下縣學，巡迴督察訓誘諸生，親自講授小學。他的《小學》與《四書集注》成了州縣學最好的講義，另還印刻《四經》、《四子》發給諸生。創立受成齋，教養武生員，修建新射圃，經常督射。紹熙元年十月他上了〈申禮部檢狀〉，列上釋奠禮數事，又投書在朝禮官，共同研究。他特別培養士子的廉恥氣節，詢訪經明行修的正人端士樹為諸生的表率。紹熙二年正月二日，他發布了一則〈漳州延郡士入學牒〉，延請了黃樵、施允壽、石洪慶、楊易簡、楊士訓、李唐咨、陳淳、徐寓八人入學，薦舉黃樵為州學正錄兼同主管縣學教導，黜落了一名品行不端又好爭訟搶職的張教授。[18]

由此段敘述可悉朱子身為漳州的最高領導人物，在繁多政務之辛勞之下，仍然把自己視為當地的教育首長，以漳州守的首長身分而親自改革並新創、推展儒家德教。由上所述，朱子每十天，逢第二天去州學，第六天去縣學，他自己去給儒生授課，他用他自己編、注的《小學》和《四書集注》作為教科書以授生童，而且

---

[18]　束景南，同前揭書，頁867。

又印製了儒家基本經書給儒生作為研讀資料，同時要求學校對學生開展武科中的射擊教育，再者，朱子也規劃設計了釋奠祭聖的儀禮，並且在教學中訓誨諸生以忠孝廉節的德操大義，而於學校儒教之重視中，察訪薦舉了八位當地優秀有品的青年，且嚴格考核並開除了一位不稱職的教師，進行了教師團品質的汰練和提升。此在在顯示朱子在漳州的治道，是同時兼備了「施善和教化」亦即「富之且又教之」的儒家仁政的基本理想。

　　朱子本來就最重視儒教的推廣，他是在孝宗淳熙十六年（1189），受朝廷命而知漳州，而於次年的光宗紹熙元年（1190）前往漳州上任，然而早在淳熙十年（1183）二月時，他就為漳州的龍巖縣學撰寫了一篇〈學記〉來勉勵當地士子向學。其文之前有曰：

> 漳州龍巖縣學，皇祐初年（按：皇祐是北宋仁宗的第七個年號，1049-1054 三月）置，其後遷徙不常，遂以廢壞，蓋三十有餘年。而丞某君某，始復營建，迫代去，不克就。溫陵曾君祕來嗣其職，乃因其緒而成之，凡為屋若干楹，殿堂門廡、師生之舍，無一不具。淳熙九年（1182）某月某日，既率其諸生以奠菜于先聖先師，而以書來求記，且曰願有教也。[19]

漳州龍巖的縣學本來初建於北宋仁宗時代，但此後就逐漸敗壞消

---

[19]　〔南宋〕朱熹：〈漳州龍巖縣學記〉，收入《朱子全書》（第 24 冊）（上海：上海古籍出版社、合肥：安徽教育出版社，2002），頁 3764-3765。

沒，證明宋之文教的常有衰敗之現象，特別是較屬偏遠荒僻的邊陲地區，漳州龍巖縣，乃屬閩西山區，其經濟和文教的落後，實屬必然。而地方的儒教之復興，則往往亦有賴於有德有心的君子儒之帶動和喚醒，朱子此文提到的溫陵（即泉州）人曾祕就是此種典型，他來到龍巖縣，即重建縣學的校舍，要重新當地文教，而由於啟用時須行祭孔大典，所以曾氏就央請朱子為此縣學之重啟而撰寫一篇〈學記〉以垂為典範。朱子繼續曰：

> 予聞龍巖為縣斗辟，介於兩越之間，俗故窮陋。其為士者，雖或負聰明樸茂之姿，而莫有開之以聖賢之學，是以自其為縣以來，今數百年，未聞有以道義功烈顯於時者，豈其材之不足哉？殆為吏者未有以興起之也。今二君相繼貳令於此，乃能深以興學化民為己任，其志既美矣。而曾君又嘗從吾友石、許諸君遊，是必能誦其所聞以先後之者，此邑之士，其庶幾乎！[20]

朱子指出龍巖是一個偏僻荒漠之山區的縣分，當地固然也有士子，且縱許資質聰明素樸篤實，但因為沒有讀到聖賢經典，所以自開縣以來，惜乎並無培養出道義崇高功德顯烈的君子，這並非龍巖子弟的才性不足，而是當地為政者之不盡其責而失職之過咎。如今有兩位主官能夠以興學術推儒教為己任，尤其是曾君又是朱子好友石、許兩賢儒之弟子，以他的德行，必能有效地興學，所以龍巖山邑的青年必能進德修業。朱子的意思有兩點，一

---

20　同上注。

是無論外緣的地理環境和人文條件有多不足或惡劣，任何地方的
人都是性善的，所以都可以學習可以成德；一是興學振文的關鍵
是在任何地方的為政者的德養和發心，為政者之德如風，而從學
之子弟們之德如草，草上之風，必偃，只要有君子在位，就一定
能行愛民教民的仁政。

　　朱子給曾祕和龍巖百姓、學子的鼓勵是什麼內容？朱子這樣
說：

　　　　夫所謂聖賢之學者，非有難知難能之事也。孝弟忠信、禮
　　　　義廉恥以修其身，而求師取友，頌詩讀書以窮事物之理而
　　　　已。是二端者，豈二三子之所不知不能哉？特悸迫於俯仰
　　　　衣食之資而不暇顧，誘奪於場屋雕篆之習而不及為爾。夫
　　　　徇區區目前近小之利，而忘其所貴於己者，固已悖矣，況
　　　　其所徇，又未必果可求也。二三子循己事而觀之，則曷若
　　　　慨然反是心以求之，而一用其力於吾之所謂者乎？使吾孝
　　　　弟忠信、禮義廉恥之行日篤，而身無不修也；求師取友、
　　　　頌詩讀書之趣日深，而理無不得也，則自身而家，自家而
　　　　國，以達於天下，將無所處而不當，固不必求道義功烈之
　　　　顯於時，而根深末茂，實大聲閎，將有自然不可揜者矣！
　　　　〔……〕[21]

朱子教誨、點醒龍巖縣學的儒子們，讀聖賢書不是為了場屋科
考，不是圖衣食利祿，而是為了希聖希賢，來縣學求學受教，就

---

21　同上注。

是為了「孝弟忠信、禮義廉恥以修其身，而求師取友，頌詩讀書以窮事物之理而已」；前者是遵德性，後者是道問學，既有德品亦有學問，而己之德和學乃是為了修身、治國、平天下，在這裏，朱子乃是取《大學》的格物致知、內聖外王的功夫與境界的修為次第來勸勉鼓舞漳州龍巖縣學的莘莘學子。此〈學記〉之標準和規範，亦是朱子在數年之後自己受命去主管漳州時，他對於整個漳州轄區的儒學儒教推展和提升的基本要求。

關於朱子關心漳州儒學的文獻，此處再引一例用以明之。淳熙十四年（丁未，1187），朱子應漳州太守林元仲之請，為漳州忠貞之士高登人稱東溪先生者的事蹟而撰文為記，用以表彰儒門忠貞之精神。其文有曰：

> 臨漳有東溪先生高公者，名登，字彥先。靖康間遊太學，與陳公少陽伏闕拜疏，以誅六賊，留种李為請。用事者欲兵之，不為動也。紹興初，召至政事堂，又與宰相秦檜論不合，去為靜江府古縣令，有異政。帥守希檜意，捃其過以屬吏。會帥亦以讒死獄中，乃得釋。被檄試進士潮州，使諸生論直言不聞之可畏，策閩浙水沴之所緣，而遂投檄以歸。檜聞大怒，奪官徙容州。[22]

高登，字彥先，人們尊稱東溪先生，漳州人士，他是北宋末年靖康之難時期的太學生，金人破汴京擄二帝，北宋瀕亡。高登與陳

---

[22] 〔南宋〕朱熹：〈漳州州學東溪先生高公祠記〉，收入《朱子全書》，同前揭書，頁 3784-3785。

少陽上疏籲請誅內賊，且請重用老种經略相公种師道和小种經略相公种師中，以及李綱，領兵奮擊入犯的女真。其時投降派忌恨而想殺掉高登，但高登毫不畏懼。南宋朝在臨安建立後，朝廷召見高登於政事堂議政，其北伐主張又與奸相秦檜相左，被外放到靜江府，即今之廣西桂林的古縣為縣守，其治理甚有佳績，而當地軍帥討好秦檜，揣摩檜欲殺高登之心，就藉故而將高登關入大牢，試圖加害，幸好這個奸佞軍帥自己被讒而死於獄中，高登才得到釋放，並派令他去潮州主考當地諸生可得以參加進士科舉，他卻教誨諸生若是朝野士人皆不敢直言批評時政，那國家就必危險，而且又評論閩浙大水患之肇因於地方治道敗壞，此之後，高登就丟棄了檄令不幹公務回家鄉去，奸相秦檜獲報大怒，乃將高登流放到邊陲的容州即今廣西壯族自治區的容縣。觀諸朱子對高登之敘述，知道此位東溪先生是一位忠鯁節烈而敢直詈嚴斥奸佞，全然不畏斧鉞加頸的君子。朱子又說：

> 公學博行高，議論慷慨，口講指畫，終日滾滾，無非忠臣孝子之言、捨生取義之意，聞者凜然，魄動神竦。其在古縣，學者已爭歸之，至是，其徒又益盛。屬疾，自作埋銘，召所與遊及諸生訣別，正坐拱手，奮聲張目而逝，嗚呼，是亦可謂一世之人豪矣！〔……〕其志行之卓然，亦足以為賢者之清，而使百世之下聞其風者，有廉頑立懦之操，則其有功於世教，豈可與夫隱忍回互以濟其私，而自託於孔子之中行者同日而語哉！[23]

---

23　同上注。

觀諸上述，則知高登是一位「北方之強」的勇士豪傑型君子，雖
是南方人，但卻是「衽金革死而不厭」的北方豪雄型之強者，朱
子說高登之風範是「學博行高，議論慷慨，口講指畫，終日滾
滾，無非忠臣孝子之言、捨生取義之意，聞者凜然，魄動神
竦」。可證此東溪先生是一位胸懷博學且又言行忠義之君子儒，
在那個國亡天下亡的劇亂世，教弟子們以忠臣孝子和捨生取義的
道術德操，且自己也身體力行。可以說，高登是漳州最偉大的儒
家楷模，他之被尊崇為忠義之神而立祠於漳州州學之內，乃是為
漳州建立最高的人格典範。朱子最後述其結語而言：

> 公沒之後二十餘年，延平田君澹為郡博士，乃始求其遺
> 文，刻之于版。又肖公像而奉祠之，以風屬其學者。間因
> 郡人王君遇來求文以為記。〔……〕田君去，今太守永嘉
> 林侯元仲至，則又與王君更以書來督趣不置。予惟高公孤
> 高之節既如彼，而諸賢崇立之志又如此，則予文之陋，誠
> 不宜疾病為解，強地書之，辭不逮意。林侯試為刻之，陷
> 置祠壁，漳之學子，與凡四方之士往來而有事於此者讀
> 之，果能有所感慨而興起乎哉？[24]

朱子說他自己當時身體有疾而不適，這是實情，朱子長年被腳氣
之病痛所苦，所以要專心一志來撰述這篇〈祠記〉，當然是一件
在百忙之中多出來的辛勞，但他畢竟還是答應且用心撰述了此
文，其內在意義乃是，第一，心懷追思先賢先德而要保留遺文並

---

[24]　同上注。

立祠表彰的儒門君子不止一人，而且其心志和發願可感；第二，
在漳州的博士田澹，並非漳州本地人，他是延平人士，他卻為漳
州先賢高公東溪先生建祠並刻印出版其遺作且又雕塑了高公的肖
像以為神，同時，派任漳州為守令的林元仲亦非本地人，而是永
嘉人士，他亦繼承了田澹的心志和尚未完成的高公東溪先生祠祀
之建設，而將它完成，兩位儒仕的敬重先賢的精神，令朱子感
佩；第三，則是高登的節烈人格，確實足以為漳州之神，在州學
中為他立祠崇祀，乃能鼓舞提升漳州的總體德教和文風。因此，
朱子乃決心亦快意撰述了這篇〈祠記〉，此文具有一貫之道，是
將孔孟之道連接了朱子自己的仁義之心和北宋至南宋之交的具有
「春秋大義」的勇者豪傑型漳州先儒高登以及地方儒士的敬重忠
義之士的誠一之志，上下貫穿在一起而為天道性命的總體性。

　　可以這樣說，就是漳州之文明和德教雖然始於陳元光父子之
奠立當地的政經社會和教化，但真正將儒家之道播植深耕於漳州
者乃是南宋朱了。朱子在漳州傳授儒學儒教，同時也於當地啟發
提升了他最後一位最傑出的傳道弟子陳淳，《宋史》曰：「陳
淳，字安卿，漳州龍溪人。少習舉子業，林宗臣見而奇之，且
曰：『此非聖賢事業也。』因授以《近思錄》，淳退而讀之，遂
盡棄其業焉。」[25]林宗臣是何許人？他是南宋泉州晉江安海前林
人，出生武林世家，乾道八年（1172），得中武科狀元，初授襄
陽帥府機宜官，後擢閣門宣贊舍人。林宗臣忠勤正直，朝廷論對
時，他直指泉、漳、汀三州經界有十分腐敗的弊端，憤切指責朝

---

25　《宋史‧道學四‧陳淳》，收入楊家駱主編《新校本宋史并附編三種》
　　（16）（臺北：鼎文書局，1994），頁 12788-12790。

廷中存在著不少奸佞，此忠懇節烈的為人，得到朱子的賞識，林氏後出知廣西欽州，就對當地邊境防務進行詳實的考察，為宋室提供了海陸邊防第一手的寶貴資料，林氏是堅定的抗金主張者，他還陪同陳亮視察了江淮前線的要塞，深入研究分析金國的現狀，並上奏宋孝宗，力陳金國內鬥激烈，朝廷宜積極北伐，但其主戰的觀點和立場，卻遭其時的主和派既得利益集團的徹底反對排斥，其理念無法實現，抑鬱以終，得年僅56歲。[26]由此知道陳淳的啟蒙者是泉州晉江人林宗臣，而此人是文武兼備的君子，是讀《近思錄》的儒者，亦是經世實用派儒家陳亮的知友，而亦是朱子欣賞肯定的宋朝忠貞之士。

由此可以明白儒家文教德化之功，是需要有一相當的人文和道德的「氣場」，南宋是儒家理學興起發達的時代，漳州有陳淳的應世而出，乃是先有朱子、林宗臣乃至乎浙江的陳同甫以及湖湘的張南軒等大儒開闢、拓展了豐實的根基之後而有的儒家新種子的結果。《宋史》繼續說道：

> 朱熹來守其鄉，淳請受教，熹曰：「凡閱義理，必窮其原，如為人父何故止於慈，為人子何故止於孝，其他可類推也。」淳聞而為學益力，日求其所未至。熹數語人以「南來，吾道喜得陳淳。」門人有疑問不合者，則稱淳善問。後十年，淳復往見熹，陳其所得，時熹已寢寂，語之曰：「如公所學，已見本原，所關者下學之功爾。」自是

---

26　參考「百度百科・林宗臣條」，https://baike.baidu.hk/item/林宗臣/3749208。

所聞皆要切語，凡三月而熹卒。[27]

陳淳一心志於道，因此自動求見朱子而問天理性命，朱子教他追尋本原，此即孝慈愷弟忠信仁義之天倫的體悟和踐履，陳淳聞而切行，朱子深以在漳州得陳淳為弟子而喜悅，且認為他甚優質有德。過了十年，陳淳去武夷山拜見朱子，其時已病重的朱子再啟發陳淳，雖然能悟心性源頭，但重要者是下學力行之功夫，宜從日常生活和實務實事中踐履才是真道理。《宋史》曰：「陳淳思師訓，痛自裁抑，無書不讀，無物不格，日積月累，義理貫通，洞見條緒。」[28]

陳淳厭惡心學，他斥責心學之路全用禪門宗旨，以形氣之虛靈知覺為天理之妙，不從窮理格物之道，卻欲徑造上達之境，反託聖門以自標榜。[29]陳淳生乎南宋末年（1159-1223），其時心學體系分明就是指陸象山之學，由此看出陳淳雖然親灸於朱子門下時間甚短暫，但他卻是非常嚴守朱子學理的宋末理學型儒家殿軍。

陳淳的儒學進路和性格，甚不喜歡高懸的形上空論，而重視實用功夫，茲引其言一段以明之：

> 道理初無玄妙，只在日用人事間，但循序用功，便自有見。所謂「下學上達」者，須下學工夫到，乃可從事上達，然不可以此而安於小成也。夫盈天地間千條萬緒，是

---

27　《宋史‧道學四‧陳淳》，同前揭書。
28　同上注。
29　同上注。

> 多少人事；聖人大成之地，千節萬目，是多少工夫。惟當
> 開拓心胸，大作基址，須萬理明徹於胸中，將此心放在天
> 地間一例看，然後可以語孔、孟之樂；須明三代法度，通
> 之於當今而無不宜，然後為全儒，而可以語王佐事業；須
> 運用酬酢，如探諸囊中而不匱，然後為資之深，取之左右
> 逢其源，而真為己物矣。[30]

陳淳此段話語，著重的不是「形而上之理」，反對道理從虛遠高妙的玄思中作文章，而是主張在日用人事之實政實務中，來下學上達，亦即是從事物現象中來顯示、表現、體證天道，因此儒者要闡明的是「三代法度」，要踐成「王佐大業」，也就是內聖的完成是在外王，若用孟子的話語而言，就是「內在仁義」須通過外延而實質架構的「仁政王道」來予以證明；「三代法度」就是堯舜禹和文武周公的儒家仁政典型，在政道中實現仁義的道統。還有一句，他說：

> 聖人一心渾淪太極之全體，而酬酢萬變，無非太極流行之
> 用。學問工夫，須從萬事萬物中貫通，湊成一渾淪大本，
> 又於渾淪大本中散為萬事萬物，使無少窒礙，然後實體得
> 渾淪至極者在我，而大用不差矣。[31]

陳淳認為人心就是一太極，此論是從朱子而來的，而他也主張一

---

30 同上注。
31 同上注。

切現象、事務的變化、對應，實乃太極本體的大用流行，所以儒家之為學，並非只內捲於孤心獨證那個虛靈明覺的主體光景，萬萬不可以為這樣的內向孤明就是太極之心體的自證自了而此即聖境。陳淳闡明太極本體的發用於萬事萬物之中，使太極本體和太極本心的發用，中無窒礙而流行暢通為萬事萬物，這才是本我與天地合而為一之道的體用渾全。儒家之道理和學問是在此處，並非虛懸抽象的形而上之玄思和玄理。由此可證陳淳的儒學之路徑是朱子理學而非象山心學。

　　如同他的啟蒙老師朱子一樣，陳淳的進德修業，其儒家的信念，並非只是一個單純的鑽研於故紙堆的窮酸學究，而是心懷庶民生機之是否暢通以及社會風氣是否優良，且進一步就去將自己的此種仁義和憂患之心在社會上和政治上加以實踐的大儒。史家陳支平說：

　　　　宋代的許多理學家，在極力建構各自義理道德的同時，也
　　　　十分希望自己的這種義理道德能夠得到社會的認可並付諸
　　　　實踐。〔……〕
　　　　陳淳作為朱熹的重要傳人，對於朱熹這一「道德付諸實
　　　　踐」的理學意涵，當然是心領神會的。因此，他在傳承敘
　　　　說朱子義理學問的同時，也不忘關注社會問題，並且試圖
　　　　根據自己的道德標準，改造社會上的種種不良風氣。我們
　　　　在陳淳的《北溪大全集》中，就可以看到不少這樣的記

述。[32]

在此處提到的「道德付諸實踐」的意思，用傳統用語，就是《大學》的「八德目」的實踐次第，於具有客觀性的外延架構之家、國、天下等層面中的仁政王道之步步實現。換言之，傳統儒家的真實性，是內聖且又外王的踐行之士，他同時是德性知性之道理和學理的學者，也是教導學子以德性和學問的人師，再則亦是五倫的實踐之君子，在個人身心、家庭教養以及社會文風等層次有所盡心而成功，若其能力和智慧較大，他更是治國平天下的大政治家或用古語言之，即是「聖王」。

## 四　略述漳州賢儒蔡世遠、陳夢林對臺灣的德業

進入清朝以後，漳州儒家已經影響到臺灣。茲先舉與張伯行和鰲峰書院有深刻淵源關係的漳浦賢儒蔡世遠之文章來彰明漳州和臺灣的儒家德教之道脈關係。臺灣諸羅縣知縣周鍾瑄於康熙五十五年重新修建諸羅縣文廟後，託其幕賓亦即《諸羅縣志》的主要纂輯者陳夢林邀請蔡世遠撰寫了一篇臺灣重要的儒家教育建設和發展的文獻，其題曰：〈諸羅縣學記〉，其文有曰：

> 諸羅縣學，原在善化里之西，茅茨數椽。康熙四十三年（甲申），鳳山令宋君永清署篆諸羅，因縣署移歸諸羅

---

[32] 陳支平：《朱熹及其後學的歷史學考察》（北京：商務印書館，2016），頁 226。

山，就羅山議建。丙戌，郡丞孫君元衡攝縣事，建大成
殿、櫺星門。戊子，宋君再署篆，建啟聖祠。乙未九月，
風大作，屋瓦、門牆皆傾；今令君貴陽周侯憮然曰：「是
吾責也！」是歲十月興工，修其破壞；大成殿、啟聖祠，
皆易故而新之。建東、西兩廡，以祀先賢、先儒。東有名
宦祠，西有鄉賢祠。又於啟聖祠之東建明倫堂，西建文昌
祠；附西為學舍，便肄業者。櫺星門外周以牆，榜曰：
「禮門」、「義路」；牆之外為泮池，皆前所未有也。縻
白金一千五百有奇，周侯獨肩之，不擾民間一絲。丙申六
月告成。[33]

蔡世遠時在閩省，他終身未涉足臺灣，但他此文卻能認真撰明在
臺灣初闢的諸羅縣之文廟的興築建設的艱辛。諸羅縣學最後由周
鍾瑄發心且出資建成，而建造此座文廟乃是合乎禮制的，換言
之，與大陸中土各行政城邑的文廟並無差別。此段敘述顯示了清
初來臺治理的儒官對於地方上的儒家德教甚為重視，尤其諸羅縣
令周鍾瑄雖是貴州人，他來臺為仕，在偏遠的諸羅縣擔任主官，
卻無心存三日京兆之思，而是認真地興廟學、編縣志、修水利、
振農耕，他是一位賢儒賢仕。而蔡世遠本來也大可不需特別為隔
著海峽的臺灣諸羅縣學撰寫這篇文章，可是他畢竟認真且是有憑
據地撰述了此文，此亦可以證明閩臺在文緣道脈上的密切關係。
其時的蔡世遠是應中丞雷陽陳公之招，在福州鼇峰書院出任山

---

33　〔清〕蔡世遠：〈諸羅縣學記〉，收入〔清〕陳夢林：《諸羅縣志》
　　（臺灣文獻史料叢刊第一輯）（臺北：大通書局，未注明出版年分），
　　頁254-256。

長；這位雷陽陳公是何許人也？他就是陳璸，康熙時代之人，籍海康，近雷陽，也就是今日之雷州半島的雷州市地區的人士。他先是雷陽義館的老師，後來被命為福建古田縣令，甚有治績，調臺灣縣知縣，以興學、廣教為首務，治理三年，轄下臺民乃知禮讓，有文翁化蜀之功。又奉命轉去四川督察學政，再又調回臺灣，任臺廈道，他在任時，請革官莊、除酷吏、恤番民、且鼎新臺灣府學，建朱子祠於其中，示臺人以格致誠正之學。其時，張伯行正好巡撫閩省，非常倚重，視為左右手。其後移節福建，任閩撫三年。蔡世遠正是陳璸邀他出任鰲峰書院山長。而就在這樣的因緣際遇中，他的好友且同為漳浦賢士的陳夢林因應周鍾瑄之請而在臺灣主纂《諸羅縣志》，由於周氏新修了諸羅縣學，所以就透過陳夢林邀請蔡世遠為諸羅縣學撰寫文章以記其事。蔡氏其〈記〉再曰：

> 君子之學，主於誠而已矣。誠者，五常之本、百行之原也，純粹至善者也，天之所以與我者也。人之不誠者，無志者也；人之無志者，由不能盡其誠者也。誠以立其志，則舜可法而文王可師也。其原，必自不欺始。程子曰：「無妄之謂誠，不欺其次也。」其功由主敬以馴致之。程子曰：「未至於誠則敬，然後誠也。」敬也者，主一無適，以涵養其本原之謂也。由是而謹幾以審於將發、慎動以持於已發，則合動靜無一之不誠也。雖然，由明以求誠之方，惟讀書為最要。朱子曰：「讀書之法，當序而有常，致一而不懈，從容乎句讀文義之間，而體驗乎操存踐履之實。不然，雖廣求博取，奚益哉？」學者率此以讀天

下之書，則義理浸灌，致用宏裕。雖然，非必有出位之謀
也，盡倫而已矣。孔子曰：「愛親者不敢惡於人，敬親者
不敢慢於人。」吾父子兄弟，肫然藹然，盡吾愛敬之忱
也；克伐怨欲之心，何自而生哉？〔……〕夫此身，父母
之身也、天地之身也、民物所胞與之身也；以父母之身、
天地之身、民物所胞與之身，顧可不返其本、思其終，以
貽父母羞、以自外於天地，以為民物所詬病哉？諸羅雖僻
處海外，聖天子治化之所覃敷，三十餘年於此矣。
〔……〕其間風俗日上，萃一邑之秀於明倫堂，相與講經
書之要旨，體宋儒之微言，告之以立誠之方，讀書之要，
倫理之修，經正理明，則辭達氣充，〔……〕吾知所以長
育人才，化民成俗者，必有道矣。[34]

蔡世遠這篇文章反覆徵引宋儒程伊川和朱子的話語來闡述儒家德
教的主旨和方向，他的思想核心就是主敬致誠的修養心性論，誠
一無二的本心作用在人倫之中，才是士子為學的目的。蔡氏的論
述，完全是程朱理學以德性為本的教育觀，這也是清帝康熙最為
表彰弘揚的清朝的一套治國育民之基本意識形態。蔡世遠身為閩
臺第一地位的國家級之鰲峰書院山長，所以他這篇給臺灣諸羅縣
學撰寫的〈學記〉，顯示了清朝盛世的以儒家德教為中心思想的
性質，而由漳州籍的賢儒包括了陳夢林、蔡世遠等士君子引進到
臺灣的邊陲之鄉，帶動了臺灣的朱子理學為核心的文教發展。
　　上述文中提到了另一位與臺灣甚有關係的漳浦籍儒士，他就

---

[34] 同上注。

是陳夢林。《漳州府志》曰:「陳夢林,字少林,漳浦人。父聿毅,遭亂,轉徙潮州,生夢林。二歲而母卒,鞠於浙人僑居於潮者曰林雄,養且教,以至成人,因自名曰夢林。」[35]依此,陳夢林是漳州漳浦人,但其父母轉徙潮州,且其二歲喪母,可能其父無法養育小嬰兒,遂予旅居潮州的浙籍人士林雄收養且教育之而長大,所以,陳夢林出身貧寒孤苦之家,幸好得其慈善養父教養而能成人;他是在潮州長成的漳州人士。《漳州府志》曰:

> 少發憤,誦讀至深夜,年漸長,留心經濟,習兵事。〔……〕康熙丙寅,游黔中,〔……〕以黔籍應學使者試,拔第一。黔州牧黃虞菴奇其才,為援例入大學,勸歸閩,時年三十有一矣。無何,四明陳汝咸令漳浦,會諸生講經,心賞夢林;又受知於學使者汪薇、沈涵及大府張清恪伯行。[36]

由此所述,陳夢林愛讀儒典且亦熟習經濟以及軍事之學,其著重點在於經世致用而不尚玄思空言,而且其才華器識一直都有賢明儒官欣賞,故陳夢林青年時期就受到官與師如黃虞菴、陳汝咸、汪薇、沈涵、張伯行的造就和提拔。《漳志》續曰:

> 辛丑夏,朱一貴倡亂,〔……〕夢林方遊南澳,訪總戎藍廷珍,夢林為上記制府滿保,請速移節彈壓廈門,調兵

---

35 〔清〕《漳州府志選錄》,收入《臺灣文獻史料叢刊‧第一輯》(臺北:大通書局,未註明出版年分),頁82-84。
36 同上註。

餉，當瓦解。〔……〕提督施世驃、總戎藍廷珍議統舟
師，定南、北、中三路進取，夢林力陳南路海道險惡，舟
不能泊，當會澎湖相風便，分兩路，大將由中入鹿耳門，
副將由北趨西港繞賊背後，計萬全；又陳戰艦宜用輕捷，
以便操駛。制府用其言，臺灣平。旋聘入幕，為治裝，前
席請曰：「生為我一行，事定當不失郡守。」笑曰：「抒
一得，冀護鄉土耳，無他願也。」遂行，至則與帥將規畫
事機不可失者：搜餘黨、招反側、拊善良。〔……〕民情
安輯，留臺五閱月，制府欲敘功，以實前言，夢林固辭而
歸。[37]

清康熙六十年（1721），臺灣南部鳳山朱一貴造反，陳夢林時在
閩南南澳，所以就近去訪問了總兵官藍廷珍，為他寫了建議書給
閩浙總督覺羅滿保，說明用兵臺灣平亂的戰術，他也給藍廷珍以
及提督施世驃提出了兵艦渡臺登陸的路線策略，皆得到重用而成
功告捷，藍廷珍延其入幕，倚為左右手，並派其先行臺灣在前沿
實際處斷，陳夢林在臺五個月，處理大事皆能順遂圓滿。根據上
段引文所述，陳夢林是一位不尚空談玄理而是重視並致用之儒學
的儒家，他的籌畫皆能具實效，故為清廷在臺平定朱一貴之亂而
提供了重要的貢獻。《漳志》最後說：

世宗即位，詔舉孝廉，當事欲以夢林應，固謝而止。所善
蔡文勤世遠，官少宗伯；黎抑堂致遠，官少司寇；沈端恪

---

37　同上注。

近思，官少宰；皆聚於京師，以書問邀遊長安，俱以足
疾，辭不赴。丙辰，撫軍檄薦鴻博，亦不赴。是時年七十
有三矣。於是夢林乃言曰：「吾少孤苦，涉獵書傳，作文
字。求科第而已。既不可得，傭筆墨從軍，草檄奏記，謬
為世所賞。吾惡焉。辱交諸君子，強自刻厲；為貧故，間
受禮餼，常以為愧。顧自反平生，借箸運籌，孟子所云
『無欲害人之心』者，或庶幾焉。第居賤志不行，未能充
之耳。若利己妨人，馳聲華、借權貴以榮身飽家，寧轉死
溝壑不忍為也。」[38]

陳夢林拒絕清朝政權給予的榮華富貴，也拒絕權力階級賞予的孝
廉、博學鴻詞科的榮譽和地位，他是一位典型的安貧守道的有節
操、有品格和風骨的儒者，淡泊困苦而絕不損傷根本的貞亮和節
義。陳夢林是孟子學的實踐者，他之出來參與戎機之目的主要是
愛民救民，而並非圖求一官半職而由此得以攀附官場之既得利益
的特權階級，孟子所言：「富貴不能淫、貧賤不能移、威武不能
屈」的大丈夫人品，陳夢林可以得之而無愧。

　　清康熙五十年（1711）來臺灣擔任諸羅縣令的周鍾瑄發心修
纂《諸羅縣志》，於是禮聘陳夢林從閩南渡海來臺，擔任主要修
史人。周鍾瑄說：

漳浦有陳君夢林，舊遊黔中，與家姪詹事漁璜為筆墨交，
又嘗從儀封張大中丞纂修先儒諸書於鰲峰書院，豫修漳

---

[38]　同上注。

州、漳浦郡縣兩志。是足任也，乃具書幣，遣使迎致邑治（即所謂檥園者）而開局焉。[39]

漳浦籍的陳夢林亦是受到張伯行禮聘而在鰲峰書院纂修整理儒家經典的賢儒，且已是閩地修纂地方志的專家，所以周氏才特別遣使帶著聘書聘禮返回福建敦請陳夢林渡海來臺，參與《諸羅縣志》的纂修，雖然說是知縣周鍾瑄為總主持人，但真正蒐羅整理編纂而且還撰寫史識的人，則是陳夢林。此志學界公認是最為嚴謹最有見識的清朝臺灣的方志。[40]

　　陳夢林的儒家素養不止於修志而已，他表現了一位賢儒的經世濟民的實學實政和實務的睿見。在《諸羅縣志》的各篇章，很多地方，陳夢林運用其史筆而寫出了深刻的治道。本文僅依據連雅堂在《臺灣通史》的〈陳夢林列傳〉來舉例以明之。連雅堂說：「陳夢林，字少林，亦漳浦諸生。多從名士大夫遊，馳驅楚越滇黔間，戎馬江湖，俯視一世。康熙五十年，諸羅知縣周鍾瑄初修邑志，聘任筆政。志成，稱善本焉。」[41]陳夢林既來臺灣，居諸羅縣，修好縣志，後人皆稱頌此志實為善本。接著，連氏便記述了陳夢林對臺灣的治道之關心和主張，連氏如此說：

---

39　〔清〕周鍾瑄：《諸羅縣志・自序》（臺灣文獻史料叢刊第一輯）（臺北：大通書局，未注明出版年分），頁 3-5。

40　陳捷先：〈臺灣古方志的拓荒者〉，《清代臺灣方志研究》（臺北：臺灣學生書局，1996），頁 64-79。

41　連橫：《臺灣通史・流寓列傳・陳夢林》（臺北：五南圖書出版公司，2022），頁 683-684。

當是時清人初得臺灣，不事經理，文恬武嬉，偷安旦夕。夢林憂之，乃著論曰：「〔……〕明初，漳潮間有南澳，泉屬有澎湖，爾時皆遷其民而墟之，且塞南澳之口，使舟不得入，慮島嶼險遠，勞師而匱餉也。及嘉靖間倭人入澳，澳人復通巨寇，吳光、許朝光、曾一本先後踞之，兩省疲敝，乃設副總兵以守之，至今巍然一巨鎮矣。澎湖亦為林道乾、曾一本、林鳳之巢穴，萬曆二十年，倭有侵雞籠、淡水之耗，當事以澎湖密邇，不宜坐失，乃設游擊以戍之，至今巍然重鎮矣。向使設險拒守，則南澳不憊閩粵之師，澎湖不為蛇豕之窟，倭不得深入，寇不得竊踞，漳泉諸郡未必罹禍之酷如往昔所云也。」[42]

依此論述，顯然，陳夢林對於明朝海防史知之甚悉，且明白指出漳州近旁的南澳和海上的澎湖，皆是中國東南重鎮，國家若不守之居民若不居之，則兩地必會被日倭和海寇佔據。如此，則閩粵兩省當然疲敝。所以，陳氏建言清廷必須重視南澳和澎湖的戰略地位。由此可證陳夢林對於閩南和臺灣兩地的重要性之認知甚明確深刻，這位漳浦賢儒確是具備經世濟民的實學型儒家。

陳夢林之文復曰：

今半線至淡水，水泉沃衍，諸港四達，猶玉之在璞也；流移開墾，舟楫往來，亦既知其為玉也已；而雞籠為全臺北門之鎖鑰，淡水為雞籠以南之咽喉，大甲、後壠、竹塹皆

---

有險可據。乃狃於目前之便安，不規久遠之計，為之增置
縣邑防守，使山海之險，弛而無備，將必俟亡羊而始補牢
乎？則南澳、澎湖之往事可睹矣。[43]

陳夢林之在臺，豈僅只是主纂《諸羅縣志》而已，他更是在該志
書中，深刻表達了一位閩臺大儒的學識和睿見。其時整個北臺灣
仍然多為草萊，還有待清廷認真治理，陳氏指出半線（今之彰
化）以北一直到淡水，是一片水美土沃且多港口的重要地區，必
須儘速建設並且駐防治理雞籠、淡水以及竹塹（今新竹）、後壠
（今後龍）、大甲等河口港和塘汛重點。依其所述，陳夢林顯示
他是對於具體世界甚有客觀知識的知性理性很強的一位儒者，他
的觀點對於後來清廷治臺的政策之籌設，起了很大的貢獻。連雅
堂說：

> 閩浙總督覺羅滿保聞其才，延入幕府，及朱一貴之役，南
> 澳鎮總兵藍廷珍奉命出師，滿保命參戎幄，與鼎元日夜籌
> 畫，不辭勞瘁。中宵聞警，擁盾作書，頃刻千言。其所襄
> 助不亞鼎元。[44]

陳夢林後來入閩浙總督覺羅滿保之幕府，康熙六十年，臺灣鳳山
發生朱一貴民變，覺羅滿保派遣陳氏襄助領兵來臺平亂的南澳總
兵藍廷珍，而與另一位漳州賢儒藍鼎元為藍廷珍的左右股肱，在

---

43　同上注。
44　同上注。

此平定朱一貴之變亂之役，他也創下了甚大的功勞，在此證明了陳夢林不是那種空疏虛玄、煩瑣細碎的無用之窮酸秀才。

## 五　漳浦賢儒藍鼎元對臺灣的經世致用之貢獻

漳浦賢儒而對臺灣非常有重要的歷史地位者，就是上面提到的藍鼎元，他也是服膺並實踐程朱理學的清初之實學派賢儒。史家蔣炳釗論述藍鼎元之出身和成長及其學行有曰：

> 藍鼎元，字玉霖，別字任庵，號鹿洲。康熙十九年八月廿七日（1680 年 9 月 19 日）未時出生於福建漳浦縣萇谿鄉（今赤嶺鄉）；雍正十一年六月廿三日（1733 年 8 月 1 日）辰時卒於廣州任內，享年 54 歲。鼎元出生書香世家，父藍斌，祖父藍繼善，都是當地有名望的知識分子，母許氏賢慧且知書達禮。鼎元自幼聰穎好學，五歲便能成誦四書五經，稍長，涉獵天文地理。[45]

依蔣氏所述，藍鼎元是漳州人士，且其祖父、父母皆是知書達禮之人，而他在此文風德養俱佳的門風中出生、又有賢慧母親在生活中的教誨，所以，藍鼎元五歲就已熟習儒家經典，少年青年時期就已涉獵天文地理之學。

藍氏十歲其父突然罹疾遽亡，家道中落，十一歲，進漳浦竈

---

[45] 蔣炳釗：〈鹿洲全集・前言〉，收入蔣炳釗、王鈿點校，〔清〕藍鼎元著：《鹿洲全集》（上冊）（廈門：廈門大學出版社，1995），頁 1-8。

山學堂讀書，就學這些年，藍鼎元遍讀了諸子百家、禮樂名物、韜略行陣，眾學術綜合於一心。[46]十七歲時，他首次出縣城，從廈門乘舟出海，溯全閩島嶼，再歷舟山群島，然後乘風而南，沿南澳海門以歸，此次泛海，他看了福建、浙江的大小島嶼港灣，大開了眼界和心胸。[47]

蔣炳釗曰：

> 鼎元從小養成關心時政，好「經濟文章」，康熙四十三年（1704），翰林陳汝咸出知漳浦，他是一位「饒經濟才」的有識之士。〔……〕對教育尤為重視，〔……〕定期聚士紳諸生講五經聖理，親為剖析釋疑。鼎元的才華受到陳汝咸賞識，招入門下，在名師指導下，學所益大進，拔童子試第一。
>
> 是年冬，進士沈涵督學三山（福州），鼎元與他的同窗好友蔡世遠，俱受知門牆，招入使院，在諸生中，鼎元尤受沈的鍾愛，日夜陪伴左右。三年從游，情同父子。沈督學曾以「國士無雙，人倫冰鑒」之語贊譽他的才華和為人。[48]

千里名駒需有伯樂才能欣賞和培育，君子型的人才亦必有人師才能發現、調教出來。其時清朝地方大吏真重視於地方上發掘才德足為國士之才，如陳汝咸、沈涵皆是獨具慧眼的賢儒能仕，而若

---

[46]　同上注。

[47]　同上注。

[48]　同上注。

無他們的賞識並且教育藍鼎元，大概後來也就不會渡臺灣參與平朱一貴民變而對臺灣之治道有一番傑出建言的藍氏。再者，此段敘述也顯示了少年藍鼎元是漳浦的，而青年藍鼎元則已如龍之由湖淵而出大海，他的更高一層的進德修業是在福州煉就的。蔣炳釗續曰：

> 康熙四十六年（1707），〔……〕張伯行受福建巡撫，〔……〕在福州創建鰲峰書院，延九洲一郡俊秀之士，讀書談道其中，為明體達用之學，置古今經籍四百六十種。鼎元又以學行兼優受聘鰲峰書院，參加纂訂前輩儒家著作。在院時，他用心研讀，上看濂、洛、關、閩，下逮許魯齋、薛文清、胡敬齋、羅整庵，得濂洛真傳，很有成就。張巡撫又以「藍生確然有守，毅然有為，經世之良才，吾道之羽翼也」，予以很高的評價。年僅 28 歲的藍鼎元，其才華已初露頭角，在福建已有一定名氣。母許氏因教子有方，受旌「節孝流芳」、「清操苦節」和「霜貞衍慶」匾額。[49]

文中所說的許魯齋是元初程朱理學大家許衡，薛文清是明初程朱理學大家薛瑄，胡敬齋也是明初程朱理學大家胡居仁，羅整庵則是明中期的程朱理學大家羅欽順。張伯行任福建巡撫，最重儒學和儒教的推行，他創立鰲峰書院，而其所重的是朱子學，並非陸王心學，因此，在其中的藏書，除了四書五經等儒家基本典籍，

---

[49]　同上注。

則主要是北宋的周濂溪、二程夫子、張橫渠之著作，南宋的朱文
公之著作，再及於元儒許衡、明儒薛瑄、胡居仁和羅欽順等人的
著作，而這裏提到的元明四位名儒，皆是程朱理學家，書院中絕
不宣揚陽明心學，乃是特別彰著表揚朱子學，而以朱子學為清朝
治理天下的國家意識形態。因此，青年藍鼎元是於福州鰲峰書院
在理學名臣張伯行的觀照和提拔之下，真正培養為朱子儒學的熟
習和踐履者，其正是以儒家經世致用之學而積極用世的清初漳浦
籍儒士。

　　藍鼎元的志業主要是在臺灣實踐的。連雅堂在《臺灣通史・
藍鼎元列傳》曰：

> 康熙六十年朱一貴之役，族兄廷珍為南澳鎮總兵，奉命出
> 師，會水師提督施世驃伐臺。鼎元遂參戎幕，多所籌畫，
> 文移書札，皆出其手。著《東征集》三卷，其討論機宜，
> 經理善後，尤中肯要。事平歸，撰《平臺紀略》。〔……〕
> 其後增設彰化縣及淡防廳，陞澎湖通判為海防同知，添兵
> 分戍，皆如其言。[50]

依連雅堂所言，南澳鎮總兵官藍廷珍奉命率軍東來臺灣，目的是
要平定在今日高雄地區的朱一貴民變，時為康熙六十年
（1721）。廷珍遂邀堂弟鼎元擔任其最重要幕僚，所以，藍鼎元
乃來臺灣，在臺灣隨軍南北征討，所到之處予以認真觀看考察，

---

50　連橫：《臺灣通史・藍鼎元列傳》（臺北：五南圖書出版公司，
　　2022），頁 682-683。

明白當時臺灣甚多政治、社會、文教以及族群狀況，先撰有《東征集》，後又撰述《平臺紀略》。在兩部專著中，藍鼎元提出了相當深刻精闢的知臺、治道的內容和方略。連氏說朱一貴之亂平後清廷的治理臺灣，增設彰化縣及淡防廳，陞澎湖通判為海防同知，添兵分戍，都是接納了藍鼎元的建議而實施的。

藍廷珍曰：

> 辛丑夏四月，小醜朱一貴等倡亂，傷害官兵，竊踞全郡，浙閩總制覺羅滿公檄予總統水陸大軍八千人，偕水師提督施公剿之。予以菲才，受國厚恩，方思盡瘁圖報，幸得備員討賊，實所上願。捧檄之日，〔……〕倍道疾趨，乘風破浪，將士效力，〔……〕七日之內，復我臺疆，追奔逐北，〔……〕歲餘乃靖，〔……〕予焦心勞思，與幕友陳君少林及予弟玉霖日夜籌謀，安撫整頓，〔……〕
> 陳君深沉多智略，〔……〕倦遊歸里，自是軍中謀畫，獨予弟玉霖一人。[51]

朱一貴民變時，征臺主師藍廷珍自己敘述他的軍政參贊的入幕之賓就只有兩人，一是已先來臺纂修諸羅縣志的漳浦儒士陳夢林，另一位即是他的堂弟藍鼎元。由此可證福建漳州人物、思想和行事對臺灣的開發、安定和政教，實在甚有關係和淵源。

藍鼎元是典型的清初標榜、弘揚朱子儒學之忠實儒者，其有

---

51 〔清〕藍廷珍：〈東征集·舊序〉，收入〔清〕藍鼎元：《東征集》（臺灣文獻史料叢刊第七輯）（臺北：大通書局，未注出版年分），頁3-5。

觀點亦能實踐。茲依其相關論述略以明之。藍氏表彰楊時有曰：

> 自龜山先生載道南來，遠方之士，游其門者日眾，閩學駸
> 駸然盛矣！一傳豫章，再傳延平，而後紫陽夫子，集厥成
> 焉。當時後先輝映，炳蔚天南，〔……〕伊洛之學，至是
> 大明，〔……〕鄒魯而外，推閩儒為獨盛。
> 今天子重道崇儒，御書程氏正宗，賜匾於先生書院，正學
> 重光，萬世一時，〔……〕聖賢之道明於程子，而先生傳
> 之聖賢之道，備於朱子而開之先生，固吾道之津梁也，舍
> 此而他求，別無所謂正學矣。先生之學，言仁言義，言性
> 善，言未發之中，推本孔孟之說，發明《中庸》、《大
> 學》之道，有功於後世非淺。[52]

藍鼎元此文說明福建的儒學儒教是楊時（龜山先生）返閩之後帶
回來的，他指出楊時返閩後，將儒學傳授給羅從彥（豫章先
生），羅氏又傳給李侗（延平先生），而李氏又傳予朱子，於是
伊洛二程儒學就在福建發揚敷播，儒家孔孟之道始於福建大放光
明，除了本源之地的山東之外，孔孟正道就是在福建最為興盛流
行。而藍氏又強調中國入清，康熙是一位尊崇朱子儒學的明君，
於是程朱理學更是國家的推行理想政教的基本思想和道術，推尊
之而曰「正學」，而此「正學」何謂？則曰：「言仁言義，言性
善，言未發之中，推本孔孟之說，發明《中庸》、《大學》之

---

52　〔清〕藍鼎元：〈楊龜山先生文集序〉，收入蔣炳釗、王鈿點校，〔
　　清〕藍鼎元：《鹿洲全集》（上冊）（廈門：廈門大學出版社，
　　1995），頁 85-86。

道」。其實就是由孔子孟子以降的《四書五經》之德教且及於北宋周張二程以迄南宋朱文公傳承弘揚的理學。該文再說：

> 熙豐之前，閩中學者，如草昧之未開，先生初闢灌莽，披荊棘，樹幟指迷，招誘後學，未幾而大儒接踵，遂與濂洛爭盛，吾道之興若彼其易也。今之閩，猶古之閩也。學者當禮明樂備之日，生大儒講學之鄉，逢聖天子重道崇儒，勤求正學之盛，前有可循，後有可繼，〔……〕苟能實用其力，於身心性命之地，察識體驗於人倫日用之間，以聖賢之絕業，轉移世道人心，其觀感而興起者不知富何如也！[53]

「熙豐」是指宋神宗的熙寧和元豐年號，也就是指王安石變法以及司馬光再起推翻了王安石變法新政的時期，其時亦是程伊川被貶斥的時候，而當然其時位處南陲的福建不可能流行普化伊洛和關濂之儒道；熙寧之後亦即進入南宋，楊時將二程之道傳入福建，於是開啟了福建的儒學，從此大儒接踵倍出，所以，邁入清朝之後的福建，藍鼎元生逢之時，亦正是清朝標榜推行程朱理學最興振的康熙時期，所以藍氏強調的儒士宜「實用其力，於身心性命之地，察識體驗於人倫日用之間，以聖賢之絕業，轉移世道人心。」其思想和觀念的主軸和本質，是清朝所謂的「閩學」，也就是二程伊洛之道脈由楊龜山南傳而由紫陽夫子以迄朱子最後傑出弟子陳北溪開創、延續、實踐的朱子理學。其重點是用功修

---

53　同上注。

為身心，並於日用事務和人倫常規之中，加以察識、體驗，將孔孟程朱之聖學來影響、教化並提升世道人心。因此，藍鼎元的儒學觀，乃是以《大學》八德目次第涵養並予實踐的工夫觀，這樣的儒學儒教，清初復臺之後，也進入了臺灣，幾位漳州儒家賢能君子如蔡世遠、陳夢林和藍鼎元都對臺灣的朱子學形態的儒學儒教起到了深刻的影響。

　　我們依藍鼎元之文來了解他的儒家思想，他去潮州為官，於當地建棉陽書院，撰述了〈棉陽書院碑記〉，其文有曰：

> 程子曰：「治天下以正風俗，得賢才為本。」余謂非必天下也，即一官一邑亦然。欲正風俗必先正人心、息邪說、距詖行。賢才不可多得，當培養而玉成之。然則化民成俗之方，興賢育才之道，莫先於明正學。〔……〕[54]

藍氏是典型的程伊川儒學之儒仕，所以特引伊川之語，重視正天下乃至正一邑一官的風俗，他認為為政治理天下或國家、城鄉，正風俗須從「正人心、息邪說、距詖行」入手，而此觀點，正是孟子學。同時，為地方培養賢能之士君子，亦是為政者之重任，講明正學與興育賢才，是最重要的兩項儒仕之責任，人才之養成，是從明正學，也就是認真辦好儒學德教而來，而這個儒教的內容是程朱理學，究其源頭則是孟子學。他又續曰：

> 風俗還淳，人心返正，君子道長之一大機，不可不明先王

---

54　〔清〕藍鼎元：〈棉陽書院碑記〉，同前揭書，頁195-196。

之道以導之也。〔……〕正統不明，陽儒陰釋之徒，皆得
竊其似以亂吾真。〔……〕周、程、張朱五先生，上接洙
泗之正傳，下開萬古之聾瞶，宜妥侑斯堂，春秋祀典勿
替，俾學者識所依歸，而異端邪說，不能淆亂。孟子曰：
「經正則庶民興，庶民興斯無邪慝。」自書院既建以後，
邪說息，詖行消，人心正，風移俗易，禮樂可興。[55]

在此段敘論裏，藍氏提出的「先王之道」，實際上就是從孔子到
孟子而下傳到周程張朱的道統型儒家之文化教育之路，而在此觀
念中，藍鼎元明白反佛教、反陸王心學。依其此種嚴格的衛道態
度，藍氏亦必然反對道家和道教乃至於一般世俗的民間宗教和迷
信，不但在思想、心性上反對所謂「異端」，甚至在地方主官的
位子和權柄上，以行動來除去禁絕蠱惑人心、敗壞民俗的迷信的
歪邪的鬼神方士巫術之人物及其神壇和相關活動。藍鼎元於其此
〈碑記〉文中有說：

有林妙貴、胡阿秋之輩，以「後天教」流毒遠近，歷多年
所，招誘四方無賴，為徒數百人，駕言能書符治病，為人
求嗣，又能使寡婦夜見其夫，以故城村風動，澄、揭、
惠、豐之人無不篤信其術，重趼而至。余聞而髮指，躬詣
擒之；庭鞫其所為，多不可問，乃斃二渠魁，從犯以次杖
徵。餘黨數百輩，皆人其人。邑紳士方以形殄輩消妖，流
穢濁而清明為快，余則惶然內慚，謂教化不興，使吾民泯

---

泯棼棼以至於此，實官斯土者之咎。[56]

藍鼎元是傳統時代地方大吏毀淫祀、除邪教的典型，如林、胡之後天教的欺鬼神騙愚民的地方迷信型巫術型宗教團體，其實甚多，不只清朝，乃歷代皆有，而且亦不止於潮州一帶，其實在很多地方都有，儒家官吏關心其治理區的民生經濟以及社會的風俗和文教；風俗則與其時其地的鬼神巫術、星象占卜、讖緯吉凶等迷信之意識形態和行為有關，政治之好壞，是升平或劇亂，往往就在其社會上的風俗是明其德或昏其德有直接密切的關係，儒家賢能之仕，一定管理，必使庶民百姓能依其清明理性的心性和倫理為人，而不能讓社會大眾隨著邪教而總體沉淪墮落，所以，優良儒仕一到任所，首先就必了解當地儒教之有無，是否有文廟、義學、書院，是否有良師主持並推展儒教；同時也必了解當地的宗教活動，是否有神棍邪巫假借鬼神崇祀的民俗信仰來污染人心敗亂民風。賢能之儒仕就必根據實際情形展開他的治道。藍鼎元發現潮州地區，包括了澄海、揭陽、惠來、豐順等地，很多黎民都受邪巫林妙貴、胡阿秋以鬼神邪術之蠱惑，因而社風敗壞而儒教衰微，於是他就依禮和法而除滅邪巫並以其場地改建為棉陽書院。此處表現了藍鼎元的經世致用、愛民教民的朱子理學的基本信念和作風。他在結論中說：

　　希聖希賢，自是儒者分內事，世多聞之震驚，則不學之故
　　也。吾所謂學者，非窮高極遠，幽渺難行之謂，即在爾室

---

> 屋漏，人倫日用之間。爾心無邪則為正，爾意無妄則為
> 誠，爾為善人無為惡人，則可以為聖人。尊君親上祗父，
> 爾之能事畢矣。文行忠信，是謂四教；禮義廉恥，是謂四
> 維。吾所以移風易俗者在此，所以興賢育才者，亦在此，
> 願諸生發憤自雄，以聖賢為必可學，登五子之堂，讀五子
> 之書，行五子之事，濂洛關閩將復見於今日。[57]

由此可見，藍鼎元的儒學不要追索玄學哲學形式和內容的形而上
學儒學，他重視的是日用平常、生活世界中的儒家倫常、道德的
體證和實踐。老師教什麼？學生學什麼？就是教與學文行忠信禮
義廉恥的根本之天理人倫之道德，而目的則是希聖希賢，於父
子、君臣、夫妻、兄弟、朋友的五倫中盡到為人之德而已。這就
是程朱理學的基本立場，所以，藍鼎元要求老師和學生除了《四
書五經》之外，亦宜研讀周程張朱等五位宋朝大儒的著作，並依
五位大儒的人格精神和學問道術來培養自己為士君子。

　　藍鼎元就是以朱子儒學之信仰者和實踐者的身分而來臺灣。
雖然只在臺灣一年，他卻匯集了當時他觀察了臺灣而撰述的相關
文獻為其著作《東征集》，而留下了其時臺灣重要史料、史跡、
史事，一方面也提供了治理臺灣的經世濟民的藍圖。平朱一貴之
亂之後，藍鼎元返回大陸，又撰《平臺紀略》一書以補《東征
集》未盡之文，此書內容對於臺灣之地理環境、社會民情、政治
良否以及如何治理臺灣，更提供了朱子學的經世致用之觀點和睿
智。謹舉此兩書之文之例加以闡明。

---

[57] 同上注。

藍鼎元撰述〈覆制軍臺疆經理書〉其中有曰：

> 臺灣海外天險，治亂安危，關係國家東南甚鉅。其地高山
> 百重，平原萬頃，舟楫往來，四通八達。外則日本、琉
> 球、呂宋、噶囉吧、暹邏、安南、西洋、荷蘭諸番，一葦
> 可航；內則福建、廣東、浙江、江南、山東、遼陽，不啻
> 同室而居，比鄰而處，門戶相通，曾無藩籬之限，非若尋
> 常島嶼郡邑介在可有可無間。[58]

藍鼎元少年時就已航海觀察閩浙海岸港澳和島嶼，他對地理、區
位等地緣結構和組成甚有興趣，亦多有探究。所以，此篇他上給
覺羅滿保的呈文中，一開始就對臺灣的位置、地理、區位及其交
通和戰略地緣提出了明白正確的論述，藍氏對於當時的東亞海上
各地，知之正確，與臺灣之戰略和交通地緣密切相關的有日本、
琉球以及菲律賓、婆羅洲、印馬和越南、泰國等，再者，他又提
到西洋、荷蘭等在東亞、臺灣周邊航海、殖民的歐洲帝國主義以
及其等之意圖侵佔臺灣懷有很大的野心，也有其基本的認知。再
者，藍氏也清楚臺灣是中國的東南海疆戰略上的防衛重鎮，絕不
可輕忽，所以他一一提到了粵、閩、浙、蘇、魯以及東北的海
岸，臺灣與它們直接相通，關係到整個中國的海岸、沿海的國防
安危，因此，臺灣的治理和護衛是最重要的政治大業。
　　藍鼎元的重視臺灣的戰略地緣，其之前就是施琅，而藍氏之

---

[58]　〔清〕藍鼎元：〈覆制軍臺疆經理書〉，收入氏著：《東征集》（臺灣
　　文獻史料叢刊第七輯）（臺北：大通書局，未注明出版時間），頁32-
　　40。

後，清朝到道光時代，就遇到英夷發動的鴉片戰爭，其時英夷就已派艦來攻臺灣，其戰略目標，其實就存心奪取臺灣據為己有，幸好當時任臺灣道的賢臣姚瑩乃是出身桐城派的經世致用之儒仕，他具有與藍鼎元一樣的實政實學主張的儒家思想，並依此而治理臺灣，故臺灣得以保全。

　　朱一貴民變平定後，覺羅滿保居然遠在大陸而給在臺灣的藍廷珍下令，欲圖將當地黎民盡數驅逐，其指示如此：「羅漢門、黃殿莊，朱一貴起事之所，應將房屋盡行燒毀，人民盡行驅逐，不許往來耕種；阿猴林山徑四達，大木叢茂，寬長三、四十里，抽藤、鋸板、燒炭、砍柴、耕種之人甚多，亦應盡數撤回，篷廠盡行燒毀；檳榔林為杜君英起手之處，郎嬌為極邊藏奸之所，房屋、人民，皆當燒毀、驅逐，不許再種田園、砍柴來往。」[59]按朱一貴民變泛濫之地，是在今高雄屏東一帶，其中所言羅漢門、黃殿莊，在今高雄旗山；阿猴林是今屏東；檳榔林即今屏東潮州；郎嬌就是今屏東恆春。本來這些地方，已早有閩籍、客籍漢人前來移墾開發，其時這個地區仍然原始森林繁茂密布，所以漢人來此移墾，一方面「抽藤、鋸板、燒炭、砍柴」，而同時也就接著整地、引水而進行農耕；在此開墾過程中，這些漢移民先行於墾闢區搭建了許多簡易的開田之田寮、抽藤之藤寮、燒炭之炭寮以及砍林鋸板之板寮，這些開山闢墾時農民和工匠臨時搭建用來臨時居住屯物的建物，臺灣稱為「寮」，就是覺羅所言之「篷廠」，到了開發安定下來，漢人就在較適合的地點，修建了居住的房屋，而漸漸地形成村莊。覺羅滿保是旗人，屬於滿族貴族型

---

59　同上注。

大吏，他根本不明白臺灣情形，仍欲用消滅除去之方法，將當地閩客籍墾耕之民，統統驅逐，將已經建設的開發區加以毀棄。此處顯現了其時八旗京官推行治理的顢頇和粗陋，其時是康熙末年，而在康熙二十二年（1683）收復臺灣時，京官也將臺灣視為蕞爾蠻荒偏遠邊陲之無用小島，竟然強力建議將人民統統趕回閩粵原鄉，將臺灣放棄，幸好施琅原是鄭延平的大將，他是泉州人，明白閩臺地緣的深切和重要性，所以上奏力主不可棄臺，加上康熙是德學能皆備的明君，因此採納了施琅的建言，因而臺灣終於還是中國東南海上的一個地理、地緣皆是非常重要的領土。過了五十年，八旗和京官竟然還存在鄙視輕忽臺灣的無知，讀史至此，使人浩嘆。相對於此，藍鼎元則表現了他的深明經世致用之知性理性的素養，他針對覺羅之錯謬政策而提出了六點建議，他說：

> 人情安土重遷，既有田疇、廬舍、室家、婦子，環聚耕鑿，一旦驅逐搬移，不能遍給以資生之藉，則無屋可住，無田可耕，失業流離，必為盜賊；一可慮也。

第一點，藍氏說明若將平民百姓無罪無由就強制驅逐他們離開家園，而且毀掉他們艱辛才有的田疇屋舍聚落，如此要叫他們如何活下去？他們一定變為盜匪，殺人越貨並且搶官。如覺羅氏之居心根本就是暴政。

> 其地既廣且饒，宜田宜宅，可以容民畜眾，而置之空虛，無人鎮壓，則是棄為賊巢，使奸宄便於出沒；二可慮也。

第二點，藍氏更點出如果將常態的平民百姓之聚落、房舍都逼使其人去而空虛，正好就給了當地的賊眾趁隙入據而為賊巢，等於是養了奸宄們，他們方便出去搶掠而又退進來躲藏休息。此句指出若如覺羅氏的作法，無疑是朝廷不誅滅亂賊，反而主動提供他們方便的基地，國家豈可害民以助賊？

> 前此臺地，何人非賊，國公、將軍而外，偽鎮不止千餘，今誅之不可勝誅，俱仍安居樂業；而獨於附近賊里之人，田宅盡傾，驅村眾而流離之，鄰賊之罪重於作賊，三可慮也。

第三點，藍氏說出朱一貴民變時，一時很多附從朱一貴而造反、作亂的無賴、地痞、羅漢腳、遊民、窮人等，所以有不少什麼他們自己加封的「國公」、「將軍」和一大批「鎮東、鎮西、鎮南、鎮北大元帥」之類，藍廷珍和施世驃率兵平亂，只追究斬殺少數的領袖、首惡，但對於大多數下階層的徒眾，多予以赦免或輕罰，還是給予這些被誘惑、慫恿、脅迫而從賊之人自新從良的機會，此正是朝廷施仁政的表現，如果任由覺羅氏之殘酷對待平民百姓，那豈不是國家對賊寬容卻反而對無辜人民施以暴虐之政矣？

> 臺寇雖起山間，在郡十居其九，若欲因賊棄地，則府治先不可言。況郎嶠並無起賊，雖處極邊，廣饒十倍於羅漢，現在耕鑿數百人，番黎相安，已成樂土。今無故欲蕩其居，盡絕人跡往來，則官兵斷不背履險涉遠，而巡入百餘

里無人之地；設有匪類聚眾出沒，更無他人可以報信；四
可慮也。

第四點，藍鼎元說明朱一貴作亂於今高屏地區，而其實屏東的六
堆早已是客家籍漢人墾成並已建立村莊、集鎮的漢文化成熟之
區，而其往南，到更南的郎嬌亦即恆春半島一帶，其地區地饒土
肥，早有漢在此墾耕，且與當地土著族人相處融洽和樂，如果覺
羅氏不明究裏，居然要將恆春半島視為化外番界，而又將當地村
莊街鎮加以焚毀，將百姓統統驅逐，且又廢耕棄地，令其退回荒
野，若是如此，官兵豈能遠涉前往巡邏？而匪徒必然竄入這個廣
渺遙遠的臺灣南陲以此地為巢穴，官府焉能知曉？藍氏於此處間
接地指責滿族京官之大無知，且也直接表現了他對於臺灣南端屏
東恆春地區的人文之認知。

　　鋸板、抽藤，貧民衣食所係，兼以採取木料，修理戰船，
　　為軍務所必需；而砍柴燒炭，尤人生日用所不可少。若欲
　　永永禁絕，則流離失業之眾，又將不下千百家，勢必違誤
　　船工，而全臺且有不火食之患；五可慮也。

第五點，藍鼎元說明，其時臺灣山區多為原始森林，漢人渡海來
臺，甚多人進入山區從事伐木、鋸板、抽藤、熬腦、燒炭甚至獵
鹿，當時，還有所謂「軍工匠」，他們來伐木鋸板，這些木料稱
為「軍工匠料」，是用來給軍隊修理戰船之用的，而再者，平民
百姓也需要木料造屋或以木柴、木炭作為烹食的燃料，是民生不
可或缺的用品和資源。如果不明現實，而將這些工匠統統從山裏

驅逐出來，就必造成大量黎民流離失所無以為生，而且也因而違誤了戰船修整的軍工大任，必會被嚴厲追責，這樣豈不等於朝廷陷害了無辜百姓了嗎？

> 疆土既開，有日闢，無日蹙，〔……〕明中葉，〔……〕海寇林道乾據之，顏思齊、鄭芝龍與倭據之，荷蘭據之，鄭成功又據之。國家初設郡縣，管轄不過百里，距今未四十年，而開墾流移之眾，延袤二千餘里，糖穀之利甲天下。過此再四、五十年，連內山山後野番不到之境，皆將為良田美宅，萬萬不可遏抑。今乃欲令現成村社廢為坵墟，屬禁不能；六可慮也。

第六點，藍鼎元依據他在臺灣南北許多地方的考察而認識了當時臺灣的真實人文發展情勢，清之前且不去細論，而就以康熙二十一年收臺起算而到他隨堂兄藍廷珍來臺平亂的康熙六十年之間的四十年時段來說，臺灣已經是閩客之民開墾有成之地，藍氏指出臺灣已經糖穀之利甲天下。而他也作了判斷，就是往後再過個四十年、五十年，臺灣連內山和山後的一大片「生番界」，都必將開發為良田美宅的文明蔚萃的地方。藍氏堅決反對覺羅滿保的倒行逆施之亂策之劣政。[60]

以上徵引了藍鼎元對覺羅滿保的六項建言，其內容反映了藍氏具有的兩點朱子學的基本精神和內涵，其一是藍鼎元之真正關

---

[60] 文中藍鼎元的呈文所述之「六可慮」，見其〈覆制軍臺疆經理書〉，收入同前揭書。

心是在臺灣黎民百姓的生存和發展，為政之目的，就是民本、民生，仁政之施為，乃是為了經國濟民，人民的存在和尊嚴是政治的根本主旨，此六大可慮，在在顯示藍鼎元的仁義內在和仁政王道的崇高德行，此是朱子學的尊德性之境界；其二是藍鼎元的陳述之內容，每一點都顯現了他對於臺灣的地理、文明、社會、人群之實況的客觀認識，他對臺灣所下的學習工夫，真可以說是物格知至，他的「臺灣學」，在當時而言，是最優秀者，而且往後，亦即藍氏逝後的乾隆時代之臺灣的實際開發進程和內容，真是符合了藍氏的預判，於此，證明了他確是朱子學的道問學之「致知格物論」的忠誠踐履者。

在其呈文的最後，藍氏提出了最關鍵的治臺方策，他說：

> 郡縣既有城池，兵防既已周密，哀鴻安宅，匪類革心，而後可以施教。而臺灣之患，又不在富而在教。興學校，重師儒，自郡邑以至鄉村，多設義學，延有品行者為師，朔望宣講〈聖諭十六條〉，多方開導，家喻戶曉，以「孝弟忠信禮義廉恥」八字轉移士習民風，斯又今日之急務也。[61]

儒家重視的仁民之道是先富後教，《論語》載：

> 子適衛，冉有僕，子曰：「庶矣哉！」冉有曰：「既庶矣，又何加焉？」曰：「富之。」曰：「既富矣，又何加

---

61　同上注。

　　為？」曰：「教之。」[62]

　　此章句表現出來的為政次第，孔子主張人口繁多，首先必須在經濟建設上讓人民衣食富足，而此所謂富足的意思，是說生活上的基本溫飽健康安全，使整體社會得到生生暢旺之榮機，而並非追求揮霍無度、窮極奢淫的墮落腐敗。但是眾多人口且又物質充盈，卻逸居而無教，則人就很容易變為禽獸一樣，無文明而墜落到蠻荒之狀態。因此，為政之至道是以倫常來教化平民百姓，務使人人皆有士君子之行。

　　藍鼎元確是孔孟之道的正信正行的賢能儒仕，他給清廷京官提出的建言，就是孔孟以至程朱甚至所有大儒的共法。

# 六　結語

　　華夏文化隨著民族的遷移擴散而逐漸開展，將中原文化及其倫理體系帶到四周更寬大的土地上面。陳元光繼踵其父陳政的南征腳步，也從中州的固始進入古代閩地即今之閩南，來開發漳州，被後世景仰崇敬而為「開漳聖王」，且又由其子陳珦於漳州建立松洲書院始播儒家德教，此之後，漳州遂為華夏文化儒家教化的地方，歷代賢儒君子多有；若無固始，則無漳州。南宋大儒朱文公晚年曾知漳州，甚重文教，於此培養出大儒陳北溪。且至晚明亦有黃道周壯烈抗清而犧牲，最為典型。可以說，漳州是儒家德教最為興起發達的中國東南農商貿易交通繁榮的一個寶地。

---

[62]　《論語・子路・第十三》。

　　清代臺灣，漳州人士多有移來開發，而漳州賢儒亦對臺灣著有文教和治道的貢獻，本文特別舉出蔡世遠、陳夢林、藍鼎元三位儒家大君子來加以闡述；若無漳州，則無臺灣。

　　蔡世遠、陳夢林、藍鼎元皆是閩省人士，然則，臺灣無漳州地緣的重要君子乎？其實正好相反。臺中霧峰林家就是漳州籍的臺灣世族，霧峰林家出了不少重要的君子，如對抗太平軍而犧牲於漳州附近的林文察，協助劉銘傳在基隆抗日而戰功卓著的林朝棟，追隨孫中山先生國民革命而被軍閥殺害的林祖密，以及日據在臺灣創立「臺灣文化協會」，以文化來抗日的林獻堂，詩人林痴仙、林幼春等皆是儒家德教培養而有的臺灣漳州人典型。

# 陸
# 當代大儒馬一浮先生的
# 書院教育觀

## 一　前言

　　書院從唐五代逐漸興起，有官辦和民辦兩型，其初是藏書、整理書籍、讀書乃至印刻書籍的場地，後來特別是民辦者發展為講學施教的重要機構。到宋明蔚為中國儒家以大儒為山長而在此傳承道統、學脈的重要構築、空間。

　　大儒往往創建書院，且在書院中讀書、講學、論辯和撰述，而他們也多有關於其創建、經營和招來學生來此學習的書院精神之表彰、詮釋之文章和相關的學規創作，在書院史和儒學史中，多有佳例存焉。如朱子、陽明及其等之後學均有著作且保留流傳於史冊中，後世學人乃能於其中研讀、研究而獲得人文道德之益。

　　書院之存在、發展和講經傳道，有在昇平之世，亦有逢據亂之時。朱子在廢址中重建白鹿洞書院且撰述了《學規》或陽明為萬松書院撰文的時期，國家大體上相對較為承平。然而亦有紛爭多危的亂世，大儒依然創立書院，欲傳斯文正脈於險難艱困之

際，其動機主要是不願孔孟仁義之道統和文化、學術、史脈就此斷絕。國祚雖有時或滅，但絕對不容許華夏天下因道統之斷絕而亡。[1]

現代中國衰亂和戰伐之際有其例子，如梁漱溟先生在山東創辦勉仁書院，又如馬一浮先生在對日抗戰最慘烈的年分於四川創立復性書院。

## 二　復性書院的核心精神

本文主旨在於陳述、詮釋復性書院之核心精神。1939 年，復性書院創辦於四川樂山，其無新築建物，而是借用烏尤寺來成立、講學，馬一浮先生和其他知名儒家如熊十力、錢賓四先生等人在書院開講，從 1939 年 5 月 15 日起始教學，直至 1941 年 5 月 25 日停課，時間達一年八個月。抗戰勝利，馬一浮先生，把復性書院遷回杭州，至 1948 年秋季正式結束。復性書院的歷史正好十年。

復性書院初始開講之時，馬一浮先生以山長身分發表了一篇文章，曰：〈復性書院開講日示諸生〉。此篇文章甚具書院史和孔孟儒家之大義。謹依之而加以詮釋：

> 天下之道，常、變而已矣。唯知常而後能應變，語變乃所以顯常。《易・恆》之〈象〉曰：「雷風，恆；君子以立

---

[1]　關於中國傳統書院的源起、發展、運作的內容，可見鄧洪波：《中國書院史》（武漢：武漢大學出版社，2012）。

不易方。」夫雷風動盪是變也，「立不易方」是恆也。事
殊曰變，理一曰常。處變之時，不失其常道，斯乃酬酢萬
變而無為，動靜以時而常定。故曰：「吉凶之道，貞勝者
也。觀其所恆，而天地萬物之情可見矣。」[2]

馬先生開宗明義就說出天地宇宙、人文歷史的軌轍顯出一種雙元
性，那就是「恆常」與「變易」。他指出須知悟恆常之道，才有
能力來適應變易的局勢，在不斷變易的現象中，會顯現自然和人
文的常道，我們須對其理悟且加以掌握。馬先生在這段關鍵性文
句中特引《易‧恆》的〈大象傳〉來加以發抒其義，〈恆〉是
「雷風卦」，撰述《易傳》的儒者警示士君子說「君子以立不易
方」，這就是說君子宜以雷風的劇變現象為經驗教訓，而來樹立
自己之道德，志於道、據於德而絕不隨勢改變自己的仁義心志；
雷風動盪，是劇烈變動的氣候現象，此狀態是變易不定，象徵政
局的搖擺亂作，此時，君子就須以其剛德常道為其應世之法則而
定立之，不會隨時局的墮毀下墜而變易自己之人格，且進一步就
要以貞正之道來克制變亂之局勢而使其歸返於常規。

　　馬先生特別舉《易‧恆》來闡釋常道和權變，我們來看看
《易‧恆》的思想。北宋大儒程伊川釋〈恆〉之卦辭「恆，亨，
無咎；利貞，利有攸往。」曰：

　　恆者，常久也。恆之道可以亨通，恆而能亨，乃無咎也。

---

2　馬一浮：〈復性書院開講日示諸生〉，《復性書院講錄‧第一卷》，收
　　入《馬一浮集》（第一冊）（虞萬里校點，杭州：浙江古籍出版社、浙
　　江教育出版社，1996），頁103-105。

> 〔……〕君子之恆於善，可恆之道也；〔……〕恆所以能
> 亨，由貞正也，故云利貞。夫所謂恆，謂可恆久之道，非
> 守一隅而不知變也，故利於有往。唯其有往，故能恆也，
> 一定則不能常矣。[3]

伊川指明恆常之道，才能使自然、文明皆可亨暢通行。而君子之
恆常之道是什麼呢？那就是善性善德，也就是貞正的仁義之道。
然而他也提醒，君子應對世事，卻不能執泥於僵固偏狹的方式和
心態而不知通達權變，若是如此固陋，則必無法在現象紛雜中走
出一條恆常大道。

〈恆象〉曰：

> 恆，久也。剛上而柔下，雷風相與，巽而動，剛柔皆應，
> 恆。恆亨，無咎，利貞，久於其道也。天地之道，恆久而
> 不已也。利有攸往，終則有始也。日月得天而能久照，四
> 時變化而能久成，聖人久於其道而天下化成，觀其所恆，
> 而天地萬物之情可見矣。[4]

對於〈恆〉之「彖辭」，伊川如此解說：

> 恆者長久之義。〔……〕剛處上而柔居下，乃恆道也。雷
> 風相與，雷震則風發，二者相須，交助其勢，故云相與，

---

[3]　〔北宋〕程頤：《易程傳・恆》，收入《二程集》（二）（臺北：漢京
　　文化事業有限公司，1983），頁 860-865。

[4]　同上注。

乃其常也。〔……〕天地造化，恆久不已者，順動而已，
巽而動，常久之道也。〔……〕所恆宜得其正，失正則非
可恆之道也，故曰久於其道；其道，可恆之正道也。不恆
其德，與恆於不正，皆不能亨而有咎也。[5]

〈恆卦〉是上卦為「震」，震為雷；下卦為「巽」，巽為風，因
此是剛處上而柔居下，是為恆常之道，何以是恆常之道呢？伊川
解釋乃因為雷與風相助興，而雷震風發，兩種自然元素互動互益
互增，所以其能量之勢強力不衰息，一直都存在運作，此即是恆
常之道。而此種情形和態勢，是撰〈恆象〉的古代儒者從自然環
境的生態律中觀察了雷震和大風的現象而有的心得和體悟，所
以，〈象傳〉接著有說「日月得天而能久照，四時變化而能久
成」，伊川乃順此義而解釋天地造化的本質，乃是恆久不已的，
它順從剛健之天體律則而運動不息，此即「巽而動」，就是常遠
恆久之道。再者，古儒在觀察了自然界的雷和風的恆常無息的生
態律之性質之後，乃體悟到聖人之道也須是法雷風之運作不已而
應恆久居仁由義，修己安人安天下，此是恆久之道，不可稍息。
伊川進一步點明這個道，是正道，人若不依正道而修己安人安天
下，或者甚至一直行於不仁無義之歪斜之路途，則必蹇阻而困
頓，這種行為和狀況，程伊川說乃是罪過。

　　〈恆〉之「大象」如何？曰：「雷風，恆，君子以立不易
方。」伊川詮釋之而曰：

---

> 君子觀雷風相與成恆之象，自立於大中常久之道，不變易
> 其方所也。[6]

程伊川告誡儒者，君子修己乃至治國平天下，均必自立於大中至
正的仁道，才能恆久剛健而不敗，中途不可變易自己修身治人的
正道之立場和方向。

　　對於《易・恆》，明儒來知德的體悟如何？茲簡述於下。

> 恆之道，可以亨通，恆而能亨，乃無咎也。恆而不可以
> 亨，非可恆之道也，為有咎矣。如君子恆於善，故無咎；
> 小人恆於惡，焉得無咎？〔……〕恆必利於正，若不正，
> 豈能恆？如孝，置之而塞乎天地，溥之而橫乎四海，如此
> 正，方得恆，故利貞。恆必利有攸往，達之家邦，萬古不
> 窮，如孝，施之後世而無朝夕，方謂之恆。利貞，不易之
> 恆也，恆之利者也；利有攸往，不已之恆也，亦恆之利者
> 也。[7]

來氏指出唯有亨通才是恆常之道，然而，什麼人和什麼元素才合
於恆常，才能亨通暢達？那是君子，是善心善行；君子以其善德
才能亨通而才能恆常，反之，小人行惡，必有罪咎而敗滅，豈有
恆常之理？所以，人行正道才能恆常，來氏特別以孝來說明恆常
之道，君子行孝，其德塞乎天地、橫乎四海，以此正行，故能恆

---

6　同上注。

7　〔明〕來知德：《師恩本周易集註》（下經）（臺北：養正堂文化事業
　　股份有限公司，2017），頁733-748。

常而得利貞之境界。雖以孝來闡釋恆常之道，但是「孝弟也者其
為仁之本與？」孝是仁之實踐的開端、根本，所以來知德舉孝為
例說明恆常之道，其實他的意思就是仁義普施才是國家天下得以
自強不息、和平繁榮之保證。

　　來氏接著再說：

> 恆者，長久也。〔……〕恆亨無咎利貞者，以久於其道
> 也。蓋道者，天下古今共由之路，天地之正道也。惟久於
> 其道，故亨，故無咎，故利貞。〔……〕天地之道，恆久
> 而不已者也，惟其恆久不已，所以攸往不窮，〔……〕惟
> 天地之道，晝之終矣，而又有夜之始；夜之終矣，而又有
> 晝之始；寒之終矣，而又有暑之始；暑之終矣，而又有寒
> 之始。終則有始，循環無端，此天地所以恆久也。〔……〕
> 得天者，附麗於天也，變化者，寒而暑，暑而寒，迭相
> 竭，還相本，陰變於陽，陽化為陰也。〔……〕觀其所
> 恆，可見萬古此天地，萬古此恆也；萬古此萬物，萬古此
> 恆也。[8]

這一大段論述，來知德是說天地萬物、大宇長宙的本體就是恆常
不息和循環不已的自然律和生態律。天道就是恆常，恆常而永不
止息的律則，就是天地萬物生生的正道。其實，《易經傳》最關
鍵的概念也就是這個恆常無止的生生恆常之道，最簡約的辭就是
「天行健」。然而，《易》之精神是天人感應、天人合一，所

---

**8**　同上注。

以，《易》是先說自然生態律則，接著必說人文以自然生態律則為法而亦有人世文明的恆常永續，來知德遂有言曰：「久於其道者，仁漸義摩也；化成者，化之而成其美俗也。」[9]於是，來氏注解〈恆‧象〉之文「雷風，恆；君子以立不易方。」有曰：

> 立者，止於此而不遷也。方者，大中至正之理，理之不可易者也，如為人君止於仁，為人臣止於敬是也。不易方者，非膠於一定也，理在於此，則止而不遷。[10]

來氏指出人之恆常之道就是其心之立乎大中至正之理，而終身不變易；什麼是大中至正之理？就是天之所命的仁義之心，其表現實踐之，就是仁政王道，以仁義之道來誠意正心修身齊家治國平天下，而使其恆常不壞，如此就是天地正也，也是人文正也。

　　綜合程伊川和來知德兩大儒的《易‧恆》之經傳詮釋，此恆常之道在天就是天理，而在人就是仁心，兩者其實是同一本體，在自然層次，是生生大德，而在人文層次言之，則首重在仁心仁行以及推展出來的仁政王道，若以天下國家來說，此恆常之道，則依孔子《春秋經》的微言大義來予落實，於「據亂世」時，君子更須秉其節操而嚴明「華夷之辨」，堅持國族人文道統的存在、弘揚及其延續。馬一浮先生之於日寇大肆入侵中國時，不避艱難創建復性書院，其本心就是於「據亂世」而保存華夏道統的恆道常規之堅守和實踐。因此以〈恆卦〉作為復性書院的開講之

---

9　同上注。
10　同上注。

演講主旨,那是因為此時正是日寇掀起大戰欲圖殺我同胞滅我中華的危局動盪劇變之秋,中國最是艱險困頓危難,若不以剛健弘毅之常道來奮發抗敵,華夏就必消滅,中國就必亡絕,亡國亡天下是《春秋經》中孔子嚴斥的大惡,無可寬恕。因此,馬先生接著說:

> 今中國遭夷狄侵陵,事之至變也;力戰不屈,理之至常也。當此塞難之時,而有書院之設置,非今學制所攝,此亦是變;書院所講求者在經術義理,此乃是常。書院經始,資用未充,齋舍不具,僅乃假屋山寺,並釋奠之禮而亦闕之,遠不逮昔時書院之規模,此亦處變之道則然。然自創議籌備諸公及來院相助諸友,其用心皆以扶持正學為重;來學之士,亦多有曾任教職,歷事多師,不以自畫而遠來相就,其志可嘉,果能知所用力,亦當不後於古人,此又書院之常道也。[11]

日寇侵華,是現代中國遭遇的最巨大最慘重的「夷狄猾夏」,這個現代夷狄的橫暴入侵,是世事的至變,而我華夏全民起來奮戰抵禦,絕不屈服於日寇槍砲屠戮之下,乃力戰到底,這是「春秋大義」的恆常之理。馬先生說復性書院在此國族艱危之際有所創立,並非平時學校的常規,這是權變,可是書院之教講求經術義理,卻是在變亂之危局中堅持不替的常道,因為唯有經術義理的堅守、傳授和弘揚,才是國族在危難中於心性中絕不放棄、投

---

[11] 馬一浮:〈復性書院開講日示諸生〉,同注 2。

降、變節的貞定之金剛寶劍。馬先生更指明雖然書院只是權宜而借佛寺開辦，無釋奠等大禮，屋舍堂室亦簡陋，學校宜有的文具、書冊等也甚缺，這種種窮乏皆是時代大變局中的不得已，但是創議籌劃創立書院的賢士君子以及不辭辛勞遠道而來四川樂山復性書院參與講學傳道的朋友同志，他們皆以匡扶孔孟程朱陸王之正學為其心中的良知良能之發用，再者，諸位學子亦能立下心願排除困難不辭路遙而來從學，此志可嘉，師生之同心其利如此剛健而可斷金，此同志的仁義之德，就是書院的復性常道。

馬一浮先生又說：

> 人之習惑是其變，而德性是其常也。觀變而不知常，則以己徇物，往而不返，不能宰物而化於物，非人之恆性也。若夫因物者，不外物而物自賓；體物者，不遺物而物自成。知物各有則，而好惡無作焉，則物我無間。物之變雖無窮，而吾心之感恆一，故曰：「天下之動，貞夫一者。」言其常也。老氏亦曰：「不知常，妄作，凶。」故天下之志有未通者，是吾之知有未致也；天下之理有未得者，是吾之性有未盡也。睽而知其類，異而知其通，「易簡而天下之理得」。夫豈遠乎哉？窮理盡性，明倫察物，是人人分上所有事，不患不能禦變，患不能知常；不患不能及物，患不能盡己。毋守聞見之知，得少為足；毋執一隅之說，以蔽為通。[12]

---

12　同上注。

上述一段所述，馬一浮先生指明了人文心性之常道是德，就是良知良能。他的觀念與孔孟程朱無有不同，此中所言「物」，是天地萬法的所有現象、一切存在，他的意思是說人須依據其常道的良知良能之本心來觀照、探究、研幾現象界之存有者，且進一步天工人其代之、人參贊天地之化育、致盡人之世間倫理。因此如同孔子所言「吾道一以貫之」，此「一」是最重要的，這所謂「一」，就是常道，即本體，用傳統的名詞言之，即「天」、「仁」、「誠」、「元」等。馬先生所引的「天下之動，貞夫一者。」出自〈繫辭〉，其文曰：「天地之道，貞觀者也；日月之道，貞明者也；天下之動，貞夫一者也。」[13]天地日月之所以運行照明，就是由於天道、仁元之一以貫之，所以，天下的一切自然律、人文律之健行不已、生生永續，也是由於其中心具有的這個「一貫之常道」，因此，守一而應萬變，是最重要的，守一就得常道。而馬先生再引老子所說的「不知常，妄作，凶。」出自《道德經・第十六章》，此章曰：

> 致虛極，守靜篤。萬物並作，吾以觀復。夫物芸芸，各復歸其根。歸根曰靜，是謂復命。知常曰明，不知常，妄作凶。〔……〕[14]

馬一浮先生的主體思想和心靈是儒家，其復性書院的教育宗旨亦是以《六經》為主，但大儒皆通貫儒釋道以及其他諸子。所以，

---

13　《易・繫辭下・第一》。
14　《道德經・第十六》。

在此處，他為了表示敬守恆常之道以應世變的重要性，乃順著文勢徵引了老子《道德經》此章句來強調人若不遵從常道而妄為，就會遭逢凶患。

　　如果就老子道家本義來看這一章句，其主旨為何？學者潘英俊有此詮釋：

> 本章的重點，是在提醒人們要善用靈明的心智去「致虛極，守靜篤」，才能以之「觀復」。從「萬物並作」芸芸眾生當中去發現萬物雖芸芸，最終必「復歸其根」的真理。「根」〔……〕在此是指萬物之本，〔……〕萬物終歸要返回「道」的本體法則中，而「天法道，道法自然。」〔……〕忽略了「歸根復命」的道理，究其原因，就在未能「致虛極，守靜篤」而使心智失去「觀復」的能力，〔……〕吾人當「致虛極，守靜篤」才能具有「觀復」的能力，而發現芸芸眾生「各復歸其根」的事實，進而明白「歸根復命」的道理，「復命」即為返復道體，這是「常道」的律則。吾人的心智明白了「常道」的律則，才是真正的「明智」。〔……〕 [15]

依上所述，老子也是告訴了世人，心靈返回並體悟天地、生命的常道是最根本的智慧。雖然道家的著重點是希望人能重返大自然，與自然生態律合一，但其肯定必由天道的恆常來貞定心性和世界，則是與儒家不異的，只是儒家除了其心性要在天地自然之

---

[15] 潘英俊：《道德經異述》（臺北：文史哲出版社，2010），頁 60-62。

恆常之道之中，也要與人文歷史之恆常之道合一。馬先生舉《道德經・第十六章》的這句「知常曰明，不知常，妄作凶」之用意，只是轉引了老子道家的智慧語來提醒學子們在抗戰劇亂的變化激盪之時期，更須以虛靜之明智之本心來依據恆常之道來學習經典、德業而方可救國家救民族。

但是，馬先生並非呼籲學子投筆從戎即刻前赴沙場為國犧牲，他創建復性書院，乃是要求天下學子皆能聚學於書院而學而時習之，習得「窮理盡性、明倫察物」之慧命，才能得到治國平天下的常道。

馬一浮先生又說：

> 儒者先務立志，釋氏亦言發心，此須抉擇是當，不容一毫間雜。〔……〕斯知常矣，〔……〕敬則不失，誠則無間。〔……〕學而至於聖人，方為盡己之性，此乃常道，初無奇特，須知自私用智，實違性德之常，精義入神，始明本分之事。書院師友所講習者，莫要於此。〔……〕《說命》曰：「敬遜務時敏，厥修乃來。」程子曰：「『敬』之一字，聰明睿智皆由此出。」君子進德修業欲及時也，諸生遠來不易，當念所為何事。敬之哉！毋怠毋忽！〔……〕[16]

此段文句是馬先生復性書院開講之演說的結語，其重點落在「敬」之一字，以希聖希賢立志而以敬誠之心來學習經典，期許

---

[16]　同注 2。

每位遠道而來書院的學子，於學習和生活上，毋怠惰不輕浮，必須以敬存心。這就是依常道而為人。而在文句中，馬先生引了《說命》一句話語，按此《說命》，是《書經‧商書‧說命》；《尚書》載有〈說命三篇〉，曾運乾說明：「古文亡，晚出古文有。」曾氏述曰：「高宗夢得說，使百工營求諸野，得諸傅巖，作〈說命三篇〉。」又再說：「墨子尚賢下篇云：『昔者傅說居北海之洲，圜土之上，衣褐帶索，庸築於傅巖之城，武丁得而舉之，立為三公。』晚出孔傳云：『〈說命〉，始求得而命之也。』」[17]由此可知，馬先生所引的《說命》，是晚出的《古文尚書》中的〈說命三篇〉之文句，是傅說對商王高宗所述的治國平天下的智慧和常道，此句如此：

> 王，人求多聞，時惟建事，學於古訓乃有獲，事不師古，以克永世，匪說攸聞。惟學，遜志務時敏，厥修乃來。允懷於茲，道積於厥躬。〔……〕[18]

傅說對高宗提示，須學於古聖賢之道，敬遜自己的心性好好修為，使常道積蘊身上，而成為自己治國平天下的仁義。馬先生引此章句，其主旨是在勸勉學子要以敬遜的心認真地學習古聖常經以為世用，期能學成而有真功夫來救國平世。再者，依上之引文，馬先生又轉引了程伊川的話語來點出「敬」之重要性和關鍵性。此句是「敬之一字，聰明睿智皆由此出。」我們且來看《論

---

17　曾運乾：《尚書正讀》（臺北：宏業書局，1973），頁 111。

18　《十三經‧尚書‧說命》。

語》一章所述，《論語・憲問》：

> 子路問君子。子曰：「修己以敬。」曰：「如斯而已
> 乎？」曰：「修己以安人。」曰：「如斯而已乎？」曰：
> 「修己以安百姓；修己以安百姓，堯舜其猶病諸！」

孔子此一應答子路的章句甚為重要，朱子引程伊川之語來加以詮
釋，程子曰：

> 君子修己以安百姓，篤恭而天下平。惟上下一於恭敬，則
> 天地自位，萬物自育，氣無不和，而四靈畢至矣。此體信
> 達順之道，聰明睿智皆由是出，以此事天饗帝。[19]

馬先生所引程伊川的話語就是此句，孔子告知子路，安己、安
人、安百姓，其中心之修養和實踐的原則，就是恭敬，也就是
敬，程子如此肯定信服，而朱子亦是，而馬先生給復性書院學子
提撕警醒的也是篤恭、敬謹之道，簡曰「敬」，「敬」就是修己
進而仁民又進而安天下的恆常之道。

　　關於敬德，在《論語》，是甚為重要的德目，孔子非常重
視，人若不敬，就必不仁無義，而非君子。此精神在北宋大儒有
所傳承弘揚，就以明道、伊川來說，其說到敬德之義，實有多
例。譬如程明道有說：

---

19　〔南宋〕朱熹：《四書集注・論語集注・憲問》。

若不能存養，只是說話，聖賢千言萬語，只是欲人將已放之心，約之使反復入身來，自能尋向上去，下學而上達也。〔……〕古之人耳之於樂，目之於禮，左右起居，盤盂几杖，有銘有戒，動息皆有所養。今皆廢此，獨有理義之養心耳。但存此涵養意，久則自熟矣。「敬以直內」是涵養意。〔……〕中有主則實，實則外患不能入，自然無事。〔……〕「居處恭，執事敬，與人忠」，此是徹上徹下語，聖人元無二語。[20]

這一大段程明道所述，就是發揮了孔子所言的「居處恭、執事敬、與人忠」的基本為人態度，言行須有敬心和敬德，他又引了「敬以直內」一句來說心性涵養之道，此句出於《易坤文言》：「直其正也，方其義也。君子敬以直內，義以方外，敬義立而德不孤，直方大，不習無不利。則不疑其所行也。」[21]《坤文言》的儒家作者指明君子之德是內心正直而凡事的踐履也方方正正合乎信義，而這樣的工夫和境界從何處來？乃是從敬德而來，敬之修為就是人之常道。

程頤亦重視敬的涵養，譬如他有說：

閑邪則誠自存，〔……〕閑邪更著甚工夫？但惟是動容貌、整思慮，則自然生敬，敬只是主一也。主一〔……〕，

---

[20] 〔北宋〕程顥語錄，收入〔南宋〕朱熹、呂祖謙：《近思錄》，《朱子全書》（第十三冊）（上海：上海古籍出版社、合肥：安徽教育出版社，1999），頁208-209。

[21] 《易·坤·文言》。

如是則只是中，〔……〕只是內。存此則自然天理明，學
者須是將「敬以直內」涵養此意，直內是本。〔……〕一
則無他，只是整齊嚴肅，則心便一。一則自是無非僻之
奸。此意但涵養久之，則天理自然明。〔……〕
人心不能不交感萬物，難為使之不思慮，若欲免此，惟是
心有主，如何為主？敬而已矣。〔……〕所謂敬者，主一
之謂敬，〔……〕不敢欺、不敢慢，尚不愧於屋漏，皆是
敬之事也。<sup>22</sup>

程伊川此段話語，以敬為主，敬是養心的工夫也是本心的境界，
此即心要凝斂而常在，就在於「一」而不在「二」的狀態，而這
是什麼意思？若是二心，就是心被外物、外慾牽引而離開了自己
之本來，必須時時閑住自己的本心，不使邪念影響支配，則心就
自然而誠，如此，也就誠於中而形於外，於是思慮和容貌也就居
處恭執事敬與人忠，而不會欺天侮人，就是君子。

　　馬一浮先生在其復性書院始講之日給予院生之開示，實則與
二程和朱子等宋理學大家的意思是一樣的，書院的核心精神就是
誠是敬，而此是從孔子的仁道源出的。

## 三　復性書院學規的教育宗旨

　　馬一浮先生即以此篇對院生開示之文的基本要義為主旨，而

---

22　〔北宋〕程頤語錄，收入〔南宋〕朱熹、呂祖謙：《近思錄》，《朱子
　　全書》（第十三冊）（上海：上海古籍出版社、合肥：安徽教育出版
　　社，1999），頁212-214。

擬定了復性書院的〈學規〉。

　　〈學規・前言〉曰：

> 在昔書院俱有〈學規〉，所以示學者立心之本，用力之
> 要。言下便可持循，終身以為軌範，〔……〕乃所以弼成
> 其德，使遷善改過而不自知，樂循而安處，非特免於形著
> 之過，將令身心調熟，性德自昭，更無走作。《書》曰：
> 「念茲在茲」、「允出茲在茲」。〔……〕合志同方，營
> 道同術，皆本分之事，無門戶之私也。昔賢謂從胡安定門
> 下來者，皆醇厚和易；從陸子靜門下來者，皆卓然有以自
> 立；此亦可以觀矣。孔子家兒不知怒，曾子家兒不知罵；
> 顏子如和風慶雲，孟子如泰山喬嶽。聖賢氣象，出於自
> 然，在其所養之純，非可以矯為也。[23]

馬先生指出歷代書院的教育宗旨是培養學子的道德心性，而且其
教學法則不是勉強自己依照外在的僵硬的教條，被強迫地或非自
在地走一條固執滯泥的學習之路，而是透過對於聖賢之言的體
悟，因而自動自發地從心性中培養、啟悟本來的至善之仁，他特
舉出孔子之門的顏曾思孟及其後學之人格氣象以及北宋大儒胡安
定、南宋大儒陸象山的自然自主之教學方式，來彰明復性書院是
傳承古代儒家之宗風而立其教育宗旨，乃在於仁心德慧之人格典
範的自然養成。

---

[23] 馬一浮：〈復性書院學規〉，《復性書院講錄・第一卷》，收入《馬一
　　浮集》（第一冊）（虞萬里校點，杭州：浙江古籍出版社、浙江教育出
　　版社，1996），頁 105-124。

夫「率性之謂道」，聞道者必其能知性者也；「修道之謂
教」，善教者必其能由道者也。〔……〕學問之道無他，
在變化氣質，去其習染而已矣。長善而救其失，易惡而至
其中；失與惡皆其所自為也，善與中皆其所自有也。
〔……〕[24]

此段是援引《中庸》來闡述心性本來就是中道之至善，也就是人
之本有良知，而教學之目的就在於去人之外在習染，「失」與
「惡」皆是人之無法存養其本來善性良知，有如明鏡沾染了外緣
的塵埃，而遮擋了本有的清澈透明，因此，學習之本旨只是變化
氣質而使本心清掃習染而恢復光明而已，如此自然得其中道而達
乎至善。

不能長善，即是長惡，無論如何多聞多見，只是惡知惡
覺，纖芥不除，終無入德之分也。〔……〕遮止惡德，不
如開以善道，譬諸治病於已錮，不如攝養於平時，使過患
不生，無所用藥。〔……〕人形體有病，則知求醫，惟恐
其不在癒，不可一日安也；心志有病，則昧而不覺，且執
以為安，惟恐其或袪，此其顛倒之見甚明。孟子曰：「指
不若人，則知惡之；心不若人，則不知惡。」豈不信然
哉！諸生須知循守學規，如航海之有羅盤針，使知有定嚮
而弗致於迷方。〔……〕孔子曰：「誰能出不由戶？何莫
由斯道也？」舍正路而不由，〔……〕此揚子雲所謂斷港

---

[24] 同上注。

> 絕潢，以求至於海，不可得也。[25]

馬先生指明培養本心之善而使其成長，這乃是正途，至乎且止於至善，也就是本心良知自我照明而無纖芥迷塵，此即是惡之消去，此點說法正如「一旦光明照亮而自然就無黑暗」是同樣的道理，並不是「要先除去黑暗才會有光明」，而且在此處，馬先生甚至認為人若無德性，但他卻又有廣博的見聞知識，那就會變為邪惡的見聞知識，足可為患於世間。其在教育的主張，乃強調與其著力要求受學者革除其惡德，不如開啟、喚醒受學者本有的善性。因此平時日常的養心性之良知，才是根本。

再者，一般世人多有一種蒙蔽，此即對於身體的疾病，非常敏覺而且重視，一有問題，就會儘速延醫診治，但偏偏對於心性中的喪失德操之邪業之症，卻都無所覺察或甚至覺察卻也往往沈迷其中而以為是，即世人之常有將毒藥當成糖蜜者。身之病較易治療，但心之疾卻甚難治療。所以馬先生徵引孟子之言加深他的說法。孟子曰：「指不若人，則知惡之；心不若人，則不知惡。」而孟子之原文如何？孟子曰：

> 今有無名之指，屈而不信，非疾痛害事也，如有能信之者，則不遠秦楚之路，為指之不若人也。指不若人，則知惡之；心不若人，則不知惡，此之謂不知類也。[26]

---

25　同上注。

26　《孟子‧告子‧第十二章》。

學者蔣伯潛注釋說：「無名指，左右手第四指也。『信』同
『伸』，無名指彎曲著不會伸直，既沒有病痛，也不害於做事。
可是如果有人能把這無名指伸直的，那末這個人一定會不怕秦國
楚國的遠路，而去求治的，這是為了無名指的不如人咯。為了一
個手指不如人，心裏便很厭惡；自己的心不如人，則不知道厭
惡。這個就可以叫做『不知類』；『不知類』就是不知輕重之
別。」[27]蔣氏解釋得很明白了，他說明孟子以人之無名指彎曲無
法伸直的情況就非常在意，可以不遠萬里而不辭艱辛前去能令其
伸直的醫者處治療，但人卻對於自己的本心喪失之弊病則毫不在
乎，孟子斥之為「不知輕重」，這不知輕重，意思是為人不知什
麼是本，而什麼是末，其實也就是世人甚多只是與禽獸無別，只
是自然性的存在，但卻遺忘丟棄了人的根本，就是自己將人之所
以為人的道德本體予以丟棄。

　　馬一浮先生徵引孟子此章句，其用意是啟示書院的儒子在人
生路上，莫將生命意義顛倒而本末倒置，這個「本」即是必修養
心性而使自己為君子賢士乃至為聖人，而不是如同動物一樣地只
在乎口腹之享用。千里迢迢來復性書院讀聖賢書、從大儒學習，
從本心良知的養育出發，目的就是希聖希賢。

　　孟子在同一篇亦有同樣性質的論述：

　　仁，人心也；義，人路也。舍其路而弗由，放其心而不知
　　求，哀哉！人有雞犬放，則知求之；有放心而不知求。學

---

27　蔣伯潛：《新刊廣解四書讀本・孟子》（臺北：商周文化事業公司，
　　2016），頁657。

問之道無他，求其放心而已矣。[28]

此章，朱子如此詮釋：

> 程子曰：「心至重，雞犬至輕。雞犬放則知求之，心放而
> 不知求，豈愛其至親而忘其至重哉？弗思而已矣。」愚謂
> 上兼言仁義，而此下專論求放心者，能求放心，則不違於
> 仁而義在其中矣。[29]

朱子此處特別指出人之「求放心」才是人去習染而復其本來之善
的關鍵，世人皆易受到物欲的薰染而放失其心，久而久之就忘了
本心之善，也不知道去找回來；把本心找回來，使自己喚醒本有
的仁，這是教化的主旨。

> 學問之事，固非一端，然其道則在求其放心而已，蓋能如
> 是則志氣清明，義理昭著，而可以上達；不然則昏昧放
> 逸，雖日從事於學，而終不能有所發明矣。故程子曰：
> 「聖賢千言萬語，只是欲人將已放之心約之，使反覆入
> 身來，自能尋向上去，下學而上達也。」此乃孟子開示
> 切要之言，程子又發明之，曲盡其旨，學者宜服膺而勿失
> 也。[30]

---

28 《孟子‧告子‧第十一章》。
29 〔南宋〕朱熹：《四書集注‧孟子集注‧告子‧第十一章》。
30 同上注。

朱子引程伊川的說明，學習之目的，是在把本心呈現出來，使自己志氣清明，而能在日用之中踐行義理，如此才能上達成德，使己達到君子之境。依此而言，也就是學習涵養的過程中的功夫就是「用敬」，敬己之心，是為學的根本，也是由此出發上進。如果把治學之道顛倒了，不在乎以敬養心，使本心清明善德恆在，卻先去學習其他技能、知見，這就如同孟子指出的世人之本心放失而不知求，然而卻很在意雞犬是否走失，這就是只知一昧追求見聞但卻忘卻德性，是一個人生價值和意義的大倒置。

　　總之，孟子的關切是要儒子、世人皆能了悟人之存在是有「大體」、「小體」之分，莫只重視「小體」而卻丟卻了「大體」。孟子曰：

> 體有貴賤，有小大。無以小害大，無以賤害貴。養其小者為小人，養其大者為大人。今有場師，舍其梧檟，養其樲棘，則為賤場師焉；養其一指，而失其肩背而不知也，則為狼疾人也。飲食之人，則人賤之矣，為其養小以失其大也。[31]

在此章句，孟子明確說出人之大小體之區分，只貪圖自然之慾而一昧地且肆無忌憚、不顧道義地去追求無窮的榮華富貴，這樣的人是「賤場師」、「狼疾人」，只剩下肉體軀殼之「小體」罷了。而若發心研修聖賢之道的儒子，就須明白且真正培養自己本來的「大體」，那就是仁義之心，仁義的心志才是自己的本質，

---

31　《孟子·告子·第十四章》。

這才是人之「大體」。儒者學習並踐履聖學，目的是在這裏。

　　由上所引孟子之言，我們知道馬一浮先生創辦復性書院，其教育的基本要旨是教導學子以儒家常道的經典，要學子能成聖賢，而不是以知識的教學為目的。

　　基於上論，馬先生提出了〈復性書院學規〉：

> 今為諸生指一正路，可以終身由之而不改，必適於道，只有四端：
> 一曰：主敬
> 二曰：窮理
> 三曰：博文
> 四曰：篤行
> 主敬為涵養之要，窮理為致知之要，博文為立事之要，篤行為進德之要。
> 四者內外交徹，體用全該，優入聖途，必從此始。[32]

讀其〈學規〉之四端，知其精神，就是孔孟之道，也是程朱之理；本心涵養以敬，格物致知以究盡天理，博我以文約我以禮，敦篤踐履倫常以之完滿德行。如此周全去學之習之並且實行之，這就是始學聖賢之道並且有朝一日而圓滿聖人之格。

---

[32]　同注 23，〈復性書院學規〉。

# 四　書院教育的儒家傳統

　　依上論述和詮釋，馬一浮先生創立復性書院之為學和教人之方，仍是遵循先秦孔孟直至宋明儒家的常軌，馬先生表現和實踐的其實是當代的孔孟程朱的儒學儒教。這條正路，是華夏之所以為華夏的道統，也是傳統到現代的中國書院的中心主軸。

　　筆者謹引述宋明大儒的書院教育的相關文章二三之例來說明儒家書院教育的長遠傳統。

　　先舉北宋大儒范仲淹為南京書院寫的一篇文章，其文有曰：

　　經以明道，若太陽之御六合焉；文以通理，若四時之妙萬物焉。誠以日至，義以日精；聚學為海，則九河我吞，百谷我尊；淬詞為鋒，則浮雲我決，良玉我切。然則，文學之器，天成不一，或醇醇而古，或郁郁于時；或峻于層雲，或深于重淵。至通《易》之神明，得《詩》之風化，洞《春秋》褒貶之法，達《禮》、《樂》制作之情，善言二帝三王之書，博涉九流百家之說者，蓋互有人焉。夫廊廟其器，有憂天下之心，進可為卿大夫者，天人其學，樂古人之道，退可以為鄉先生者，亦不無矣。〔……〕[33]

范仲淹明白說出書院之宗旨是在傳授經文，古籍經典教育是為了明道通理，培養日日不能忘失的仁誠忠義，而且學子不可徒逞空

---

[33]　〔北宋〕范仲淹：〈南京書院題名記〉，收入陳谷嘉、鄧洪波主編：《中國書院史資料》上冊（杭州：浙江教育出版社，1998），頁 56-57。

想玄思以得，而必須博學典籍方能真有所得、真有所成。所以，范氏就指明書院儒士需研習《六經》以及諸子百家和史冊，當然，這個意思就是青年儒家的培養是以孔子之儒道的經史為核心，而輔翼之以諸子百家之學。據此學養和德操，如果是在政府，則是可用的賢能之官吏，而若是在社會，則就是地方鄉邦之中的有德有學的領導人物。

對照范仲淹和馬一浮古今兩大儒對書院教育之主張，其思想、觀點是一樣的。再來看南宋湖湘學派大儒張栻（南軒）的書院觀，其為嶽麓書院撰寫了一文，其中有曰：

> 惟民之生，厥有常性，而不能以自達，故有賴于聖賢者出而開之，是以二帝三王之政，莫不以教化為先務。至于孔子，述作大備，遂啟萬世無窮之傳。其傳果何歟？曰仁也。仁，人心也，率性立命，知天下而宰萬物者也。今夫目視而耳聽，口言而足行，以至于食飲起居之際，謂道而有外夫是烏可乎？雖然，天理人欲，同行異情，毫釐之差，霄壤之繆，此所以求仁之難，必貴于學以明之歟！[34]

南軒指出人之常性是同一的，雖是天生本有，但卻不必然自己明曉，而需代有聖賢出來開導，一般人才能得到啟發而體悟本有之仁。南軒從二帝三王的遙古傳統說起而及於孔子之集其大成，建立了儒家之道統，而其核心就是仁。然而仁道固然是從天所命的

---

[34] 〔南宋〕張栻：〈潭州重修嶽麓書院記〉，收入同前揭書，頁 108-109。

人之性心，且其乃是日用的本體，但由於人們的天理和人欲多有
參差出入，所以人們並非天生皆能暢達彰顯其本來的仁體，這是
必須通過聖賢教化使他們學習而復其初的。總之，書院的德教是
很重要的。接著，張南軒繼續說：

> 善乎，孟子之得傳于孔氏而發人深切也。齊宣王見一牛之
> 觳觫而不忍，則告之曰：「是心足以王矣！」古之人所以
> 大過人者，善推其所為而已。論堯舜之道，本于孝悌，則
> 欲其體乎徐行疾行之間；指乍見孺子匍匐將入井之時，則
> 曰惻隱之心，仁之端也。于此焉求之，則不差矣。嘗試察
> 乎吾終日事親從兄，應物處事，是端也，其或發見，亦知
> 其所以然乎？誠能默識而存之，擴充而達之，生生之妙，
> 油然于中，則仁之大體豈不可得乎？及其至也，與天地合
> 德，鬼神同用，悠久無疆，變化莫測，而其則初不遠也。
> 是乃聖賢所傳之要，從事焉，終吾身而後已。雖約居屏
> 處，庸何損？得時行道，事業滿天下，而亦何加于我哉？
> 侯既屬某為記，遂書斯言以勵同志，俾無忘侯之德，抑又
> 以自勵云爾。[35]

其文中提到的侯，是指南宋孝宗乾道元年（1165），受朝廷命來
湖南任主官的建安籍人劉珙，劉珙重修紹興年間燬於大火的嶽麓
書院，請張南軒撰文為記，可藉之以垂重修書院之盛舉於久遠。
這一段論述，張南軒完全是弘揚孟子的思想，他從孟子強調的仁

---

[35] 同上注。

心由己出發而推恩及於天下的觀點說出儒家德教是從一己之誠為始，而以孝悌的實踐為開端來實踐仁德，而且不得志時，自己是一位心正意誠的君子，而得志時，就可以實現仁政王道於天下。張氏所述，其實就是孟子之道的內聖外王之工夫和境界，而他是以孟子學來期待鼓勵嶽麓書院的儒生的。

八百年前的張南軒的書院教育觀與民國的馬一浮先生的書院教育觀加以對照，其基本精神是相同的。足證，復性書院的精神是孔孟程朱一貫之道的傳統。

宋明以降關於書院的記文甚多，本文再隨機選擇明儒與書院相關的文章來看看其中的儒教觀念。且先就王陽明的〈稽山書院尊經閣記〉而言之，其文有曰：

> 經，常道也，其在於天謂之命，其賦於人謂之性，其主於身謂之心。心也，性也，命也，一也。〔……〕是常道也，其應乎感也，則為惻隱，為羞惡，為辭讓，為是非；其見於事也，則為父子之親，為君臣之義，為夫婦之別，為長幼之序，為朋友之信。是惻隱也，羞惡也，辭讓也，是非也；是親也，義也，序也，別也，信也；一也。皆所謂心也，性也，命也。〔……〕是常道也。[36]

陽明此段所述是綜合了《中庸》和《孟子》兩經典的發揮，特別說心性命是一體的常道，而它表現在人之良知的四端，此四端顯

---

36 〔明〕王守仁：〈稽山書院尊經閣記〉，收入《王陽明全集》（上冊）（上海：上海古籍出版社，1992），頁 254-256。

現於事，就是人之五倫，而五倫就是常道。由此可知陽明心學的傳承是從孔子經子思而到孟子這一系統的傳道之儒之大脈絡。陽明接著說：

> 是常道也，以言其陰陽消息之行焉，則謂之《易》；以言其紀綱政事之施焉，則謂之《書》；以言其歌詠性情之發焉，則謂之《詩》；以言其條理節文之著焉，則謂之《禮》；以言其欣喜和平之生焉，則謂之《樂》；以言其誠偽邪正之辯焉，則謂之《春秋》。是陰陽消息之行也，以至於誠偽邪正之辯也，一也。皆所謂心也，性也，命也。〔……〕夫是之謂《六經》。[37]

若就文本經典來說，常道就是《六經》，陽明在此指出《易》敘說天地生生之大德；《書》鋪陳正確政治之標準；《詩》發揮人性的純真之文心文情；《禮》規範人與人之際的倫理規矩；《樂》贊美生命的和平喜樂；《春秋》論政治人性中的正義和邪惡。陽明指出《六經》的道理雖各有偏重，但作為人之常道則是一貫的，從心性命的天理貫通，顯而為典冊，就是《六經》。

　　然而，《六經》常道卻又不是外鑠的，它源自本心。陽明先生接著說：

> 《六經》者非他，吾心之常道也。故《易》也者，志吾心之陰陽消息者也；《書》也者，志吾心之紀綱政事者也；

---

37　同上注。

《詩》也者，志吾心之歌詠性情者也；《禮》也者，志吾
心之條理節文者也；《樂》也者，志吾心之欣喜和平者
也；《春秋》也者，志吾心之誠偽邪正者也。君子之於
《六經》也，求之吾心之陰陽消息而時行焉，所以尊
《易》也；求之吾心之紀綱政事而時施焉，所以尊《書》
也；求之吾心之歌詠性情而時發焉，所以尊《詩》也；求
之吾心之條理節文而時著焉，所以尊《禮》也；求之吾心
之欣喜和平而時生焉，所以尊《樂》也；求之吾心之誠偽
邪正而時辯焉，所以尊《春秋》也。[38]

《六經》是儒學的基本大典，是華夏文化思想政制的傳統載籍，
從堯舜禹古聖王源起形蔚為華夏文明之大江巨海，而由孔子加以
整理創述詮釋而集其大成之後得以傳承弘揚的，《六經》是撰
述、刻印出來的冊籍，是文字和書本體系，而陽明卻特別點醒，
《六經》的精神，須與本心良知相印，須從本心良知來使《六
經》的精神，從自己生命的實踐中作用出來，而不是外在於己
的，只存在於史冊和古人的事物，吾人須從本心良知來體證
《易》所論的陰陽消息之常道；從本心良知來體證《書》所記歷
史和時代的政治之合乎仁義之綱紀；從本心良知來驗證《詩》所
述人心性情之時至而興發之歌詠；從本心良知來實踐《禮》所規
範的依時間場合而宜有的條理節文；從本心良知來涵養《樂》的
欣喜和平之境界；從本心良知來據《春秋》而辯明世事的誠偽邪
正。總之，陽明提醒後人，《六經》即本心；本心即《六經》，

---

[38] 同上注。

如此，本心才具足良知的顯發大用；《六經》才真正活生生地在
當下存有。

　　然而，王陽明卻有深沉的慨嘆，他說：

> 嗚呼！《六經》之學，其不明於世，非一朝一夕之故矣。
> 尚功利，崇邪說，是謂亂經；習訓詁，傳記誦，沒溺於淺
> 聞小見以塗天下之耳目，是謂侮經；侈淫辭，競詭辯，飾
> 奸心，盜行逐世，壟斷而自以為通經，是謂賊經。若是
> 者，是並其所謂記籍者而割裂棄反之矣，寧復知所以為尊
> 經也乎？[39]

陽明生存的明武宗（正德）、世宗（嘉靖）時代，政治昏暴、人
民困苦、民變頻仍且少數民族經常造反，而在誦讀儒書而斤斤較
慮於科舉功名的讀書人這一層級來說，則就是陽明此段話語所嚴
斥的情形，那就是「亂經」、「侮經」、「賊經」，而實則《六
經》精神已死，而以心學觀點而言，也就反映了廣大士子群的本
心良知之淪喪蒙蔽。所以，陽明之意是在於結合了文本載籍的
《六經》和人的本有良知而為一，然而，主體能動之力源是良
知，而作為文本載籍的《六經》，只是外緣性架構性之器用，是
用以憑依而使世人學得聖賢德訓和文明道統，使己之良知良能得
以發揮其經世致用的作用來實現仁政王道推展太平道者也。

　　此種明示本心良知來研幾《六經》才是根本成聖成賢之功夫
和入路的心學觀念，是陽明後學的書院之教的中心思想，本文再

---

39　同上注。

以陽明學江右學派大儒鄒守益之文為例稍以明之。其寫於明嘉靖
三十三年（1554）的〈水西精舍記〉表達了他的陽明心學的儒家
觀，其中有曰：

> 益也聞諸陽明先師曰：「孔門志學，便是志不逾矩之
> 學。」旨哉其言之也！上帝降衷，而烝民受之。良知良
> 能，虛明貞純，若耳提面命，噓吸一體，無智愚賢不肖，
> 舉具是矩，患在於逾之耳。[40]

這一段鄒氏引了他的老師王陽明的話，點出儒家的學習是立志於
心靈和生命的不可逾越道德規範，就是要為君子而不可為小人。
再則他說天命的性，就是良知良能的本心，順此本心的良知良能
來活著，無論是才俊或凡夫，皆以本心良知良能來過著耳提面
命、噓吸一體的人生，這就是不逾矩的君子人，人之大患就是逾
矩而敗德，逾矩敗德者，無論才俊或凡夫，都是小人。此文是為
水西精舍所寫，所以，在精舍中的研讀《六經》，亦必依循陽明
「致良知」之學的規範。

　　依上所述，從北宋經南宋而到明朝，大儒的書院教育觀，同
時重本心良知也重《六經》典冊，兩者合一而無偏執，體用一致
之下來進德修業，造就君子之質而來治國平天下。這是儒家根本
之治學教育的正道，孔孟以至宋明皆是如此，證諸馬一浮先生的
復性書院教育宗旨，其實就是中國兩千數百年的聖賢道統，它是

---

40　〔明〕鄒守益：〈水西精舍記〉，收入陳谷嘉、鄧洪波主編：《中國書
　　院史資料》上冊（杭州：浙江教育出版社，1998），頁 515-517。

華夏之所以為華夏的不可或缺的常道。

## 五　結論：
## 徐復觀先生對馬一浮先生的「春秋評斷」

書院若無大儒型山長，就無法真有孔孟常道活在其中，所以，我們論述書院教育，實則是在論述其中心靈魂大儒山長的德學。當代新儒家大儒徐復觀先生對於馬一浮先生有一深刻精彩的史筆性的評論，徐先生說：

> 中國當代有四大儒者，代表著中國文化「活地精神」。一是熊十力先生，一是馬浮先生，一是梁漱溟先生，一是張君勱先生。熊先生規模宏大，馬先生義理精純，梁先生踐履篤實，張先生則頗為其黨所累；然他將儒家之政治思想，落實於近代憲法政治之上，其功為不可沒。後起者則有唐君毅牟宗三兩先生。唐先生是屬於仁者型的；牟先生則是屬於智者型的。[41]

徐先生點出當代中國代表性大儒有熊十力、馬一浮、梁漱溟和張君勱四位先生，再加上較年輕一代的唐君毅、牟宗三兩先生，其實也宜列入徐復觀他自己。在此段話語裏，他特別稱美馬一浮先生「義理精純」。此所謂義理當然就是指《六經》而言；而精純

---

[41] 徐復觀：〈如何讀馬浮先生的書・代序〉，收入馬浮：《爾雅臺答問附續篇》（臺北：廣文書局，1963）。

的意思，是指馬先生雖然生在當代，但其義理之學思，卻沒有受到西方思潮的混淆，也沒有摻入「現代性」。我們再看徐復觀先生的敘說：

> 以書札論文論學，是中國學人的傳統。然若非所積者至深至厚，觸機便得，則多為門面膚泛之談。〔……〕以書札論學者殆無過於朱元晦、陸象山。今日尚使保持此種傳統，而文字之美，內容之純，可上比朱元晦、陸象山諸大儒而毫無愧色者，僅有熊先生的《十力語要》，及馬先生的《爾雅臺答問》。〔……〕熊、馬兩先生皆本其圓融地思想系統，針對問者作具體而深切地指點提撕；無一句門面話、夾雜話，及敷衍應酬話；可以說真是「月映萬川」的人格與思想的表現，對讀者最為親切而富有啟發的意味。至於馬先生的《講錄》，則係鎔鑄《六經》、鑪錘百代，以直顯孔孟真精神的大著。[42]

書札應答對話，徐先生舉熊十力和馬一浮兩位大儒的《十力語要》和《爾雅臺答問》為典範，說出他們的傳統和精神與宋大儒朱子、象山相同，實則，除了書札的對應來表達孔孟之道、《六經》之理的形式，古儒亦有於講堂、精舍、書院以當下面對面之師生答問來表現儒家之德行和學術者，孔孟已是如此，見《論語》、《孟子》就可明白，而在宋明，大儒多有師生於書院講會之中，以答問方式呈現了孔孟《六經》的真理和道德的內容與境

---

[42] 同上注。

界的。馬一浮先生正是實踐了今之古儒或古儒在今的楷模。

> 馬先生宏博似朱子；而朱子用心若危，馬先生則就境圓
> 融。至其學問歸宿，則近陽明而不近朱子。〔……〕中國
> 古典中的義理，常是憑人憑事，觸機而發。〔……〕在某
> 種特殊情況下所顯的義理，亦常為義理的「殊相」，而非
> 義理之全。〔……〕殊相，對義理本身而言，也可以說是
> 一種制約，〔……〕可能挾帶著歷史的夾雜，因而使人不
> 易見義理之純。純與全本是不可分的，例如《論語》孔子
> 答司馬牛問仁，〔……〕是仁對司馬牛所顯出的殊相，而
> 非仁德之全之純，必須層層地探下去，探到「天下歸仁」、
> 「淵淵其淵，浩浩其天」的境地，而仁的「全」與「純」
> 始顯。馬先生的立論，便常是從殊相以直探全相，汰夾雜
> 以直顯純真。〔……〕
> 馬先生在《答問》及《講錄》中所說的，都是扣緊中國文
> 化精神純真的本質，及全相以立論，把中國文化精神，從
> 歷史的夾雜與拘限中超脫出來，因而使讀者能與其本來應
> 有的面目照面，所以他所說的每字每句，皆有其真切不移
> 的意義。[43]

徐復觀先生點出了馬一浮先生的人格風範和學問性質，實際就是
朱子和陽明的綜合。他最重要的精神和方向，乃是在歷史的殊相
和夾雜中將《六經》和孔孟之道的純真本質予以汰練超脫出來，

---

[43]　同上注。

而顯現了天命心性一體的本來面目，使讀其文章的人可以直接地照其面而體證覺悟。

　　徐先生詮釋馬一浮先生的德學之要，可說是直入深淵而探得龍珠，事實上，馬先生在〈復性書院開講示諸生〉的講詞以及其〈讀書法〉乃至於他的《爾雅臺答問》和《復性書院講錄》，皆是一以貫之了從孔子以降的中國儒家各時代大儒的生命和風骨之中，此種精神在兩宋和明朝諸大儒的學問道術和人品節操中，皆具足而顯發，其後的晚明遺民大儒亦是，而民國熊十力、馬一浮乃至於牟宗三、徐復觀、唐君毅諸先生又何嘗不然？

國家圖書館出版品預行編目資料

甲辰儒學論集

潘朝陽著. – 初版. – 臺北市：臺灣學生，2024.06
面；公分

ISBN 978-957-15-1947-0 (平裝)

1. 儒學　2. 儒家　3. 文集

121.207　　　　　　　　　　　　　113008510

甲辰儒學論集

| | |
|---|---|
| 著　作　者 | 潘朝陽 |
| 出　版　者 | 臺灣學生書局有限公司 |
| 發　行　人 | 楊雲龍 |
| 發　行　所 | 臺灣學生書局有限公司 |
| 地　　　址 | 臺北市和平東路一段 75 巷 11 號 |
| 劃　撥　帳　號 | 00024668 |
| 電　　　話 | (02)23928185 |
| 傳　　　眞 | (02)23928105 |
| E - m a i l | student.book@msa.hinet.net |
| 網　　　址 | www.studentbook.com.tw |
| 登記證字號 | 行政院新聞局局版北市業字第玖捌壹號 |
| 定　　　價 | 新臺幣四五〇元 |
| 出　版　日　期 | 二〇二四年六月初版 |
| I S B N | 978-957-15-1947-0 |

12182